跨文化研究

TRANSCULTURAL
STUDIES

总第 3 辑
（2017 年第 2 辑）

王柯平　胡继华
主 编

社会科学文献出版社
SOCIAL SCIENCES ACADEMIC PRESS (CHINA)

《跨文化研究》编辑委员会

目　录

·学术焦点·

性别神话与思想及城市的复合体

——从柏拉图的亚特兰蒂斯到瓦尔特·本雅明的哲学化

都市 ……………… 亚伯拉罕·阿克曼（Abraham Akkerman）/ 1

19 世纪帝国都市风景：柏林闪灵、照片、火车、电影和

汽车 ……………………………… 伊斯特·莱斯利（Esther Leslie）/ 26

历史的废墟 ……………………… 马克斯·潘斯基（Max Pensky）/ 53

游荡者洞观：漫步城市与人群

体验 ……………………… 苏珊·巴克-莫斯（Susan Buck-Morss）/ 78

对女性城市的阅读与书写：卡尔维诺、黑塞尔和

本雅明 ……………………… 西格尔德·魏格尔（Sigrid Weigel）/ 113

·经典解释·

怀疑和探索：汉姆莱特性格的悲剧意义 …………………… 袁宪军 / 126

柏拉图的神义论

——《理想国》376d5－383c7 中苏格拉底的荷马

批评研究 …………………………………………………… 崔　嵬 / 136

·文论前沿·

后现代科学视域中"物的返魅" ………………… 张　进　王晓婷 / 151

修辞和逻辑的张力

——保罗·德曼寓言式阅读理论略论 …………………… 武淑冉 / 167

论《芬尼根的觉醒》的媒介隐喻 …………………………… 王　琦 / 184
从荷马到但丁的欧洲文学之旅
——读《欧洲文学与拉丁中世纪》中译本 ……………… 黄　荷 / 203

· 涵化之道 ·

自重出互见的相似诗考论——《西游记》《封神演义》
二书之关系 ………………………………… 康士林 (Nicholas Koss) / 211
文字和字母的跨文化观察 ………………………………… 马庆株 / 223

· 新著揽英 ·

本雅明、现代性与历史唯物主义 ………………… 胡康佳 等　编译 / 233

《跨文化研究》稿约 ………………………………………………… / 264

Abstract ………………………………………………………………… / 266

性别神话与思想及城市的复合体

——从柏拉图的亚特兰蒂斯到瓦尔特·本雅明的哲学化都市

亚伯拉罕·阿克曼（Abraham Akkerman）/文
王　宁　武淑冉/译

摘　要： 早在20世纪初期，本雅明就提出一种观点，即思想与人造环境之间的互动促成了具有划时代意义的持久进步。当代研究认为，城市形态中的性别隐喻显然印证了本雅明的这个观点。从早期古迹起，城市中的庞大建筑就代表男性气概，而空旷区域则具有女性气质。思想与人造环境的相互作用始于史前神话，它们与人类身体及天空相关。西方古人在自然与人造环境的联系中感知世界，从中即可洞察到性别的投射。这些认识肇始于柏拉图的亚特兰蒂斯和厄洛斯神话，后来又可能因中国阴阳神话的传入而得以发展。到了地理大发现时代，以上性别观念达到顶峰。彼时，人们对地球圆形说的经验感知也出现了进展。在现代人对地球的早期认识中，南北半球分别被赋予了女性与男性的特质，我们对自然和人造环境的观念继而也带有与生俱来的性别特征。然而，出现在城市形态中的女性面孔，都市的空旷地区成为被严重漠视的人造空间。就设计及规划布局城市中的空地而言，城市形式中的女性寓言应受到赞颂，而非被弃之不顾。

关键词： 城市现象学；地理记忆；风水学；性别神话；集体无意识

引　言

在20世纪末期，关于人类和环境的相互影响研究，已经存在于自然和社会科学的领域中了。人类对环境的影响，通常在环境影响评估中正式化，并已经在生物物理或社会经济研究的范围之内。自然或环境建设对人类的反作用经常在人类生态学、环境心理学和人类学中被审视。

关于同时代环境建造之间的连续相互作用，一方面，人类存在于里面，另一方面，这应该被认为是一种在城市文明逐步发展的背景下的权力，也是一种在20世纪出现的巴黎和柏林的城市空间的精神分析研究，这也在瓦尔特·本雅明的未完成的《拱廊街计划》中有所体现。迄今为止，本雅明作为城市思想中重要的人文主义倡导者，提出了思想与城市互动的问题，而且是作为在文明的历史中和人类环境建造中的事件被予以强调。

人类在环境中的位置，在莫里斯·梅洛－庞蒂（Maurice Merleu－Ponty）对生存空间的现象学的探究中是一种背离。然而，梅洛－庞蒂的现象学在生存空间中提供了一种与身体联系的环境，而本雅明未完成的作品则提出了城市环境和思想的创新关系。但是，早在1924年的伦敦，温斯顿·丘吉尔（Winston Churchill）在建筑联盟中的一场演讲，已经使城市思想的相互影响通过评论通俗化了。“我们制造了建筑，随后建筑制造了我们。”指向传播媒体的马歇尔·麦克卢汉（Marshall McLuhan）也已经解释了“我们塑造了工具，然后工具塑造了我们”。潘诺夫斯基（Erwin Panofsky）表达了存在于哥特式建筑和经院哲学思想中的思想与环境建造间的事实反馈意见。更近的是，反映在风水上，段義孚（Yi－fu Tuan）已经观察到了东方的环境秘密的理性影响，这种影响反映在更大整体中的部分通用模式中。“一种简单的屋顶概括了本质的顺序和中国宇宙观的含义。神秘的空间描绘的三种重现，就是在房子里，屋顶是其中的一部分；在城市里，房子是其中的一部分；在帝国里，城市是其中的一部分。”

然而，本雅明的作品提出了思想与城市相互影响的问题，这是一种动态发展的历史的文明，一种最早连接思想与环境建造之间的普遍模式的主张。尽管环境影响的传统观念起源于自然和环境建造上的或是地球表层附近的同时代特征，在人类诉诸理论的进化论的文本中，它联系着思想环境反馈意见发展的可能性。这种起源可能在一些特征中被寻找着，这些特征体现在离“地球表面”或近或远的人类或观察者身上。最近的起源是观察者的身体本身，那是存在于其皮肤和肉体中，观察者最接近人类生理特征的部分。像梅洛－庞蒂暗示的，人的身体总是观察者存在着的空间起源。离人类最远的是从裸眼观察中传出的天堂的特征。

现在的调查显示，性别迷思中的联系结果是卡尔·古斯塔夫·荣格

(Carl G. Jung) 鉴定的。尽管本雅明在他关于巴黎城市形态的开创性精神分析的调查中利用了荣格集体无意识的观点，但是，在他短暂的生命中，他从未想过把城市形态和性别迷思联系在一起。这个研究表明，在思想－城市相互影响和批判性的问题上，以及关于城市设计、计划和一般而言的城市形态的当代问题上，性别迷思是一个建设性要素。

当今的研究试图反映两个方面的问题：关于城市形态和思想的性别投射方面和一个世纪前本雅明的概念性基础工作的著述的背离方面。关于思想－城市相互影响的观点在城市地理、计划和设计上的影响，不应从性别中分离，而应该被看作是对本雅明未完成的冒险事业的贡献。

索尔的文化风景和洛温塔尔的地理记忆

本雅明和梅洛－庞蒂的作品中隐含的基本前提是，环境建造是一个诉诸理论的改变的代理人，但是，作为一个初步的构想，反思进程的争论反映了思想及其建构环境的变化，这可以从早本雅明十年的卡尔·索尔（Carl O. Sauer）的文化地理学的观点中看出来。在《景观的形态学》中，索尔推进了作为自然上的文化实践的文化景观的概念，文化被共同的神话、信仰和行为标准所定义，在文化风景，即在自然的景观和人类的干涉中表明它自己。文化和一个更为重要的方面——科技，已经改变了人类居住的环境，改变的方式主要是通过和人类身体相关的有效行动。然而，全部的经验已经被相应地改变，也转而经常促使科技进步。作为文化的一方面，景观被人类行动所修改，因此，也影响文化本身。由此，文化和景观之间的反馈影响在时间中不断进展，界定了文明的诸多历史。索尔的文化地理学已经开启了一种长达一个世纪的话语，在过去几十年中，最终在城市形态和地域知识生产方面对性别问题进行了讨论。

大卫·罗温索（David Lowenthal）的地理调查虽与本雅明早期的工作并行，但完全独立于本雅明早期的工作，它与环境判断和行动联系在一起。“先入为主和经验，以品位和喜好着色，以文化和个性为色彩，放大记忆，并因记忆缺失而减弱，环境行为只有在意图和感觉的基础上才有意义。”对于罗温索来说，时间和受时间限制的风景，通常表现为由过去的记忆引起的怀旧，构成了人类在其物理环境中存在的意义的成分。罗温索在 1975 年的论文中，通过这些风景产生的神话和信仰，特别处理了物理景观的形成：

> 当我们侵蚀和改变继承的过去时，我们更多地设计我们自己。历史过程中的生物超过了我们的控制，我们塑造景观和文物，以符合公共和私人的虚幻历史，满足我们的口味。

将这一论点予以拓展，我们在理查德·谢恩（Richard Schein）的论文《景观之地》中就已经看到了关于文化景观的反馈性与时间性的进一步阐述。

詹姆斯·邓肯（James Duncan）在19世纪初期对斯里兰卡的康提国王和风景进行了广泛的研究，强调了景观对宗教思想的影响，也是政治变迁的一种观念。通过将城市地标和地面景观视为神圣的代表，这种领土扩张和专制统治被合法化，就像圣洁的《圣经》一样。康提的英雄国王形象随后被呈现给国家，作为地球上的神的象征，神和国王在自然和城市景观中展现了自己的力量和智慧。康提的民间文学中重要的文字部分是关于早期印度教和兰卡神话的宇宙论，极星和银河系构成其更重要的元素。

地理在预示的同时也把城市比喻为一首诗或一个神话文本。亨利·柏格森（Henri Bergson）在他的《形而上学导论》中通过一系列观察他们对比的快照照片，唤起街景行走的经验。米歇尔·德塞都（Michel de Certeau）在他的《日常生活实践》中的“走在城市”一章重申了伯格森的观点。通过散步，20世纪规划中的一种旅行模式几乎完全被忽视，德塞都质疑我们能否保护城市地区的公共记忆，从而赋予它们意义和街景。城市空间不可避免地促进和对应城市内的运动。但是，机械化运输，受制于控制和结构规则，主要构成建筑物和其他固定结构的通道。在这个意义上，街景可以被看作是一个神话般的文本，涉及迷思和启示。正是由于这些考虑，就像本雅明短暂生命的悲剧一样，作为城市空间精神分析调查的尝试，《拱廊街计划》这本书应该被认为是不完整的。为了更彻底地实现本雅明在早期的性别神话和环境寓言中的反思，应该以他原来的想法为出发点进行分析。

早期的宇宙和城市形态的性别特征

假定运动无效，就暗示了一个女性成语；一座大厦的前提是稳定和坚定，则具有男性气质。空旷和大厦，作为性别的环境表现，似乎以原始神话为基础。然而，恰恰是源于这些或极近或极远概念中的性别意味开始发散出来。希腊神话中永远保持着地球和天空之间的联系的似乎是潘多拉——全人类的第一位女性和母亲。在地球和天空的联系中，与女性阴柔气质形成鲜明对比的，是圆锥形神石，代表肚脐或中心，体现着阳刚之气。

潘多拉是地球与天空统一的体现，模仿了天空之神——宙斯。潘多拉的物质代表是一个盒子，遏制了空虚。诗人赫西俄德（Hesiod）的作品《工作与时日》（60－105）是涉及潘多拉最早的文学版本，潘多拉是一名拥有一盒敬虔的物品的女性，盒子中有对人类的折磨，以作为对普罗米修斯盗火的惩罚。在一个微妙的女性象征意义中，潘多拉通过盒子发挥自己的力量。据说潘多拉出于纯粹的好奇心而不是恶意，打开了包含辛苦、疾病、灾难和所有其他人类的罪恶的盒子，并且释放了它们，除了希望。作为第一个凡间女子，她似乎通过她的女性魅力达到至高无上的地位，有点类似于一个女祭司。

在希腊神话中，火从宙斯那里被偷走，并被太阳神普罗米修斯提供给人类。宙斯派出两只鹰飞过世界，在其中心，世界的“肚脐”相遇。据说这是在特尔斐（希腊古都），被圆锥形神石所标记的世界“肚脐”。然后宙斯惩罚普罗米修斯的罪行，将他绑在石头上，每一天都有一只老鹰吃掉一只肝脏，然后让它长出来，第二天再次被吃掉。

位于特尔斐的圆锥形神石是贡献给世界“中心”最著名的标志。在地中海其他地区，发现类似天上的或神圣的石头，相关的神话有时用陨石和火将它们联系起来。这个前景的性别方面是以神圣石头或世界“肚脐”为主题的天空神话。特尔斐（世界之轴）的圆锥形神石标志着神社，自古代以来，阿波罗被认为是通过一个女祭司来诉说的，这可能要追溯到几千年前。与男性气质相关的特别之处是其他神圣的岩石或山脉，从美索不达米亚的古亚述及巴比伦金字塔或东亚塔开始，从堡垒、城堡到当代摩天大楼，高耸的建筑长期以来一直是建筑环境中男性气质的表现。这种代表性的文学见证出现在詹姆斯·乔伊斯的《尤利西斯》中，其中19世纪的都柏林的马尔泰洛塔据说是一个圆锥形神石。

相对而言，女性化的方面常常与地球的神话与花园、农业和土地的耕种，或开放空间相联系。在现代土耳其中南部的城市查脱户耶克发现了公元前7000年的新石器时代的大量女神小雕像。虽然男性神也存在，但女性神的数量远远超过男性神。查脱户耶克的所有户外活动似乎都是在相连的小屋屋顶上进行的，入口是天花板上的洞。屋顶的开放空间可能已被用于公众和仪式聚会。

而在其他地方，使用露天场所如寺庙或神社作为仪式的主要场所是不常见的，目前只有克里特岛上能找到使用露天场所的证据。米诺斯文明在地理上的开放空间虽然比查脱户耶克晚得多，但提供了对女性社区排斥的证据。似乎正是女祭司或者和她相关的信徒，启发了处于公元前 2700 年到公元前 1500 年的青铜器时代的克里特岛的米诺斯文明。米诺斯祭司的仪式在山洞的庇护所或山顶上设计的开放空间中进行，在克里特岛的考古活动中，考古学家的发现指向着一个重要的以女性话语为中心的米诺斯宗教。考古发现了大量的女祭司雕像和来自公元前 15 世纪的大型米诺斯壁画，壁画展示了一男两女参加了斗牛运动，这给了我们证据，即米诺斯社会是平等主义的母系社会。1000 年之后，在古典希腊时期，特尔斐的神社追随着米诺斯女祭司的传统。晚期古希腊典型女性气质之表现为双性同体的狄奥尼索斯神话也被追溯到米诺斯克里特。

柏拉图宇宙论中的马格尼西亚理想国和亚特兰蒂斯的神话

对女性牧师的崇拜，在柏拉图神话般的理想城市亚特兰蒂斯岛上的少女克莱托的故事中得到反映，这个故事灵感可能来自于克里特附近的圣托里尼岛的米诺大都会的传奇记录。柏拉图的对话集《克里蒂亚篇》描述了组成城市的同心区，在它的中部是海神波塞冬未来的妻子克莱托：

> 其中波塞冬分派到大西岛，同一个民间女子生了许多孩子，让他们居住在下文所说的岛上某一地区。从岛中心直到海边，有一片平原，据说是世上所有平原中最美丽的，土质也非常肥沃；接近平原、距中心大约五十斯泰迪姆的地方，矗起一座四座陡峻的高山。山上住着一个原属“地生人”的土著，名叫厄芬诺，还有他的妻子娄基伯。他们有个独生女儿名叫克莱托，这姑娘长大到了结婚年龄，她的父母死了；波塞冬热爱着她，就和她做了夫妇。
>
> （《克里蒂亚篇》113 b – d）

在他提到在柏拉图的《克里蒂亚篇》中出现的亚特兰蒂斯神话城市中，详细阐述了波塞冬对城市的设防。

> 他用大小不同的海和陆地一圈圈围绕着那座山，共有两篇是陆地，三圈是海，这些海都是他从岛上挖起来的；每一圈全部阔度一致，使人无法渡水入内。因为那时候还没有船舶。
>
> （《克里蒂亚篇》113 d－e）

寻找平行于宇宙的亚特兰蒂斯的理想并不困难。对应于最内层行星的天体——水星和金星，两个跨越太阳的行星，与三个水域相对应，并与三个行星——火星、木星和土星的轨道相符合。在娜奥米·戈尔丁（Naomi Golding）的叙述中，五个区域之间和之外的封闭面积为七个单位，但是在这个问题上，柏拉图可能也计算了月球和太阳。

柏拉图的另一个理想的城市——马格尼西亚，被描述（《法律篇》V，811ce）为资源自给自足，以遏制对海运和外部商业金钱的追求。柏拉图描述了克里特岛的理想政治城市马格尼西亚，那里拥有5040个家庭，整个城市设置了一个循环计划。通过描绘5040户家庭以及马格尼西亚土地的分配，柏拉图将与宇宙的关联隐含于其中：

> 其次，他必须把国土划分为12份。但首先他应该把一个神圣的地段留给赫斯提神、宙斯和雅典娜（这个地段叫作“卫城”），并把卫城的四周圈起来。然后他把城市本身和整个领土划分为12份，以国土的中心点为圆心呈放射状划线。这12个部分应该是相等的，但根据的原则应是：土壤肥沃的划得小一些，瘦瘠的划得大一些。然后，立法者必须划出5040块地产……
>
> （《法律篇》第五卷，745c）

数字12对应奥林匹斯神的数量，可能还吸收了图利那个城邦的做法，在那里宗教崇拜的活动每年轮值举行一次。早些时候，柏拉图解释了领土划分与理想城市的最佳住户数量：

> 我们有合适的人口数：5040个农夫和他们的田产保护者……首先把全部数目划分为二，而后同一个数目划分为三。你将看到划分为四和五，直到十。每个立法者至少必须非常懂得算数：在每个国家哪个

数目最有用，以及为什么有用。所以让我们来确定一个数目，这个数目含连续除数中的最大数。当然，一个无穷级数可以为了无限的目的作无限次的分割，但是我们的5040不允许超过59次（包括不中断的1到10）分割……

（《法律篇》第五卷，737e－738b）

柏拉图把12作为城市土地的细分数，把5040作为家庭数，显示出了神和神谕之间的密切联系，暗示了毕达哥拉斯对柏拉图的影响以及他为马格尼西亚寻找的与宇宙的联系。

性别是柏拉图世界的固有特征

柏拉图的亚特兰蒂斯神话以及他对于马格尼西亚的描述显示，似乎是他自己拉开了思想与城市之间联系的序幕。这种联系在他的城市－灵魂类比中得以显现，主要贯穿于《理想国》第四卷中，那理想的城市作为一种城市的形式，被证明是全人类共享的普遍范式：

个人也是如此，我们可以假设他在自己的灵魂中有同样的三项原则，这些原则在国家中发现，他可能以同样的方式被正确地描述，因为他受到同样的影响。

（《理想国》第四卷，435）

在《理想国》（第五卷，614－621）中，柏拉图提出了一个神秘的、宇宙的比喻：厄洛斯神话。正是通过这个比喻，宇宙再一次与柏拉图的理想城市相联系。在寓言中，被认为已经死亡的士兵厄洛斯，复活后讲述了他的故事，其中宇宙被证明是天体的主轴，即必要的主旋律。放在命运纺锤上的八个纺轮构成完美的圆：

最外层那个碗拱的碗边最宽，碗边次宽的是第六个，依次是第四个、第八个、第七个、第五个、第三个，最窄的是第二个。最外层的那个碗边颜色复杂多样；第七条边最亮；第八条边反射第七条的亮光，颜色同它一样；第二条和第五条边颜色彼此相同，但比前两者黄些；

第三条边颜色最白；第四条边稍红；第六条边次白。

（《理想国》第十卷，615b）

柏拉图毫无疑问地说，天体是真正的宇宙装置，而不仅仅是地球主轴上的隐喻。宇宙螺旋的发条显示出了受管制、阳刚的特点。这种僵硬的男性机制被女性的命运所软化，被协助宇宙主轴的“必然”的女儿们所软化：

她们是“必然”的女儿，“命运”三女神，身着白袍头束发带。她们分别名叫拉赫西斯、克洛索、阿特洛泊斯，和海妖们合唱着。拉赫西斯唱过去的事，克洛索唱当前的事，阿特洛泊斯唱将来的事。克洛索右手不时接触纺锤外面，帮它转动；阿特洛泊斯用左手以同样动作帮助内面转；拉赫西斯两手交替着两面帮转。

（《理想国》第十卷，618a－b）

在造物主神话中，柏拉图将宇宙的起源追溯到原始的复合物。关于可能提到的黄道和赤道大圈的交会点，柏拉图说：

造物者把这整体按长度一分为二，分别取其中点相接，使其形如十字，并使它们各自弯曲，两头相接呈圆形，再在相接处两圆交叉，随后使之作原处连续运动。其一作外圈，其一作内圈。外圈为同的运动，内圈为异的运动。同的运动侧面作向右旋转，异的运动斜着作向左旋转。

（《蒂迈欧篇》36b6）

柏拉图关于跨越宇宙圈的断言与古典希腊时期来自美索不达米亚的黄道和赤道路径的天文观测有关，一些发现大约比柏拉图早2000年。

在《理想国》第五卷里，柏拉图似乎主张妇女平等，这意味着她们可以或应该成为监护阶层的一部分，妇女应该从事音乐和体操活动。《理想国》关于监护人的学识是哲人王，是理想政治。厄洛斯神话在整个十卷书的论述结束时，似乎向《理想国》的知识分子和政治精英人士传达了一个终极而显著的信息。史前城市与北极星（或其主要方向）精准对齐的情况频频发生，与此相一致，柏拉图似乎展示了亚特兰蒂斯的故事和厄洛斯神话的相似之处，它们都存在于宇宙和理想城市之间。作为秩序井然的世界，理想城市与宇宙的有机联系似乎成了柏拉图在《理想国》中所要传达的最后信息。

南极洲或对跖点世界：关于半球的第一个猜想

柏拉图的世界范式——纺锤－纺轮，只是以“上”半球的形式构造而成。另外，作为纺锤－纺轮的范式，“上”半球的模式似乎是机械的，“男性化”的，它挽救了必然之女——命运的行动。柏拉图突出的、隐含的问题似乎是，世界的“下”半球是什么，谁协助了它的运作？

在《蒂迈欧篇》中，对于宇宙 χ 的描绘先于对世界三个创始元素的晦涩阐释的讨论之前，每个元素都有两种：可分割的和不可分割的。三个创始元素是同一，是区别，是存在。两个宇宙圈，交叉与字母 χ 的意象，被柏拉图看作是从三个创始元素的行动中创造出来的。由此，造物主在圆圈上施加围绕其轴线的旋转运动（34c－36c）。三种命运在厄洛斯神话中的并存是可能的和值得商榷的。如果柏拉图的平行构造确实是有意为之的话，女性气质和男性气质在宇宙本身的结构中就是根深蒂固的了。

在《蒂迈欧篇》中，柏拉图描述了一个有灵魂生物和造物主的世界（而不是机械的）。一个超自然的男性人物，使用三个无生命的元素，平衡、区别和存在，创造出了一个无序、无形、混乱和不可预测的持续的运动世界。经过努力，两性平行能够在厄洛斯神话中的宇宙模式中发现，也能在《蒂迈欧篇》中发现。酒神反复无常的天赋、不可预测性或女性气质，似乎在宇宙的“下”半球就这样平行地出现，这个半球必须由造物主统治。类似的是命运三女神和她们的女儿们掌管着“下”半球，机械的、阿波罗的半球，那可能不过是天父的男性造物主通过他的三个无生命的元素，扩展了对宇宙“下”半球的控制。

极有规律的“上”半球与异想天开的“下”半球之间的并行性反映了柏拉图对陆地南半球的态度。虽然毕达哥拉斯已经提出了地球的形状，但柏拉图相信地球是球形的证据是在他的对话集《斐多篇》中出现的，从“上方”看，地球看起来像一个十二面体的球形。

根据西塞罗（Cicero）的解释（《图斯库兰谈话集》第十四卷），天球仪的首创者是尼多斯的天文学家欧多克索斯（Eudoxus）（公元前410—前347

年）。作为柏拉图学园的学者，欧多克索斯必然会意识到南半球的存在，而笃信南半球存在的柏拉图式观点似乎也是对早期地球观和宇宙观的回应。在早期希腊神话中，地球被广阔的河流环绕（如荷马的《奥德赛》Ⅻ.1；XⅧ，399；XXI，194）。然而，在早期历史学家第欧根尼·拉尔修（Diogenes Laertius）看来，毕达哥拉斯（Pythagoras）是将地球视为球形的第一人，尽管泰奥弗拉斯托斯（Theophrastus）将其归功于巴门尼德（Parmenides）、芝诺（Zeno）和赫西俄德（《毕达哥拉斯的生活》XXV）。在希腊神话和宗教中，流水被赋予女性的品格。这似乎是对柏拉图洞见的再次确证，他认为南半球具有女性化特征。

在柏拉图众多的弟子中，只有亚里士多德（Aristotle）（公元前384—前322年）明确提出了南北半球的对应关系。在《气象通典》（*Meteorologica*）中，亚里士多德对地球的已知部分——北半球做了解释，同样也分析了对应的南半球，认为南半球上分布着澳大利亚大陆。在他的猜想中，地球上存在五个地理区域。赤道附近演变出了热带，地球南、北两极发展出了寒带，温带位于热带和寒带的中间区域。（《气象通典》362 a31－35）寒带和热带完全不适合居住，而北半球的宜居部分则被称作世界。

南半球的居民生活在与北半球截然相反的地域，在考察这些居民时，或许可借用与北半球对应的类似性。正如斯特拉博（Strabo）所言，早在公元前2世纪（《地理学》Ⅰ，2.24），马鲁斯的克拉特斯（Crates）就对南半球做出了猜想。他认为南半球存在宜居的温带区域，这一猜想建立在其首个地球仪的构建上。直到公元43年，罗马地理学家彭波尼梅拉（Pomponius Mela）才在《我的地理学》（*I of De chorographia*）一书中，首次明确提出南半球存在人类活动：

> 地球被分为东西两半，它们被称为半球。地球呈现为五个不同的水平区域。酷热使得地球中间部分不宜居住，严寒造成地球边缘无法定居。中间的两个部分有相同的年度和季节，但却处于不同的时间。对跖点世界是宜居地，我们生活的地球是另一个。
>
> （罗默，2001，34）

然而，这一猜想并没有构成让人困惑千年的话题。在地理大发现的时代背景下，伴随着欧洲新航路的开辟，这一猜想在托马斯·莫尔（Thomas

More）构筑的乌托邦理想城市中渐渐浮出水面，变得越发清晰。

托马斯·莫尔的乌托邦中的性别和地理

由托马斯·莫尔所创作的《乌托邦》于1516年首次问世，乌托邦是对赤道以南的人群及其栖息地所作出的构想。

莫尔构想的乌托邦是传说中的一座岛屿，这一构想可视为早期文艺复兴中的灵感映现，它的原型是柏拉图笔下的亚特兰蒂斯。岛屿的首都城市——理想之城宁静安详，和谐融洽。葱郁芬芳的花园随处可见，城市财产皆为市民共享。在莫尔的乌托邦中，首都是一个空间开放的城市，而非仅有冰冷的建筑，是温情脉脉的社群主义和利他主义而非严酷的统治秩序。正因如此，女性资质也被莫尔的理想社会欣然纳入。

到了16世纪、17世纪，乌托邦小说在欧洲大陆已广受欢迎，同时也成为公认的理想社会代名词。莫尔可能并未意识到同时代的欧洲人为乌托邦的构建所做的工作，例如安东尼奥·埃维里·菲拉里特（Antonio Averlino Filarete）为理想城市的构建建言献策，斯福钦达（Sforzinda）在他的《建筑绘画论》（*Trattato di Architettura*）（c. 1465）中亦为完美城市的实现出谋划策。然而，整个时代的文化语境并未辜负它：乌托邦通常被视为对当时英国社会的一种讽刺。莫尔构想的岛屿上有54座城市，它们几乎完全是仿照首都来设计的。

> （城市）靠着缓坡山而立；城镇形状几近方形……街道设计理念一是便于交通，二是免受大风侵袭。建筑物绝非微不足道；透过每一个窗口，可见对面的房屋连绵不绝，这构成了良好的景观。街道有20英尺宽……
>
> （《乌托邦》第二卷）

和谐理念引导着乌托邦的公民规划。乌托邦以农业生产和劳动为主，在这样的背景下，莫尔提出了一些现代概念，将之视为最优城市规模和最佳城市交通的准则。

在乌托邦中，农业广为流行。生活其中的人们均被授以农业知识，并至少在乡村中生活工作两年。在家庭外，女性从事与男性相同的工作。在家庭中，女性尽管操持家庭琐事，但她们享有和男性同等的地位。

综合以上特征和16世纪的女性主义，莫尔确认了乌托邦的地理位置。

> 赤道下方分布着广袤无垠的沙漠，沙漠两端的距离如同太阳移动的轨迹那样遥远。沙漠因太阳永恒的热而干旱，土壤枯萎，满目荒凉。沙漠中无人居住，到处是野兽出没、巨蟒横行。其中仅有极少数量的人，但他们甚至比野兽和巨蟒还要野蛮残忍。但当再走远一点时，一幅新的场景映入眼帘：一切生命温和地生长，空气不再那么干热，土壤显现出的绿色愈来愈多，甚至骇人的野兽也不再那么野蛮。最后，这里出现了国家、城镇和城市，城市里的人们不仅和邻居交易，还进行海陆贸易，贸易范围直抵那些遥远的国家。
>
> （《乌托邦》第二卷）

地理大发现时代应用了导航术以及与之密切相关的天文学和占星术，并由此形成了许多科学准则。正如地理大发现显示，在赤道下方的航行将会成为地理大发现时代最富刺激性的构想。炼金术和占星术充分利用了行星的名称和象征意义。他们采用中世纪矛和盾的解释来作为火星——罗马战神的象征，采用罗马女神的镜子作为金星——代表爱和美的罗马女神的象征。事实上，中世纪的行星象征可追溯至古希腊。那时用字母 Theta 代表 Thouros，用字母 Greek 代表 Mars，用字母 Phi 代表 Phosphoros。神与晨星，即金星相关。

将火星与北方联系起来的普遍观念出现于早期欧洲神话。举例来说，在北欧神话中，强大的雷神托尔（火星）是女神西夫（金星）的丈夫。桑德罗·波提切利（Sandro Boticelli）在一幅文艺复兴绘画中描绘了火星和诞生于海洋的金星，这幅画正是一个有关美和勇气的寓言。火星与北方相关，金星与海洋相连，这样的早期神话性纽带同样暗示了金星和南方的象征性关联。莫尔对这一关联颇为认同，并在其诗化箴言中“强调了金星和火星间的关联性”。

北方被绘制于地图的顶端或朝向上方，南方被安置于地图的底端或面向下方。这样的公约始于公元前2世纪，制定者是克劳迪斯·托勒密（Claudius Ptolemy）。除去个别例外——后来的欧洲地图绘制者，这条公约被广泛接受。莫尔在其文化环境中，很可能因此把上指的火星规定为北方，其方向几乎指向北斗星的方位（英国维度），而把下指的金星确认为南方。两个世纪之后，相似的权宜之计被瑞典博物学家卡尔·林奈（Carl Linnaeus，1707—1778）所接受。他把南北方向的象征应用到《自然象征》（*Systema Naturae*，1735）中，来分别指代男性和女性。

南半球是女性主义的象征，而乌托邦的方位正处于南半球。乌托邦方位的构想与以下观点存在某些契合之处：南半球的人更接近游牧群体，他们迁徙频繁，流动不定。但值得注意的是，早期阿拉伯历史学家伊本·赫勒敦（Ibn Khaldun，1332—1406）在其著作的前言中就已提出这样的情形：北半球经历了从游牧方式到定居生活的跨越发展，同时北半球呈现出男权社会的面貌。

欧洲城市思想中的东方渊源——风水学

莫尔的乌托邦构想在早期产生了重要影响，其中之一便是托马斯·坎帕内拉（Tomasso Campanella）的《太阳城》（*City of the Sun*，1602）。在这一理想城市中，坎帕内拉让本土的星术师与中国的星术师结为同盟。但在太阳城中，中国星术师的能力要远远超过本土星术师。因为中世纪晚期显示出这样一个越发明显的事实：中国人已超过欧洲人，尤其是在火药和造纸术上遥遥领先。然而，中国之所以能对欧洲城市思想产生重要影响，可能主要还是借助坎帕内拉《太阳城》的广泛传播。

坎帕内拉作品中所表现出的中国影响集中体现在城市的布局原则上，这些原则的构建依据正是风水学。在古代中国，不管城市是环形、方形还是十字形，帝王的方位总是被置于东南西北四个方位的交会点上，以此喻示帝王处于世界中心。北极星与围绕其旋转的星空构成了与之类似的隐喻：北极星象征尊贵的中心，围绕其旋转的星空正是中心的朝拜者。中国神话中的男权主义观点与“世界支柱”的概念不谋而合。据说，嵩山位居世界中心，其他四座山环绕嵩山而居——泰山（东）、恒山（北）、华山（西）以及衡山（南）。依据道家学说，这世界五大支柱与组成世界的五大元素相契，也与当时所知的五星同构。这一观点正是在风水学的思想体系框架下形成的。在最优选址和对象配置中，风水这一环境神话被宣称为审美标准和有利准则。紫禁城中的帝王位置坐北朝南，这样的设计与北极星的位置非常相似，正如我们所见，北极星周围的天体皆围绕其旋转。到了20世纪，风水学在环境设计中受到了越来越多的关注。风水学在建筑设计和经管营造中的应用，使得商业大获成功。

从卡尔·荣格的精神分析学中，我们可以看到风水学中的阴阳观念：他借阴阳观念来阐释女性人格原型和男性人格原型这两个概念。阴阳观体现了两种力量的互补，而这两种力量正是宇宙的基础。阴代表女性的、被动的以及向下寻求力量；阳代表男性的、活跃的以及向上获取力量。阴和阳共生共荣，相互依存，彼此交融转化，而非绝对对立。阴阳互补的宇宙观之起源很可能基于昼夜交替的普遍现象，但风水的真正意义宜从其字面意义寻求：阴代表“背阴之地”，阳意为“朝阳之处”。

然而，坎帕内拉在太阳城中构想的社会政治结构正是深受莫尔的乌托邦的影响。太阳城中的城市布局也是一种宇宙类比，它既是柏拉图笔下亚特兰蒂斯的形象标志，又是古代中国城市设计的生动体现。

从罗马监狱的短期监禁中重获自由后，坎帕内拉开始著书，重新设计城市，这一行为意义非凡。这发生于 1959 年，那时正处于教皇西克斯（Sixtus）五世（1585—1590）支持下的多梅尼科·丰塔纳王朝。丰塔纳以罗马的圣玛丽亚马焦雷教堂为中心，构筑了四条由它辐射而出的大道。坎帕内拉在其理想城市中设计的四条主干道与中国的城市规划类似：它们均着重于东南西北四个方向的交会。《太阳城》呈现出的景象可能同样指的是罗马的七座山。在山上可见整个城市的美景：

> 城市的绝大部分区域分布于山上……城市被分为七个网格，并以七个行星的名字命名。交通要道由四条大道和四个大门构成，它们分别朝向东南西北四个方向……城市的直径为两英里或更长，周长为七英里。

丹尼斯·科斯格罗夫（Denis Cosgrove）在他的论文《托勒密和维特鲁威》（*Ptolemy and Vitruvius*）中指出了一个重要关联：城市地理学中呈现的样貌与描述性宇宙学之间存在某种关联，而且这一关联从古代一直延续至中世纪。科斯格罗夫打破了这样一种僵局：从希波丹姆斯到维特鲁威的城市网格间缺乏纵向关联，从墨卡托到托勒密的城市网格横纵交错不足。通过放射状规划和叠加布局，坎帕内拉似乎在理想城市和宇宙之间构建起某种同构关系。科斯格罗夫在太阳城中对古代中国城市规划思想的运用，使其城市布局发散出柔和的亲近感。这进一步肯定了科斯格罗夫的愿景，而这一愿景正是对思想史和文明史上反欧洲中心论的有力支持。

瓦尔特·本雅明与卡尔·荣格：理想城市和真实街道

坎帕内拉的“太阳城”的影响弥散于20世纪，早期的苏联建筑就留有这一印记。二战期间，知识分子对苏联的支持态度极为普遍，而本雅明关于现代性的观点也正是在社会主义现实主义的激发下形成的。本雅明《拱廊街计划》中的一系列观察性文章与马克思主义愿景一致，这并不为奇。然而，本雅明在后期叛离了马克思主义，这记录于他1940年《历史哲学论纲》(*On the Philosophy of History*) 的小册子中。当时本雅明对马克思主义思想的发展还未被其纳入城市思想中，然而到了《拱廊街计划》时，本雅明已经发展出独立的、彻底的马克思主义立场。他认为，借助早期的理想图像，文明重造了其自身环境。鉴于此，20世纪的城市形式出现了：

> 在梦境中，每一个时代以图像的形式出现，另一个时代紧随其后，而后者似乎总是沉湎于对先前历史的怀恋……20世纪的城市呈现如下经验：城市居民在收集和生产的集体无意识下构建自己的存储场所，在乌托邦这一新事物的指导下演绎生活。人们的生活布局经历了这样的演变：从构建恒久建筑到痴迷于流行一时的时尚建筑。乌托邦在这跨越千年的演变中留下了自身的独特印记。

借助荣格的集体无意识概念，本雅明洞见了“超历史元素”。“超历史元素”潜藏在两种城市形式相互渗透的进程中。一是创造理想城市的流行概念，二是接受公认的乌托邦形式。而后者的城市形式恰与前者等同，它们都专注于创造配置城市物品的新方式，即“从恒久建筑到流行一时的时尚建筑”。

在本雅明看来，街道从来都是“集体无意识”的一个主要表现。伊特鲁里亚时期（公元前700年）的城市建构原则所依据的正是意大利半岛上的宗教仪式，这一原则在罗马帝国的广大疆域上延续了将近1000年。希腊神话中的城市创建者尽管是虚构人物，但往往被神化为英雄。在新开辟的希腊殖民地上，街道往往以神的名字命名。本雅明认为，从古至今，街道都是一种媒介。凭借这一媒介，我们的头脑中出现了这样的图像和想法：

> 街道是集体的居所，而集体的特性是随时迁徙、居无定所。集体在众多建筑物构成的屏障下安然生活、经历、学习、认知，就像个体置于四面墙壁的保护下一样。上漆的店铺招牌熠熠夺目，对集体而言，其价值等同甚至超过了沙龙画，而沙龙画是专为资产阶级设计的墙壁装饰。写有“防御”字样的墙壁是集体的写字台，报纸为其图书馆，收信箱成为器皿，长椅充当家具，咖啡梯田化身为阳台。工作结束后置身此处，不觉心旷神怡，一切问题都变得无足轻重，所有烦恼皆烟消云散。
>
> （本雅明，1933/1999，423）

本雅明确立了两个元素，正是这两个元素引发了建筑思想与建筑环境的互动。一是理想的城市世界神话，二是真实而纯粹的城市街道。城市形式和融汇其中的城市思想构成了一个非同寻常的复合体，它融汇了城市分析和精神分析。

此外，在构想这一复合体时，本雅明通过提出街道间相互影响的观点，做出了一个富有哲学意味的猜想，并将这一猜想作为当时建筑环境的感性象征。一方面，街道间的相互影响蕴含着人的思想；另一方面，正是这种相互影响构成了城市文明变革的强大动力。刘易斯·芒福德（Lewis Mumford）在《历史中的城市》（*The City in History*，1961，525－46）中的一个章节——“大都市的神话”中表现出相似的思路，并以之作为以下两者的区分因素：一是真实的城市社会或物理空间，二是虚构而普遍的理想城市。

在审视 20 世纪城市环境中的个体状况时，本雅明着重关注人与人之间的影响，尤其是由建筑及建筑之间的空地所引发的人际互动。这一城市思想显露出这样的信息：本雅明的展望是理想的城市神话和真实的城市形式的变形，这两者相互影响且持续互动。当理想城市的神话被提出来对抗现实的城市形式之时，城市形式便会随之改变；而当新的城市形式产生之际，理想城市的神话便以相同的方式变革自身。在本雅明看来，当代城市正是两者循环交替的结果，这样的循环在历史进程中持续发生，不曾间断。

性别和现代城市的半球投射

在当前的社会批判语境中，本雅明声称，时装模特和妓女是整个剥削、物化、异化系统的肇始者。女性由此被凸显出来。神话深刻地渗透着人的思想，如果这一理论成立的话，那么不合法的女性代表当推酒神狄奥尼索斯。狄奥尼索斯的本质特性是沉醉和狂喜。本雅明在1928年写作了《单行道》(*One Way Street*)，他在此书的最后部分《天文馆》中写道：

> 我们无法从现代人中区分出古代人，因为后者对宇宙经验的汲取已不为现代人所理解……尽管如此，现今仍存在与古代相似的现象：人和宇宙间存在视觉关联，这一关联包含了某种生成的预兆。现代人可凭借天文学便捷地建立起两者的关联，而古人与宇宙的交织汇流不同于此，而是呈现出狂喜的恍惚之境。

这不仅是对导致二战爆发的技术文明的批判，而且是对酒神精神饱含敬意的表达。在人们固有的思维模式中，恰恰是酒神仪式造就了技术文明。

近来，本雅明的观点和构想被并置而谈：一是他关于沉醉和麻醉药物的观点，二是他想象的但在当时并未抵达的南美洲。本雅明对两者的并置预示了工业化城市中一个最具争议性的问题。麻醉药物和南半球的联系是显而易见的，但是由于狄奥尼索斯在神话中表现出惯有的迷狂精神，南半球与酒神迷狂精神的微妙联系就变得尤为引人注目。

本雅明的并置观点宜置于2000年前的澳大利亚神话语境中考量，而澳大利亚神话在宗教、旅行文学、探险活动以及发源于欧洲的殖民中扮演了重要角色。一种权威的声音认为，殖民主义和男权主义与欧洲中心主义相关，并成为北半球霸权缩影的本质，这突出地体现在传统地图的绘制中。地图上的北方地区正是欧洲的中心区域，越接近赤道，其范围越小。在漫长的地图绘制史中，这是反抗男权主义和欧洲中心主义的最普遍方式。

1943年3月1日，《生活》(*Life*) 杂志刊登了巴克明斯特·富勒 (Buckminster Fuller) 关于海洋和天空互相投射猜想的文章。这一猜想预示着女性主义和地理学影响下的反殖民主义的兴起。柏拉图认为地球是个十二面体，而富勒却猜想世界是个二十面体。富勒极富创见的看法或许是对柏拉图观点的有力推进。地球由二十个相同的等边三角形构成，并被平置于水平面上。在富勒的二十面体网格中，南极洲位于中心，其他大洲则分布分散，海洋是众水之源。由于球体的投射，海洋被最小化了。在《批判之路》(*Critical Path*) 中，富勒宣称，其最大限度投射理论的优点是破除了“上”

和“下”的垂直观，而“上”和“下”分别寓指宗教中的“天堂”和“地狱”（第43页）。富勒于1951年提出了网格状的穹顶设计，这一设计以最少的外壳构筑了最大的体积，颇有事半功倍的意味，而制图学恰恰满足了富勒对人类居所的最优设计。

从性别投射的视角可以看出，人类居所的设计与澳大利亚神话密切相关，而这一点在黛博拉·怀特（Deborah White）的近期著作中已有所提及。在探讨澳大利亚在何种程度上被视为“女性”的问题上，怀特指出，与大陆特征相反的是，在澳大利亚的建筑环境中，女性化表达以及物质文化中的原始传统被抑制，并在主要的建筑中缺席。女性化设计集中于大陆半球，在鲜明的对比下，澳大利亚城市的男性化特征凸显出来。

男性化特征与神话中的圆锥石相似，不仅可以在摩天大楼的设计中见到，更可以从其他普通的城市结构中见到。悉尼歌剧院被公认为一座女性化建筑，而对女权主义者来说，在当代城市设计中，几乎很难找到一个比之更合适的批评对象。贝壳形的悉尼歌剧院是12世纪中期（北欧）建筑师约恩·乌松（Jørn Utzon）的杰作，具有柔美多情的女性特征。而其附近的海港大桥由生钢猛铁打造而成，刚毅冰冷。两相对照，冲击强烈。悉尼歌剧院散发的女性气质与海港大桥体现的男子气概既对立又融合，两种风格迥异的建筑同时并存，相互交融，由此孕生了澳大利亚独特的城市景观。然而，就它自身而言，悉尼歌剧院是男权象征的女性化表现，这极为罕见。的确，从古至今，女性化的城市建筑是非常罕见的。

男性化特征或女性化气质只有在彼此的映照中才得以分辨。同样的，城市及渗透其中的城市思想也宜在相互交织中考量。性别神话与城市形式交织缠绕，但对于融汇于城市形式中广博的城市思想而言，它仅仅是其中的一个方面。从古至今，神话始终是城市思想更迭的推动力——这一假设使根深蒂固的原有观点得到进一步强化：自古以来，地理空间的建构总是以男性为中心。这一假说带来的后果是不言而喻的，它不仅会引发对人类建筑的控诉（这一控诉由以吉琳·罗丝为首的地理学家提出），而且也将解放饱受性别偏见拘囿的地理知识。作为瓦尔特·本雅明著作的有益补充，这一假说表达了相应的吁求：承认将女性化隐喻置于城市形式的必要性与合法性。

结论

城市形式中的女性特性不仅流溢在城市建筑及设施上，也充盈于城市的空地中。在荣格集体无意识的精神分析中，阴阳两面的思想互会交织。男性都携带有女性化因素，这被称为女性人格原型；而女性则无一例外地具备男性化特征，这被称为男性人格原型。城市形式作为虚构神话和现实环境交织的产物，同样蕴含了女性气质和男子气概两种形态。循着荣格观念的理路分析，可以看出，建筑环境中并存的刚毅与柔情是城市形式模型的混合物，而城市形式的模型数量繁多，生动可感。自古以来，人们普遍认为，城市形式中的女性化特征集中表现于城市的“空隙”空间中，如街道、广场、公园、河岸、小巷，以及建筑物之间的空隙。

根据本雅明自身的悲剧本质来看，他的当代城市形式观点并不完整。因为“在有关城市的实际细节上，本雅明做了大量积累，但在建构系统理论时却拒绝将其纳入其中”。城市设施和高楼大厦既同时存在，又彼此影响。与本雅明这一洞见相一致的是，恰恰由于建筑的本性，城市结构成了男性象征。本雅明反复强调应给街道空间以足够重视，而街道空间正是最常见的城市空隙。本雅明的强调实际上指向了一个亟待我们重视的事实：城市形式中的空隙设计正是女性化的表达。

极具象征意味的是，相较于开放的城市空间及其配置，当前的城市问题与城市建筑设计的关联要淡漠得多。在开放的城市空间中，充斥着交通拥堵、公然犯罪、乱停车辆的丑陋现象，以及“棕色地带”的难题，还有城市基础设施的匮乏及其维护措施的缺失，而这些似乎恰恰是男性化的表征。男性化特征集中体现在固定的建筑物上，而这些庞然建筑排挤了城市空隙的珍贵意义。为了给城市形式赋予女性气质，我们便不可仅将城市空隙视为建筑物间的裂隙，而必须将其视为城市规划的主要考察因素，重点关注，仔细考量。性别神话尽管模糊不清，但应当将其视作城市形式的基础性来源和关键性因素。

神话中的性别象征在某种程度上描摹了建筑和空隙的一致性，而这种一致性正是城市形式更迭的一个重要方面。即便不能立竿见影，对这一事实的洞见与承认或许有助于解决与城市空间相关的难题。在现代城市中，空间的利用状况、承载力和利用不足的问题使人产生城市功能障碍的感觉。

这一感觉的产生似乎正确证了城市空隙的重要性，而城市空隙在过分强调大型建筑的语境中，曾被长久地忽略。

时至今日，名目繁多的城市理论妥帖地解决了公共事业、意识形态、社会问题、经济障碍，甚至棘手的宗教难题，但是却难以处理神话问题和人类无意识的困惑。然而，这一观点——神话是城市形式与城市形式的主要关联者——业已被证实。神话中的性别与城市设计、城市结构以及城市中的对象配置之间存在某种关联，这在当代城市问题的讨论中，确实是一个极为妥帖的话题。本雅明暗示了建筑环境和人类思想之间的关联，作为思想史的一个方面，这一暗示可谓是一个划时代的进步、一场城市环境的革命，并且应被视为《文化与理智》（*Cultural and Intellectual*）中城市得以持续发展的基本问题。然而遗憾的是，有关这些话题的探讨进度极为缓慢，甚至全然未被提及。

由性别、神话和建筑环境构筑的三重关系是对这种事实的有力支持，这一被掩盖的事实是，城市形式和包蕴其中的思想相互贯通，彼此共融。希腊城邦和神话即为早期例证，它们从深层上指出了自身的史前起源。自人类历史曙光初现之际，神话而非理性就成为城市形式演变的驱动力量，并且隐藏其后，不露声色。城市地理、规划、设计呼唤契合其所需的范式转变，而本雅明以上谦逊的看法可能正有助于此。或许，对于本雅明的未竟之业，我们没有更好的敬意之词了。

鸣谢：由衷感谢丹尼尔·隋（Daniel Sui）以及贵刊两位匿名评审对我的早期研究所提出的宝贵意见。

（译者单位：北京第二外国语学院跨文化研究院）

参考文献

Akkerman, A.（2006）. Femininity and masculinity in city-form：Philosophical urbanism as a history of consciousness. *Human Studies*, *29*（2）, 229 - 256.

Akkerman, A.（2009）. Urban void and the deconstruction of neo-platonic city-form. *Ethics*, *Place and Environment*, *12*（2）, 205 - 218.

Arthur, P.（2007）. Antipodean myths transformed：The evolution of Australian identity. *History Compass*, *5*（6）, 1862 - 1878.

Bagrow, L. & Skelton, R. A.（2010）. *History of cartography.* New Brunswick, NJ：

Transaction.

Benjamin, W. (1933/1999). *The Arcades Project* (H. Eiland & K. McLaughlin, Trans.). Cambridge, MA: Belknap Press.

Benjamin, W. (1940/2009). *On the concept of history*. New York: Classic Books America.

Bergson, H. (1924). *The creative mind: An introduction to metaphysics*. New York: Citadel Press.

Buck-Morrs, S. (1990). *The dialectics of seeing: Waler Benjamin and the Arcades Project*. Cambridge, MA: MIT Press.

Burke, J. G. (1986). *Cosmic debris: Meteorites in history*. Los Angeles: University of California Press.

Coleman, K. S. (2005). Who's afraid of "the goddess stuff"? *Feminist Theology*, *13* (2), 217 - 237.

Cornford, F. M. (1966). *Plato's cosmology: The Timaeus of Plato*. London: Routledge & Kegan Paul.

Cosgrove, D. E. (2003). Ptolemy and vitruvius: Spatial representation in the sixteenth-century texts and commentaries. In A. Picon & A. Ponte (eds.), *Architecture and the sciences: Exchanging metaphors* (pp. 20 - 51). New York: Princeton Architectural Press.

Couprie, D. L. (2005). Some remarks on the Earth in Plato's *Phaedo*. *Hyperboreus*, *11* (2), 192 - 204.

De Boer, J. Z. & Hale, J. R. (2000). The geological origins of the oracle at Delphi, Greece. *Journal of the Geological Society*, *171*, 399 - 412.

De Certeau, M. (1984). Walking in the city (Ch. 11). In: *The practice of everyday life* (pp. 102 - 118). Berkeley: University of California Press.

Domosh, M. (1988). The symbolism of the skyscraper: Case studies of New York's first tall buildings. *Journal of Urban History*, *14* (3), 320 - 345.

Donno, D, J. (1981). *The city of the sun: A poetical dialogue by Brother Tommaso Campanella*. Berkeley: University of California Press.

Duffy, F. (1974). Office design and organizations: 1. Theoretical basis. *Environment and Planning B*, *1* (1), 105 - 118.

Duncan, J. S. (1990). *The city as text: The politics of landscape interpretation in the Kandyan Kingdom*. Cambridge: Cambridge University Press.

Ferris, D. S. (2004). *The Cambridge companion to Walter Benjamin*. Cambridge: Cambridge University Press.

Ferris, D. S. (2008). *The Cambridge introduction to Walter Benjamin*. Cambridge and New York: Cambridge University Press.

Fuller, R. B. (1982). *Critical path.* New York: St. Martin's Press.

Golding, N. (1975). Plato as city planner. *Arethusa*, *8* (2), 359 - 371.

Gorman, M. J. (2005). *Buckminster Fuller: Designing for mobility.* London: Thames & Hudson.

Grosz, E. A. (2001). *Architecture from the outside: Essays on virtual and real space.* Cambridge. MA: MIT Press.

Harley, J. B. (1988). Maps, knowledge and power. In: D. Cosgrove & S. Daniels (eds.), *The iconography of landscape* (pp. 272 - 312). Cambridge and London: Cambridge University Press.

Harrison, J. E. (1922). *Prolegomena to the study of Greek religion.* Cambridge: Cambridge University Press.

Herlinghaus, H. (2010). In/comparable intoxications: Walter Benjamin revisited from the hemispheric South. *Discourse*, *32* (1), 16 - 36.

Hobson, J. M. (2004). *The eastern origins of western civilisation.* Cambridge and New York: Cambridge University.

Jones, J. P. & Sellers Seibel, S. (1978). Thomas More's feminism: To reform or re-form. *Albion* (Quincentennial essays on St. Thomas More) *10* (Suppl), 67 - 77.

Kerényi, K. (1976). *Dionysos: Archetypal image of indestructible life.* Bollingen: Princeton.

Leslie, E. (2006). Ruin and rubble in the arcades. In B. Hanssen (ed.), *Walter Benjamin and the Arcades Project* (pp. 87 - 112). New York: Continuum International.

Livio, M. (2002). *The golden ratio: The story of phi, the world's most astonishing number.* New York: Broadway Books.

Lodder, C. (1993). Lenin's plan for monumental propaganda. In M. C. Bown & B. Taylor (eds.), *Art of the soviets: Painting, sculture and architecture in a one-party state. 1917 - 1992* (pp. 16 - 32). Manchester: University of Manchester Press.

Lowenthal, D. (1975). Past time, present place: Landscape and memory. *Geographical Review*, *65* (1), 1 - 36.

Lowenthal, D. (1994). Author's response to David N. Living-stone's, Classics in human geography revisited—Lowenthai, D. (1961). Geography, experience and imagination: Towards a geographical epistemology. *Annals of the Association of American Geographers*, *51* (3), 241 - 260). *Progress in Human Geography*, *18* (2), 213 - 215.

Maddrell, A. M. C. (1998). Discourses of race and gender and the comparative method in geography school texts, 1830 - 1918. *Environment and Planning D: Society and Space*, *16* (1), 81 - 103.

McGowan, D. (1994). *What is wrong with Jung?*. Buffalo, NY: Prometheus Books.

McLuhan, H. M. (1964). *Understanding media: The extensions of man.* New York: McGraw Hill.

Mellaart, J. (1967). *Catal Huyuk: A neolithic town in Anatolia.* New York: McGraw-Hill.

Merleau-Ponty, M. (1962). *Phenomenology of perception*, translated from the French by Colin Smith. New York: Humanities Press, and London: Routledge & Kegan Paul.

Moore, C. A. (1967). *The Chinese mind: Essentials of Chinese philosophy and culture.* Honolulu: University of Hawaii Press.

More, S. T. (1516/2001). Discourses of Raphael Hythloday, of the best state of a commonwealth. In *Utopia.* new translation with an introduction by Clarence H. Miller. New Haven, CT: Yale University Press.

Mumford, L. (1961). *The city in history: Its origins, its transformations, and its prospects.* London: Secker and Warburg.

Panofsky, E. (1957). *Gothic architecture and scholasticism.* New York: Meridian Books.

Papadopoulos, R. K. (1992). *Carl Gustav Jung: Critical assessments.* London and New York: *Routledge.*

Patke, R. S. (2000). Benjamin's *Arcades Project* and the post-colonial city. *Diacritics. 30* (4), 3-14.

Pellegrino, C. (1991). *Unearthing Atlantis: An archaeological odyssey.* New York: Vintage Books.

Perry, K. (1985). Blind Saturn: The astrological epigrams as records of More's cultural conservatism. *Moreana*, *22* (86), 44-60.

Romer, E. R. (2001). *Pomponius Mela's description of the world.* Ann Arbor: University of Michigan.

Rose, G. (1993). *Feminism and geography: The limits of geographical knowledge.* Minnepolis: University of Minnesota Press.

Sauer, C. O. (1925). The morphology of landscape. *University of California Publications in Geography*, *2* (2), 19-53.

Schein, R. H. (1997). The place of landscape: A conceptual framework for interpreting an American scene. *Annals of the Association of American Geographers*, *87* (4), 660-680.

Stearn, W. T. (1962). The origin of the male and female symbols of biology. *Taxon*, *11* (4), 109-113.

Steele, L. D. (2007). The Neolithic settlement at Catalhoyuk and Pueblo ethnoarchaeology. *Building communities: House, settlement and society in the Aegean and beyond.* In

R. Westgate, N. Fisher & J. Whitley (eds.), Proceedings of a conference held at Cardiff University, 17 – 21 April 2001, British School at Athens Studies 15 (pp. 37 – 46). London: British School at Athens.

Taylor, A. E. (1928). *A commentary on Plato's Timaeus.* Oxford: Clarendon Press.

Tuan, Y. – F. (2001). *Space and place: The perspective of experience.* Minneapolis: University of Minnesota.

White, D. (2001). *Masculine constructions: gender in twentieth-century architectural discourse— "Gods", "Gospels" and "tall tales" in architecture.* Unpublished Ph. D. dissertation. Adelaide: University of Adelaide.

19世纪帝国都市风景：柏林闪灵、照片、火车、电影和汽车

伊斯特·莱斯利（Esther Leslie）/文*
王　琪　赵佳玲/译

摘　要：在本雅明长期以来一直思考的“光学”理论问题中，“立体镜”部分和图像小镇的形象构成聚焦意象。具体来说，笔者先论述了前卫的城市电影使城市本身成为电影的主题。人们制作以城市为背景的电影，并提供在这些城市中生活的准确的肖像。本雅明建立了个人童年和社会童年的平行过去。他回顾了整整一代的资产阶级的起步阶段，与其生活的社会经济形成时代相互参照。其次，本雅明通过对技术的描绘，揭示了经验主义灾难性的现代痕迹。为了说明科技威胁人类的缘由和方式，本雅明的经验主义本该追溯科技造成灾难的历史，但恰恰相反，他却试图挖掘已然发生的科技发展所带来灾祸的反面趋势——科技发展的潜能性。他把记忆作为打开过去视角的方式，从而批判性地看待现在科技的互补性。记忆和电影摄影有相似之处，后者有助于优化前者的结构，尤其是在时间探索方面，使得本雅明可以察觉到历史中尚未实现的可能性。最后，《柏林纪事》创建了记忆理论并推断了有关科技紧迫的经验。新科技形式对当代经验发挥着无法逃脱的威力。一个完整的个体和其感知的重组已经出现，最新一代人形成的“灵魂需求”在电影中呈现。我们应该认清经验匮乏的现状以及科技再创造的价值在于它们为试图重构“被淘汰的人”的经验能力所提供的机遇。这种重构是经验的延伸，亦是对新世界和多彩自然的设想。

关键词：图像；科技；经验；摄影

---

* 本文作者为英国伦敦大学伯贝克学院（Birkbeck，University of London）政治美学教授（Professor in Political Aesthetics）。

技术工具

在本雅明关于浪漫主义和文艺批评的博士论文中，他指出，早期的浪漫主义者在其《自然哲学》（*Naturphilosophie*）中使用了光学棱镜的隐喻。[①]类似的光学表达也出现在他的历史哲学著作中。他还提及了世纪之交的光学器械，如摄影、电影以及其他视觉技术。本雅明以模仿的形式征用了一切技术类型，以服务于自己的思想体系。他讨论了蒙太奇式的理论建构原则，并在思考当代历史的同时，思考了快照（snapchat）和片刻（moment）的从属关系。在《拱廊街计划》（*Passagenwerk*）的理论核心“第 N 卷：知识论，进步论”（Konvolut N：Erkenntnistheoretisches，Theorie des Fortschritts）一文中，本雅明借用了鲁道夫·博朗特（Rudolf Borchardt）讨论但丁（Dante）作品时使用的一个典故，将感知技术化。《拱廊街计划》为读者阐述了“观看”之模式。

> 该计划的教育意义在于：赋予无处不在的成像媒介以立体感，将平面化的观看行为置于不同景深的历史阴影中。

本雅明一直在思考光学理论问题。超现实主义关于视觉的反映的理论是一个令人欣喜若狂的、浪漫的和神秘的观点。本雅明对突出神秘之意义充满迟疑。超现实主义从自身以及世界之外夺走某物，以制造和销售其奇怪之处。相反，本雅明认为，“辩证视觉”（dialectical optic）作为一种分析方法应用于各处，唯独拒斥超现实主义者的浪漫式模糊以及他们对奇妙场景的条件反射，这些场景包括超感觉感知和心灵阅读模式。本雅明的“辩证视觉”确实证明了神秘的吸引的存在——他自身也难逃其外，沉迷于图解法和梦的解读[②]——但是，与超现实主义者不同的是，事实上，他坚持认为，没有什么比思想本身更新奇——如果有的话，一定是一种扭曲麻痹的思想——或者是阅读过程——一种读心术的形式。周围环境和我们所做之

---

① *Der Begriff der Kunstkritik in der Deutschen Romantik*（1919），G. S. I. 1，p. 104. [译者注：Walter Benjamin，Gesammelte Schriften（本雅明著作集，以下简称 G. S.）。]

② 尽管他关于两者的阐释总是设定模仿的因果关系，并试图阅览相关的直接表达和剩余唯物论的读物。

事早已显著异常。这将神秘归功于生活，而非归于世俗他者。“辩证视觉”从伊始便将日常生活感知为费解之物，或反之，把难懂之事理解为寻常之物。[①] 马克思的唯物主义亦难以独善其身，些许渗透着日常诗学。在《首都》（*Das kapital*）中，马克思曾多次言说产品自身，他将普通的商品描述成“神秘之物”。没有什么比这种充斥着“神秘色彩”（a mysterious thing）的平庸凡物更为奇特。马克思所写的商品崇拜对此误解而言毫无实际基础，生产商品的社会劳动者的怪异脾性因此造成。马克思的著作坦言，希望“变革意识”，正如他在1843年写给阿尔弗雷德·鲁格（Alfred Ruge）的信中所提及的，“这种改革完全在于让世界意识到自己的意识，从梦想中激发自己的梦想，并对其阐释自己的行动”。[②] 是时候从陌生醒来并归于陌生了。马克思认为，商讨意识形态的过程与光学仪器息息相关，如《德意志意识形态》（*Die deutsche Ideologie*）中的照相暗盒或者《首都》中提到的幻影。本雅明在《单行道》（*Einbahnstraβe*）的次标题和主题中同样提到了光学设备或效果：“皇家全景”（Imperial Panorama）、“扩大”（Enlargements）、“技术工具”（Technical Aid）或“到天文馆”（To the Planetarium），即最为可能发现望远镜的地方。这并不奇怪，因为显然《单行道》是本雅明自身焦点的转变，它采用了一个城市、政治、现代主义的新视角，如此准确地开启了平庸之超凡诗学的复兴——同时疏离堕落的意识形态，他在题为“博彩店”（Betting Shop）的一节中对隐私权的攻击以及对性学的阶级批判便昭然若揭。一种针对世界上的意识形态和经验的唯物主义分析即将在清晰的可调节镜头下进行，并融入经验展开建构。他辩证的目光足以洞察日常，在冥想和透镜的语境中不断呼之欲出。客体、经济、爱欲和经验以及生活或梦中的事情，是分析平凡中之诗意化的重中之重。以物质分析诗性行为源于形式主义，它渴求更新、延长并重唤视觉。“眼镜师”（Optician）部分重新分析了感知，谈论了关于视觉的奇妙不一之处：无论明暗如何吸引或排斥注意力，无论现实的最终形态——聚会的残迹——是否可能揭示出空间发生之事的历史，或者在追爱活动中，爱者如何将自我多样化以及被爱者的角色如何随处转化，可见本身必须被看见是本雅明形式主义——现代主义的信条。他的一些有关感知和见证物质条件的思想，激起了人们以歌

① *Der Surrealismus*, G. S. Ⅱ. 1, p. 307. *One Way Street and Other Writings*, London: New Left Books, 1979, p. 237.

② Karl Marx, *Early Writings*, London: Penguin/NLR, 1975, p. 206.

德式风范来思索光与暗在视觉中的活力。[①] 毕竟，是眼睛之功用和棱镜之效能使歌德怀疑起牛顿的客观主义。唯物主义在物体——自然与人类的世界之间摇摆不定。它突出了情绪化态度的调解功能，包括涵盖了我们生活的物理世界、光，以及滤光器和透镜。人类或机器调节的存在不会使物质性减少半分，其聚集的重点是史实性、洞见、知识及理解驱动的认知。

本雅明对《单行道》中“立体镜”（Stereoscope）的一个小节进行了强调，并先见地将《1900 年前后的柏林童年》（*Berlin Childhood around* 1900）的后期作品称为“皇家全景”，其中描述了他喜爱的带有三维城市景观的光学娱乐设备。“立体镜”部分对里加（Riga）的日常生活进行了描述。本雅明于 1925 年 11 月到访此处，市场、河上的轮船、市场交易员、家庭主妇、苹果市场的红色和白色土堆等等展现在他眼前。出售紧身胸衣、帽子、皮具、煤炭、糖和五金制品的商店吸引了他。在观察到商店如何在招牌和墙壁上展示其超大尺寸的商品——真正的产品迷恋后，他告诉我们，这些图象渗透了这个城镇。[②]

“立体镜”作为图像城市的形象，具有一种非凡和运动的平凡。文章中关于空间的阐释证实了这点。段落中的乐章、文字转换为照片，长视图随着移动转换为特写镜头，而特写镜头被商品标志的超大字符叠加和迷惑。这些电影的删减、角度和比例的迅速变化、三维空间的绘制尝试，正如标题“立体镜”所暗示的那样。也许，对于电影制作人谢尔盖·爱森斯坦（Sergei Eisenstein）的家乡来说也是如此。立体镜学最为戏剧性地呈现在分割视图引言的最后一行。谈及城市传播的照片，他特别指出，在它们中，高高的如堡垒般的荒凉建筑令人重又想起沙皇时代的所有恐怖。[③] 这里暗示着过去和现在平分历史的情况——作为本雅明“伸缩过去”（telescoping the past through the present）概念的例子——对于沙皇的恐惧成为他们在新里加的先兆纪念物。这个观点与本雅明在里加感受到的痛苦并不是毫无关联的。他想给他的爱人阿斯娅·拉西斯（Asja Lacis）一个惊喜，但是她正忙着指挥一部政治剧的演出，经受着警方频繁的干扰，有被逮捕的危险，所以无暇招待他。这种新的自由被认为是暂时的，插入新旧形式的监视。“伸缩过去”作为双目视觉的例子，缩短工作时间，开放未来潜力。本雅明的辩证

① 有关观念主题的早期初稿见 *Dispositionen der Wahrnehmung*，G. S. Ⅳ. 2，p. 938（及社论部分）。

② *Einbahnstraβe*，G. S. Ⅳ. 1，p. 129. p. 86.

③ *One Way Street and Other Writings*，G. S. Ⅳ. 1，p. 129.，p. 87.

光学以其他方式对城市进行全方位的维护。它从商品和玩具之间，再从成人的看法和幼稚的看法之间来回穿梭。它逼真地再现了自然和诡计，游人和居民，教会和国家以及人类喧嚣和商业活动。

阿多诺（Adorno）为本雅明20世纪50年代版本的作品增加了序言，其中引用了本雅明的凝视模式来设想一种“微观凝视”（micrological gaze）。这种目光是一种暂时的、清醒的、辩证的和客观的“微观程序”（micrological procedure），它集中在最小的事物上，将其历史力量转化为图象。[①] 此外，这种印象具有细看或对物质进行特写的性质，为了记录空间、时间和政治维度，但这不是新的客观主义。它类似蒙太奇图像，这种图案会随着时间的变化而改变，同时，它又和社会关系中那虚无缥缈的相互支持一样。立体镜学和光学维度都与在里加发生的小插曲相关。写及里加，本雅明以双视角感知出售商品——其视角与商品的标志相关。这些标志是商品奇迹的表现，它们如梦似幻，充满憧憬、新奇，雄心勃勃，有如孩童。除了商品迷恋的建议之外，这些标志提醒本雅明要认真对待儿童插图，作为此类素材的鉴赏家和收藏家，他对教育学的兴趣使他更专注于将插画书作为教育工具。

《柏林纪事》（*Berliner Chronik*，1932）是本雅明对城市空间碎片的记载，是对童年的一种回归，也是对技术许下的美好诺言进行背叛的一幅肖像。引人注目的回忆录展示了新技术的特点如何侵犯了本雅明的物质理论方法。《柏林纪事》使用源于电影和插图的正式标准来说明历史转换观念，虽然这与文字媒体相反。建筑或蒙太奇是电影的核心方面，也被视作大都会经验的特征。城市经验是电影化的。本雅明正在建立一个成熟的风格。在德国魏玛，城市不仅仅是一个现代主题，更是现代性的象征。实际上，充满比喻意味地看，城市似乎通过电影这种最现代的形式被表现出来。电影能够完美地再现城市，人们制作以城市为背景的电影，并提供生活于这些城市中的准确的肖像。电影和形式之间、电影院和机构之间以及城市生活和社会现象之间皆存在着特殊的亲密关系。最早的电影记录的是路上的行人，大城市疯狂追逐的交通和大都会地下的一角都展现在电影中。城市重塑人的经验，而电影提供了一种认知的方式。震惊和刺激神经是常态，电影将这些强烈的感情进行再现。电影利用了城市居民逃避合理化工业和技术世界的欲望，并通过使用该世界的产品来做到这一点。电影记录了城

① T. W. Adorno, *Noten zur Literatur*, Frankfurt/Main: Suhrkamp, 1981, pp. 576－577.

市生活的复杂性、短暂变化、速度、破裂和持续运动。城市有着剪辑的和不连续的经验。莫霍利·纳吉（Moholy Nagy）的电影素描即《动态城市》（*Dynamic of the City*，1921），是一个存在积木、数学符号和拼贴图画的城市景观形象。它展示了一个交通流的交会点，其跨越范围从无线电信号塔塔顶到地铁车站。剧本标明：

> 一边的排排房子清晰透明，右侧更可目及尽头。它们从左褪隐至右，反之亦然，由右向左，如此往复循环。透明屋室排立相对，公寓反向平移，汽车之速更甚，飞行前进，凡此种种造就荧屏闪烁。

随着字母交错流过，字母“TEMPO”从模糊的字母链中凸显出来。虽然文化研究所已经承诺对这部电影投入资金，但是它从未被制作和发行，它没有叙述的时刻，只是一个图形、摄影和数学符号的审美安排。[①]《动态城市》被设计为图像生动的卡通电影，它重新阐释了城市的抽象概念。其他同样希望肯定城市现代经验的人也使用纪录片的形式，例如瓦尔特·鲁特曼（Walter Ruttmann）在《柏林：交响乐城市》（*Berlin*：*Symphony of a City*）中的实践。但是，这种纪录片的形式强调了蒙太奇的强弱倒置，这些前卫的城市电影使城市本身成为它们的主题。在模拟新的视觉体验以及电影的模仿把城市提高到主题的高度时，本雅明的自传作品以类似片段的方式排列了柏林的片段，场景、序列、编辑、特写、细节、瞬间共存。可能这种电影的演示模式在随后的自传作品《1900 年前后的柏林童年》中更加明显。这部后期作品建立在《柏林纪事》提出的材料之上，写于 1932 年至 1938 年。《柏林纪事》所阐述的场景类似电影字幕，被添加上标题或口号，也被改编后加入《1900 年前后的柏林童年》。[②] 在自传作品中，本雅明通过不连续的、非时间顺序的快照和消除名称的照片剪辑组合，描绘了一些经验。叠加、消散、重叠是一种符合现代生活和电影的节奏。《柏林纪事》的框架结构围绕着光学图像和光学体验。在后来的传记作品中，修订部分插

① 莫霍利·那吉的电影草图将呈现于明日电影的增补刊中，用以补充 1925 年 5 月的柏林电影周刊。Jeanpaul Goergen, *Walter Ruttmann*: *Eine Dokumentation*, Berlin: Freunde der Deutschen Kinemathek, 1989, p. 26。

② 该课题的版本之一详见西奥多·阿多诺和蒂尔曼·雷克斯所编的 G. S. Ⅳ. 1，另一版本见 G. S. Ⅶ. 1，副标题为 *Fassung Letzter Hand*。

入了原声元素，这也许意味着本雅明对20世纪30年代越发重要的电影声音和录音技术发展的认识。

柏林纪事（1932）：技术、记忆、经验

> 根据时间的节奏叠加。关于电影和“轰动”（sensational）的新闻调解之间的联结。在时间感知的背景下，“成为”（becoming）不再对我们有任何带有节奏的意义。我们在感性和传统中辩证地颠覆一切——重要的是在传记中以逻辑方式表达这些东西。
>
> ——《巴黎乘客》（1927－1929）①

在1932年准备自杀之前，本雅明写了许多自传性素描。② 它们回忆了过去，同时理论化了记忆。这项活动是在他被日常生活激怒从而选择永久流亡时开始的。③ 多年后，当他回首往事时，他坦露道，他知道自己要长期甚至永久地离开他出生的城市。为了达到“预防”（inoculation）的目的，他提出，最有可能唤醒流亡中思乡意识的图像就是童年印象。他通过限制对过去发生的、必要的、社会的和不可恢复的事件的检查，而不是任意用传记记载的方式来避免思乡怀旧。④ 他记载社会历史而不写自传，从而避免感伤情调或者个人主义。他把自身融进社会空间和与事物的联系中。在弗朗茨·黑塞尔（Franz Hessel）《漫步在柏林》（*Spazieren in Berlin*）的城市自画像和评论中，本雅明宣称战后的欧洲范围内存在着“现实感和纪实感”（sense for reality, the sense for chronicle and document）。纪事和文件由本雅

---

① G. S. Ⅴ. 2, p. 1022.

② 贝恩德·威特写了详细的历史记述以及《柏林纪事》和 *Berliner Kindheit um Neunzehnhundert* 不同版本的注疏。通过不同版本的文本，威特洞察到了发展的趋势，而传记因素逐渐消失殆尽，融合孩童作者和历史唯物论者观点的批评家所预言的悲剧未来跃入眼前。放弃自杀计划后，本雅明开始着手于创作 *Berliner Kindheit um Neunzehnhundert*。除了1935年之前在 *Frankfurter Zeitung* 中发表的几篇文章外，出版机遇的缺少意味着本雅明将在1938年之前仍继续完善他的童年回忆录。

③ 编者的注释见 G. S. Ⅵ, p. 799. 有关本雅明被流放之前所做之事以及他如何回应纳粹恐怖分子的相关资料见 Chryssoula Kambas's *Walter Benjamin im Exil: Zum Verhältnis von Literaturpolitik und Ästhetik*, Max Niemeyer, Tübingen 1983。

④ 也可见收藏于本雅明 *Teilnachlaβ* in the *Akademie der Künste zu Ost Berlin* 的一封未发表的1938年5月13日给莱昂的信。

明自己的项目组成。他表现出一种纪事者对于历史本身和记忆历史这种过程的关心，以及记录现实评估的兴趣。《柏林纪事》制定了一套专门记录城市技术现代性的过去和现在经验的理论。这些作品明确地阐述了通过技术来传导经验的形式。[①] 在技术加速发展的关键时期，《柏林纪事》建立了对于特定历史的自传式回归，以便展示新技术如何重组、协调经验的过程。技术对于经验的持续影响式侵犯，可以追溯到技术新模式的代表重塑记忆和主体性的过程。本雅明《柏林纪事》的结构和主题通过使用新媒体对集体的技术方式进行回应，并从结构和主题的角度对记忆工作的过程进行了处理。本雅明既对新型技术方式的出现进行了描述，又对其在归档和记忆的过程中发挥的作用进行了描述。《柏林纪事》是一个多层次的记录文稿，包含令人费解的地点和时间，以及记忆、幻想、虚构、文献和自我反思的混合。本雅明在这里开创了将记忆机制与构建过程相结合的历史学。他希望通过自觉选择和对自己历史的政治解读对材料进行干预，并在过去、现在和将来的事件之间建立联系。

在《卡尔·克劳斯》(*Karl Kraus*) 中，本雅明借鉴维也纳讽刺大师克劳斯的评论以批评新闻实例，尤其是战争报道。克劳斯同他人一样认为在1914 年至 1918 年的战争中，大众传媒取代了个人的记忆行为，导致在报纸、摄影和电影中的战争报道明显超过经验和记忆。这些例子包括国有或国家支持下的图片档案所呈现出的肤浅内容。克劳斯将新闻界的实际宣言，即一系列短语，与制作印刷品的技术相联系。[②] 报纸印刷机器像工厂一样运行，被要求创建大量的信息，并需要快速加工。新闻事件的调解取代了事件本身以及邪恶特性的影响，似乎在事件发生之前就已报道了该事件。[③] 本雅明附随克劳斯的批判之见，尤其强调了战后口语领域的颓败以及言语表述事件中急速扩展的失信危机。本雅明打算挽救记忆和经验，他不谴责对事件的调解和媒体对词语的贬低，而是顺从地要求一种占领媒体、重新播放经验的策略。本雅明可选择的亲和力是在无意识和技术之间，成形于光学无意识之中。这种选择亲和力对其回忆研究的影响颇大，提供了一系列方法，如借助媒体存案的内容增益记忆，或用技术取代记忆，抑或使用相关技术原则的回忆过程模式等。当主体性成为世界文献的问题时，技术性

① *Die Wiederkehr des Flaneurs*, G. S. Ⅲ, p. 194.

② *Karl Kraus*, G. S. Ⅱ. 1, p. 336. *One Way Street and Other Writings*, p. 260.

③ *One Way Street and Other Writings*, G. S. Ⅱ. 1, p. 344. p. 267.

调解就变成了社会性和政治性问题，而非个体灵魂的保护区。

本雅明的技术无意识论诞生于20世纪20年代的现代工业社会。以文字为单位的文化表现形式，如小说和报纸，将转变为一种新型的主导表现形式，如“奥斯堡形式”（Anschauungs form），该形式以电影和摄影图像为基础。[①] 在《克莱恩·格奇奇摄影》(*Kleine Geschichte der Photographie*, 1931)中，本雅明引用莫霍利·纳吉的话——未来的文盲将是无法阅读照片的人。[②] 莫霍利·纳吉指出了视觉的轴向性。复制的图像暗示了本雅明的回忆过程。他描述了记忆像短暂的时刻一样，像快照一样，是一个不连续的偶然遇到的图像。[③] 从精神上操纵空间和时间的结果可以看出，暂时性、不连续性与时间序列有关，即蒙太奇。本雅明的记忆模式也符合弗洛伊德式心理。弗洛伊德（Freud）坚持认为，无意识对于无时间顺序的时间和经验丰富的事件的认知皆超出了发生瞬间，并有效地进入记忆的追踪形式。作为记忆的激励，记忆的非线性以及再现的图像，证明了本雅明对历史理解的完整性，以及他在同期的《拱廊街计划》中发展出的表现方式的整体性。当然，很难针对《拱廊街计划》的结构发表声明，因为它类似于索引卡。“文件N”（File N）作为项目的认识论核心，为“文学蒙太奇”（literary montage）和“立体视觉”（stereoscopic seeing）提供了记忆的非时间性和政治性意义。

多年来，正如他早年在柏林回忆录中提到的那样，本雅明想要绘制他的生命地图，这是一幅描绘了社会化空间的自传性绘画。其中，社会化空间介于他塑造的接替呈现的空间之间。[④] 这个传记地名录绘制于巴黎的双偶咖啡馆，后来遗失，但在柏林的回忆录中被口头重建。首先，他想象了一个带有符号亮点标记的城市指南，但是后来反对将其用于军事目的而成为市区的弹药调查图。生活的专业化与关于城市地形的想法相结合，但后者不是建筑意义上的，而是“人类中心”（anthropocentric）[⑤] 的。《柏林纪事》唤起了城市空间迷宫般的特征，与人类心灵的复杂渠道相似。[⑥] 在《巴黎乘客》中，19世纪的梦幻集合被描绘，下沉入拱廊，仿佛沉入自己身体的内

① *Konvolut I*: *Das Interieur*, *die Spur* in the Passagenwerk (pre—1935), G. S. Ⅴ. 1, p. 282.

② *Kleine Geschichte der Photographie*, G. S. Ⅱ. 1, p. 385. *One Way Streetand Other Writingngs*, p. 256.

③ *Berliner Chronik*, G. S. Ⅵ, p. 488. *One Way Street and Other Writings*, p. 316.

④ 此观点的延伸反思详见 *Pariser Passagen* 1 (1927—1929), pp. 998 - 1000。

⑤ 这一特殊的表达方式见《拱廊街计划》(1935年之前), G. S. Ⅴ. 1, p. 138。

⑥ *Berliner Chronik*, G. S. Ⅵ, p. 469. *One Way Street and Other Writings*, p. 298.

脏。几年前，本雅明的比喻面向的是无意识而不是客观实在性。[1] 本雅明建立了通往城市无意识的记忆、拱廊或路线的地下通道，他的观念预示了第二次世界大战后的国际形势，通过精心设计的入口和隧道进入内部。像这种社交的和地下的代表，是现代的经验或者是经验的现代性，是在梦境中引起了“松动”（loosening）的自我的类似物，被认为是“超现实主义”（Der Sürrealismus）中令人陶醉的经验副产品：

在世界的结构中，梦想就像一颗松开个性的空洞的牙齿。[2]

现代经验终止了旧的主观主义行为，强调回忆无止境的扩张和城市错综复杂的渗透性或不可渗透性，导致了以任何普遍理解的方式剥夺自传的可能性。本雅明所说的标准自传，与时间和顺序以及所有构成生活不断流逝的事情有关。它也关注个人存在的叙述，从一开始就不断地注意着焦点生活。[3] 本雅明反而将个人细节折叠，从而与集体、世代和城市历史相遇。本雅明描述了他生命中的事件，给它们增加了社会意义。

城市的迷宫，特别是社会底层的下等酒吧、未标明的街道、黑社会、地铁等通过童年时代的天真视角传播给读者。1900年前后，一个奇迹的存在世界被探索，对于儿时的本雅明来说也是如此。在《拱廊街计划》的笔记中，本雅明将青年的经历描绘成梦幻，也是一种具有可能性和希望的投资，因为孩子在每个时代都保持着梦幻般的梦想：

一代人的青春与梦想的经验有很多共同之处。它的历史形式是一个梦幻的形式。每一个时代都拥有转向梦想的一面，即孩子的那面。[4]

弗朗茨·黑塞尔《漫步在柏林》的评论揭示了孩子和闲逛者的记忆，他们都用宽阔的目光缓慢越过这个城市。[5] 在《柏林纪事》中，黑塞尔被作为教授本雅明如何在城市中漫步并进入“梦想集体”（dreaming collective）

---

① G. S. Ⅴ. 2, p. 1010.

② *Der Surrealismus*, G. S. Ⅱ. 1, p. 297. *One WayStreet and Other Writings*, p. 297.

③ *Berliner Chronik*, G. S. Ⅵ, p. 488. *One WayStreet and Other Writings*, p. 316.

④ *Konvolut K: Traumstadt und Traumhaus, Zukunftstraume, Anthropolo-gischer Nihilismus and Jung'* in the Passagenwerk (pre—1935), G. S. Ⅴ. 1, p. 490.

⑤ *Die Wiederkehr des Flaneur*, G. S. Ⅲ, p. 198.

区域的指导者之一。[①] 在构建或重建集体历史或集体回忆的过程中，本雅明想象出“集体无意识”(collective unconscious) 的概念，并且暗示了世代之间创造性的乌托邦关系和他们对新技术的投资。

随着本雅明对童年的改写，欧洲文明正在被大规模破坏和毁灭。这是从童年和成年人的视角分离时间元素的前提条件。本雅明改变了时间轴，使自传回忆成为从现在到过去的反思。记忆关涉这样一种联想能力，“这种能力使无穷无尽的事物可被插入所见之物中”[②]。《柏林纪事》故意使用了刻薄的语调。本雅明过去寻找的地方都承载着他所知道的未来的痕迹。[③] 本雅明在柏林的记忆建设强调将当前写作时的提示插入文本中，通过取景器越过过去和现在，这也与作家的职位、阶级和地位相关。本雅明的历史写作刻意混淆了年代顺序，在他自我的历史和空间中没有过去的日历，实际上是没有纪事。本雅明和时间耍了一个伎俩，这个伎俩产生了政治后果。他假装记得当他是一个孩子时，他对于世界的感觉，实际上，他是一位强调目睹的轨迹的批评家。暂时的好奇使他能够在家境无忧的一段时间内书写沉默。过去包含着灰尘、过度凌乱的效果和资产阶级衰退的痕迹。奢华的装饰图案和对阶级孤立时刻的描绘呈现出一个充满衰败的大都会地形图。在城市被战争破坏之前，成年人的嘲笑和模拟暗示着他能够展现城市的基础如何背叛裂缝和加速裂缝分解的过程。使用儿童或者类似儿童的观念是回归过去的方法之一，以便提出某种设想的技术，然后破除那个过去。他并不是书写某个单一或者真实的童年。在写作和记忆中，他设想了一种可能性，凭着这一设想，儿童和技术化宇宙之间的自由关系为变革提供了推动力。从写作中介物的知识入手，本雅明发展出一种奇怪的视角。在这一视角中，记忆为重置政治化的历史连续性阐释提供了一种暗示性策略。本雅明透露了一种方法论，与理论上的政治含义相呼应。“技术”(technik) 类别的辩证性质是在技术潜力的解释性预测之外，将技术的描述性、经验性历史翻译成双重陈述。

技术的描述性历史

现在他在世界法庭上指责柏林。我的上帝，我们，被虐待的纳税

① “梦想录”的论说见 *Pariser Passagen*1 (1927—1929), G. S. V. 2, p. 1010。

② *Berliner Chronik*, G. S. Ⅵ, p. 476. *One Way Street and Other Writings p. 305.*

③ *One Way Street and Other Writings p. 300.* G. S. Ⅵ, pp. 470 - 471.

人，有权在任何一个法院控告这个镇，其管理总是从一项耻辱滑向另一项耻辱中。但是，我们想要在世界法庭上将其纳入罪行，但是，尽管如此，尚未决定。

——瓦尔特·本雅明，“今天的雅各宾派”（1930 年）

（Ein Jakobiner von Heute）[①]

《柏林纪事》记录了“技术”的历史，它说明“技术”正在被日益破坏性地使用。“技术”最初似乎是一种解放力量，但是后来已被使用，由于产品关系的强制效果，以毁灭结束。初步技术发展的乌托邦时期暗示着与早期童年经验的场景相一致。对本雅明来说，童心是如此重要。战后，阿多诺在《最低限度的道德》（*Minima Moralia*）一书中提到本雅明，显示出他的孩子气，表现出他的分析方法可以成为掌握英雄在官方历史表象之下的真实内容的分析方法，从而发现儿童文学和幼稚艺术的真实经验中的知识和想法。[②] 成熟的关联模型将本雅明关于历史技术变革的思考组织起来。在《柏林纪事》以及同期撰写的《拱廊街计划》中，本雅明建立了个人童年和社会童年的平行过去。他回顾了整整一代资产阶级的起步阶段，与其生活的社会经济形成时代相互参照。本雅明自传形式的回归类似地演变为技术和工业资本主义的童年。本雅明推翻了这种简单的进化论，假设个体发育与社会历史系统发育之间存在联系。孩子关于过去的乌托邦视角与资本主义发展的原始时刻挂钩。本雅明似乎认为新技术的真正潜力来自于儿童梦幻般的预测以及实践幻想的早期工业进步者。本雅明的观念与马克思的“童年历史指数”（historical index of childhood）之间可能有一定的密切联系。马克思的童年观念传达出希腊艺术的规范性，它诞生于人类天真的幼年时代。马克思在《政治经济学批判》（*Critique of Political Economy*）草稿的绪论中断言，不可否认的是，孩子的天真烂漫给成年人带来了乐趣，而成年人则试图在更高层次上重现孩子的真实性。麦克斯·拉斐尔（Max Raphael）关于马克思“回旋：梦幻城和梦想中的房子，未来的梦想，人类学虚无主义和荣格”（Konvolut K：Traumstadt und Traumhaus，Zukunftsträume，anthropologischer Nihilismus und Jung）的 1933 年法译版节选被本雅明引入《拱廊街计划》：

① 引自沃尔纳·黑格曼的 *Dassteinernde Berlin* 评论。

② T. W. Adorno，*Minima Moralia*（1951），London：New Left Books，pp. 151 – 152.

……童年历史指数。对于希腊艺术的规范性进行演绎（从人类的童年诞生）时，马克思说：每一个时代难道不是在儿童的天性中，看到自身的自然真实性格的重生吗?①

在序言总结中，马克思还认为，文化形式与世界上任何一个现存的技术相关。马克思提到的现代技术和技术产品包括自动机、机车、电报、火药子弹、报纸和印刷机。马克思对于使得希腊神话看似多余的技术转变特别感兴趣。例如在修辞方面，他问道，与雷伯公司相比，沃尔坎（Vulcan）会变成什么，朱庇特（Jupiter）在电闪雷鸣发生时会怎样，谣言女神（Fama）并肩站在印刷所广场（Printing House Square）旁时会怎么样。马克思和本雅明都对迷人的童年精神表现出迷恋，并且认识到文化形式和技术发展的重要性，在马克思的情形中，他显然陷入了一种辩证的扭曲中。马克思认为基础与文化生产上层建筑的差异，使得古希腊在不发达的经济背景下产生了本应在更先进条件下出现的艺术“高峰”（peak）。这是因为它孩童般的魅力跨过几个世纪仍在向我们言说乌托邦的纯真，讲述逃脱社会化和自然化现代裂隙的希望。

本雅明将童年时代的大都会写成一个提供前所未有的可能性、财富和刺激的地方。他的父亲是企业家和商人的代表，对蓬勃发展的城市景观态度乐观。本雅明的童年处于第一次商品大规模营销的世纪末。城市是一个有宝藏、霓虹闪烁和轰动感的地方。作为一名年轻人，本雅明逐渐认识到这个城市是一个“展示需要的场所”（show place of needs）。② 城市拱廊类似于一个不可思议的充满大堆商品的洞穴，在那里，他父亲的购买力切断了商店柜台、销售助理和镜子之间的路径。他将社会童年进行恢复，对空间、地点、物品持冷漠态度。本雅明越过位于柏林西区充满废墟和瓦砾的过度混乱的资产阶级内部世界，同时减少人物着墨，增加物体以及空间的书写篇幅。同样，本雅明在《特拉姆吉奇奇》（*Traumkitsch*, 1926）中声称，相对于事物来说，超现实主义者在灵魂方面更不会局限于特定路线。③ 本雅明对事物世界产生了觉察。《柏林纪事》重温了本雅明童年的世界，这是一个

① *Passagenwerk* (pre—1935), G. S. Ⅴ. 1, p. 497.

② *Berliner Chronik*, G. S. Ⅵ, p. 499. *One Way Street and Other Writings*, p. 327.

③ G. S. Ⅱ. 2, pp. 621 - 622.

充满古董碎片的空间的延续：电话、巧克力机、火车及火车站、明信片、杂乱的豪华房间、令人印象深刻的石头和金属材料的纪念碑、绿树成荫的路径或诱人的柏林动物园。从对物质文化的兴趣意义上来说，本雅明认为客观事物具有历史意义并且延续了半神话和超现实主义的方法论。这种方法对本雅明的唯物主义诊断形式至关重要。

事物世界，即“物质世界”（*die Dingwelt*），出现在 20 世纪 20 年代至 30 年代的马克思主义理论中。卢卡奇（Lukács）的术语解释具体反映了现代品质的物质和自我存在的事物，这二者处于无用的拜物商品的积累过程之中。阿多诺散文中提到的事物世界类似一个自我屈服于目标的区域，主观性在事物世界中受到损害。跳蚤市场超现实主义的享受乐趣激起了本雅明对于陈旧过时的技术和废物的兴趣，为了考察社会乌托邦的投入，他在 19 世纪和 20 世纪的装备中进行剪辑和调适。通过梳理存放于巴黎国家图书馆档案室的老旧的生理学文件、小册子、报告等，本雅明认为自己正在模仿马克思在英国图书馆的情景，通过片断、账户、发票等，对领域和主题进行分类，以便将 19 世纪令人厌恶的秘密和压抑的历史写入他的完整可靠的指南中。本雅明渴望通过有关杂物、时尚以及小工具的细节消除现代主义理论家对事物、家具和室内装饰背景的强烈好奇心。当我们居于此处，物质文化居于我们之身，它为个性、投影和品位列表提供了个人神话的组成部分。本雅明坚持超现实主义淹没在文化商品客观性上的历史和社会真理，特别是那些已经过时的文化商品。19 世纪的文化充满了丰富的物质性和未来乌托邦的大纲。关于内部事物，这种物质文化的沉淀可能最具有清晰的社会症状，虽然无可争议地需要被兑现或救赎，但是绝对不会被蔑视。

本雅明的儿童评论重新启动了工业主义对大范围内物质丰富的保证。孩子屈服于街头生活的魔力和狂热，并试验和探索主体和对象之间的对应关系。本雅明的儿童评论徘徊不定，然后陷入了一种好奇心和创造力的迷蒙中。资产阶级童年最幸福的时刻出现在如下描述中：儿童作为波茨坦（Potsdam）凉亭周围可征服世界的小型帝国主义者。① 对于孩子，城市可以被迷宫所渗透，就像孩子被混合着玻璃和沥青的城市吞没一样。儿童视野的因素之一就是孩子与物体之间基于一种陌生的关系。将儿童视角作为解读历史的方法的战略重要性在于，孩子们被看作是重新发现新事物的人，

① *Berliner Chronik*, G. S. Ⅵ, p. 518. *One Way Street and Other Writings*, p. 344.

并在此基础上将新兴的技术世界带入象征领域。① 孩子产生关于物体的创造性感觉被看作是重现新技术首次构想的历史时刻，也就是本雅明描述的“第一次”（for the first time）或“太早”（too early）的时代。② 在回忆录中，早期技术在刚诞生时与新生儿类似。在1933年年初首次出版的《1900年前后的柏林童年》的某个场景中，本雅明描绘了父亲在电话中进行商业交易的画面，就像新生儿熟睡的声音。③ 出生、技术诞生、感性重生的形象，与童年时期被排除在外的死亡相连接。在布鲁斯霍夫12号（12 Blumeshof），即本雅明外祖母的中产阶级家庭中，沉重的家具传达出了一种永恒的信念，希望排除痛苦和死亡。④ 不朽和永恒是本雅明在早期肖像摄影中传达的关键词，对进步资产阶级的自我理解进行了描述。但在这个排除死亡的世界中，它的坚实性和永久性在叙事的不同时刻遭到破坏。认知的结果是逐渐围绕着死亡对于叙事的介入而展开组织。在布鲁斯霍夫12号里，缺席的死亡与本雅明的童年朋友弗里茨·海因勒（Fritz Heinle）的死亡相抵触，海因勒的自杀是由1914年世界大战爆发而引起的。⑤

本雅明返回到他所记忆的碎片，这一碎片包含19世纪和20世纪初这段时间，以便与历史进行对抗。他强调了无休止的壮观消费和无限技术生产的尚未兑现的承诺。“技术”的辩证理解正如破坏性和生产力之间相互作用的振荡一般，被迫勾勒出乌托邦和反乌托邦的城市场景。反乌托邦的时刻与逐渐实现社会和政治层面的迫切要求有关。本雅明将19世纪后期技术的经验衰退看成是成熟、退化和资本主义社会组织三者的约束和要求。技术上的下降趋向于被呈现在本雅明实例中的类似叙述，即本雅明进入青春期时的失望感和揭露的真相。本雅明承认资本主义意识形态的承诺带有欺骗性。在《柏林纪事》的叙述中，军事新技术在社会中的应用，迫使人们相信技术将会带来长久的进步和永恒的和平。本雅明的回忆录揭示了他在大屠杀岁月中的曙光意识，即现代机械制造时代不能克服阶级障碍，反而使其得到加强。机器技术并不是用来实现乌托邦社会的，联合的资产阶级意

① *Konvolut K：Traumstadt und Traumhaus, Zukunftstraume, Anthropologischer Nihilismus and Jung'*, in the Passagenwerk（pre—1935）, G. S. Ⅴ. 1, p. 493.

② 本雅明所青睐的“极早”的政治哲学价值的例子参见《拱廊街计划》（1935年之前）中的“*Konvolut a：Soziale Bewegung*”, G. S. Ⅴ. 2, p. 852。

③ *Berliner Kindheit um Neunzehnhundert*, G. S. Ⅳ. 1, p. 242.

④ *Berliner Chronik*, G. S. Ⅵ, p. 501. *One Way Street and Other Writings*, p. 329.

⑤ *One Way Street and Other Writings*, p. 307. G. S. Ⅵ, p. 478.

识形态执意继续保持限制。青春期经历的一系列限制就是资产阶级内部空间的墙壁，或被资产阶级道德所影响和限制的空间，例如借用父母的客厅举行晚会，或租用带家具的房间用于年轻男子接待女客，条件是房门不能上锁。① 青春期是性觉醒的过程，这与认识阶级障碍和部分禁止出入的城区是分不开的。本雅明写道，妓女与客户之间的相遇是通过界定和限制阶级的门槛。② 界限、障碍、不相交的门槛被用于将知识分子与群众分开。参与青年运动、反对资产阶级社会而导致的无用的头痛教育了他。他说，“没有人可以改善他的学校或他的父母家庭，除非先打败需要恶人的国家”。③ 态度不能在没有攻击条件的情况下改变。世代的反叛变成政治反抗，这个认识被纪事中的焦点事件猛烈攻击，该事件即世界大战的到来。世界大战是个人的传记，也是一代人的经历。它本身就是本雅明的儿童时代成为成人世界的观点。它的功能是标志着这样的时刻，由于对社会现实致命的了解和对觉醒发起的宣言，技术无知变成明显的技术愧疚。

海因勒与女友里加·塞里希森（Rika Seligson）为应对 1914 年 8 月爆发的战争而选择自杀，此事标志着政治觉醒时刻的到来。④ 在他们死后，为两名年轻恋人寻找共同的墓地一事，使本雅明意识到设置在城市中的社会、政治和道德的界限：

> 我们感到他们因只能在斯图加特广场（Stuttgarter Platz）找到一个可疑的驿站作为避难所而窘迫不安，但在 1914 年 8 月 8 日之后的日子里，我们身为这对亡故夫妻的挚友，不愿意在他们被埋葬之前一个个离开。甚至这个墓地也向我们展示了这个城市无处不存在界限，即使是这两个一起消逝的生命也无法安息在同一墓穴。这些事使我不由自主地冥想沉思，或许日后我也会遇到，因此我断定即使柏林也难以抹去为更好的秩序而奋斗过的伤疤。⑤

---

① *One Way Street and Other Writings*, pp. 308 – 309. G. S. Ⅵ, pp. 479 – 480.

② *Berliner Kindheit um Neunzehnhundert* 中的一个场景描绘了本雅明在性觉醒的背景下对宗教的亵渎。

③ *One Way Street and Other Writings*, pp. 308. G. S. Ⅵ, pp. 478 – 479.

④ 仅以 *Beiliner Chronik* 献于安勒。本雅明记叙了安勒的自杀对其影响至深，参见 *Über Stefan George*（1928）。

⑤ *Berliner Chronik*, G. S. Ⅵ, p. 480. *One Way Street and Other Writings*, p. 309.

自本雅明少年时期以来的典型性运动已经露出社会、经济和政治结构崩溃的端倪。本雅明看到社会的阶级矛盾、司空见惯的出卖色相现象以及人类发动战争带来的毁灭性的后果，不得不深思资本主义发展带来的负面影响。原本的自传蜕变为忧郁的感伤，预示着科技的希望衰落的命运。可能性与现实性的代沟的扩大意味着科技衰落的必然。当然，如此分析难免会使人认为它是因分歧而颓败，但如何从一开始便意识到这种可能性呢？从方法论的目的来看，感知颓败趋势的可能性可借用理论建构的经验，如乌托邦、怪诞、魔幻和救赎。本雅明通过对技术的描绘，揭示了经验主义灾难性的现代痕迹。第一次世界大战的战场标志着人类社会与自己的信仰背道而驰，本雅明称其为“地狱的警钟”（time of hell）、“现代的召唤”（the modern epoch）。[①] 本雅明追溯科技发展的历史，指出其衰败的过程，好似科技误入了他所定义的“不合时宜性”。[②] 在1932年的一次对儿童的广播演讲中，他述说了1878年横跨泰河（River Tay）的大桥崩塌事件，这不免使人想到本雅明科技模型的缩影。[③] 这次广播演讲揭示出科技发现的及时性或最终性特征。考虑到生产力的现状，“不合时宜性”（Untimeliness）暗示了生产关系的不匹配组合。本雅明描写了“太早”（too early）和“太晚”（too late）的科技。在《拱廊街计划》中，有关铁质建筑的文件指出，就拱廊玻璃而言，铁的到来为时尚早，因此最易碎和最坚硬的两种材料互相亵渎。因为19世纪中期的人们还不知道如何使用玻璃，因此当瞥见飞机下面的铁质支架时，一种肮脏和阴暗感便油然而生。[④] 对每项技术而言，都有其特定的时刻——在相应的时刻内，该项技术可以被掌握、理解和正确高效地使用。合时和过时、太早和太晚的概念取决于对潜在技术的假定。这些已经存在的形式，以及那些可能存在的潜在技术形式就产生了。通过书写这些，就假定了将可能性写入理论的有效性，以及在现实中见到潜在性的正确性。

铭记《柏林纪事》：科技潜能预测

为了说明科技威胁人类的缘由和方式，本雅明在《柏林纪事》中攻研

---

① *Pariser Passagen*1 (1927—1929), Ⅴ. 2, p. 1010.

② *Konvolut a*: *Soziale Bewegung* in the *Passagenwerk* (pre—1935), p. 852.

③ *Die Eisenbahnkatastrophe vom Firth of Tays*, in G. S. Ⅶ. 1, pp. 232 – 237.

④ G. S. Ⅴ. 1, p. 212.

了经验主义历史。同时，本雅明的经验主义本该追溯科技造成灾难的历史，但恰恰相反，他却试图挖掘已然发生的科技发展带来灾祸的反面趋势——科技发展的潜能性。本雅明假设了一种动力。在这种动力中，出于救赎的目的，重现事件的行为作为复现的影片接连发生。他把记忆作为打开过去视角的方式。为了批判性地看待科技的互补性作用，本雅明想出了一个代表历史的政治性解释方法来多层面地看历史。《柏林纪事》坚持了历史多层视角，这一视角无时无刻不包含着另一种情形的可能性，蕴含着对过去进行怀旧、纠正、剔除错误的再评判。本雅明的感知方式为重新审视错失的和潜在的技术的可能性开拓了空间，并且批判地继承了技术的史实。要想当即展露科技释放的巨大潜能，就很有必要回想客体的本来面目，追溯其衰落的悲痛的经验历史。同时，从一个闲游的孩子的角度来看，永远有更替的可能。这表明了彼得·桑第（Peter Szondi）称之为“回首企盼”（hope in the past）的结构。[①] 桑第的“回首企盼”的主题及理论点可能具有误导性，与其说本雅明在返回童年时代时重新发现了带有怀旧声音的希望，不如说他重新发现了一种观察方式的解释。这种解释向这样一些已然遗失的可能性敞开：过去是可被赎回的象征物。跨越成熟期和少年期的鸿沟，打破一路到头的思维模式并不表示本雅明只是渴望回首逝去年华，而是在过去未能实现的潜能中希冀未来。它们的出现证明了如果这些未挖掘的潜能转变为现实，那么我们过去原本的潜能可能会被隐藏。追寻技术的踪迹，穿越时空，重访过去，我们失望透顶，因为逆时而行注定了那些业已所失、无情背叛以及尚有可能的事情。在科技发展的经验历史进程中，随后出现的奇幻、救赎和阐释色彩，借助将潜在转变为现实的途径，对历史进行解说和重构，从而开启了改变之路。这是本雅明将《摄影简史》（*Kleine Geschichte der Photographie*，1931）与技术的正确利用相联系以及对“政治教育的目光”（politically educated gaze）定义的重申。[②] 他用从孩子的视角出发返回过去的方法，“第一次”建立了情感的理论结构，也设定了一个读者明知自己受历史欺骗的假想——技术无罪。这也把他从研究消极的反科学理论的困境中解救出来，而且坚定了他拒绝放弃用基础科技进行政治解放

① “企盼过往”的理论背景见 Peter Szondi 的 *Hoffnung im Vergangenen*, in Schriften, Vol. 2, Frankfurt: Suhrkamp, 1978, p. 282。本词出自本雅明的 *Über den Begriff der Geschichte.* See thesis Ⅵ G. S. I. 2, p. 695. *Illuminations*, London: Fontana, 1992, p. 247。

② *Kleine Geschichte der Photographie*, G. S. Ⅱ. 1, p. 379. *One Way Street and Other Writings*, p. 251.

的决心。这和以往的政治不期而遇，包括原始乌托邦的理论构想和科技进步趋势。这些趋势保留了科技的征服潜能，并为逃离苦难的现状夯实了基础。

电影摄影有助于优化记忆结构，尤其是在时间探索方面，使得本雅明可以察觉历史中尚未实现的可能性，例如《柏林纪事》中叔叔之死的那一幕使人想到记忆和摄影之间的类似性。这个故事在《柏林纪事》的结尾处提到过两次，在关键性时刻第一次的尝试被迫中断，省略了丢失的部分，而这被遗忘的部分对整体而言意义非凡。第一部分的叙述是围绕着一个逼真的隐喻展开的：

> 任何人都可以感受到，当在印象前展露无遗时，我们无法回忆起命运的历程。没有什么可以阻止我们对那些生活了 24 小时的房间存留或多或少清晰的记忆，很快遗忘度过数月的另外的地方。这并不是因为曝光时间不足而没有影像出现在记忆底片上。更普遍的是数年来半光的习惯无法满足底片所需的必要亮光，直到有一天一个奇怪的源头将其点燃，就像镁粉燃烧一样，一张快照将房间的影像定格在底片上。在这些稀有的照片中心，我们总是站着。这其实也并不稀奇，因为这种瞬时照明和我们的出神发生在同一时刻，当清醒的、习以为常的自我主动被卷入正在发生的事情时，内心深层次的自我却停留在另一个地方，就像火柴点燃镁粉末堆一样，跳动不安。内心深处的自我在震撼中消逝，正如我们记忆中怀有不可磨灭的影像。①

习惯是记忆的敌人，而记忆却碰撞另一个地方，即内心的自我，一个完全摆脱日常生活的自我。本雅明为了阐述设想出的等式，用现代快照技术取代了早已过时的传统拍摄技术。他引入了冲击——习性的折磨者这一概念。意识如相机般记录无意识的记忆——这个隐喻可能再次导向弗洛伊德以及他的《神秘便笺本上的笔记》（*A Note on the Mystic Writing Pad*, 1924）。弗洛伊德在其中写道，震撼着迷的心灵器官与光学玩具的运作程序类似，当皮肤表面的赛璐珞不断清除行为记录时，身体底部的蜡则保留了记忆的痕迹。② 灵魂的荡涤和印象的抑制使日常生活可以继续循规蹈矩。

---

① *Berliner Chronik*, G. S. Ⅵ, p. 516. *One Way Street and Other Writings*, pp. 342 – 343.

② Sigmund Freud, *Selected Works*, Vol. 11, London: Penguin, 1984, pp. 427 – 434.

《柏林纪事》的结尾处再次描写了他父亲无法表达有关性的奥秘与惊奇，这和记忆有密切联系。① 本雅明以孩童般的批判性思维感知到他卧室中一些被遗忘的东西。因此，为了重拾遗忘的碎片感，他发誓在未来的某时定要在回忆中重游故地。他将房间的陈设一一列出，如摄影般将点滴细微之处印在脑海。重新回忆起被遗忘的东西的可能性的建议，暗示了摄影比人体自然的机能更易留存现实。

正如《摄影简史》所述，记忆影像也在这一时期通过早期的光晕摄影技术唤出奇妙的暂时性而定型，它们是过往历史的星群以及过去与现代的交汇点。本雅明在《拱廊街计划》中写道，“对历史的理解作为熟知的身后事”，② 至今仍能感受到它的脉搏的跳动。本雅明有关普鲁斯特的简短演讲稿写于1932年，影射了原型电影设备。③ 这是为一次演讲所写，他想在四十岁生日时发表。多条线索或许早已暗示了本雅明将在此日结束自己的生命。1932年6月，本雅明在给肖勒姆的信中写到他想在尼斯和一个多次偶遇的“文静滑稽的伙伴”（a quiet droll fellow）共度生辰，这似乎隐晦地传达出他的死亡想法。④ 他计划在一个宾馆自杀，但他没有这样做，而是选择谈论记忆和回想过去。这次演讲涉及伦理，本雅明谈论了死亡，并将其与生活的陈词滥调的原型影像片段联系起来，这些影像如过电影般萦绕在将死之人的脑海中。赛璐珞自身深藏在无意识或“暗室”（darkroom）中，记忆不由自主地回想起蒙太奇影像片段，它们接连不断地快速闪现过去：

> 在认知非意愿记忆的过程中，不仅它的影像未经想起便出现，而且我们恢复对其的记忆之前从未见过。这在一些情境中显而易见，比如我们在梦中意识到自己的存在。我们以史前在某个地方的站姿出现在自己面前，但这种情况从不会在清醒的凝视中显现。然而，这些在活着时形成于暗室的影像可能是我们将来见过的最重要的。因此，我

---

① *Berliner Chronik*, G. S. Ⅵ, p. 519. *One Way Street and Other Writings*, pp. 345 – 346.

② *Konvolut N*：*Erkenntnistheoretisches*, *Theorie des Fortschritts*, in the *Passagenwerk* (pre—1935), G. S. Ⅴ. 1, p. 574. “N”, in Gary Smith, eds., *Benjamin*：*Philosophy*, *History*, *Aesthetic*, Chicago：University of Chicago Press, 1989, p. 47.

③ *Aus Einer Kleinen Rede Über Proust*, *an Meinem Vierzigsten Geburstag Gehalten* (1932), G. S. Ⅱ. 3, p. 1064.

④ “A Letter to Gershom Scholem,” quoted Gershom Scholem, eds., *Briefwechsel* (1933 – 1940), Frankfurt/Main：Suhrkamp, 1980, p. 17. The Correspondence of Walter Benjamin and Gershom Scholem (1932—1940), New York：Schocken, 1989, pp. 9 – 10.

> 们最有意义的时刻也化为小影片，就像那些香烟包装和自我相片的出现一样。当人们在生命弥留或陷于致命危机之际，这些构成整个生命的小影片便闪现在他们眼前。它们有序地快速闪现，就像那些小册子和电影摄影机的先驱，帮助我们回忆起孩童时崇拜的拳击、游泳或网球运动员的高超技能。①

存在于暗室的摄影隐喻意指布洛赫（Bloch）的乌托邦社会哲学。布洛赫所写的“生命的黑暗”道出了潜在的“未成事实”的转瞬即逝和变化无常，现在只能略看，发展尚待未来。② 由此引出了《拱廊街计划》中的后一个影像，它将浪漫的、科技的和交叉相错的时间整合在一起。在一个混合化学发展和时间视角的隐喻中，本雅明结合批判性思维和历史哲学，奇迹般地将文本的隐喻和照片的影像合成一体：

> 如果你想把历史视作文本，那么按照近期一个作家提出的有关文学的建议付诸实践是行之有效的，即把历史留存的和感光板捕捉到的影像进行比较。只有掌控未来，才能足够强大，从而使影像在所有细节处展现。③

原型摄影技术是本雅明用来校准记忆的，在一本名为《驼背侏儒》（*Das Bucklichte Männlein*，1933）的自传的开头再次闪现。④ 他认为摄影和无意识构建的东西是照片，而我们生活中最重要的影像是后来形成的。发展过程所发生的暗室正是我们后续生命所寄寓的场所，是影像时刻“死后世界”所寓居的场所。在《拱廊街计划》中，本雅明效仿布洛赫，将时尚和作为客体实例的建筑列入具有集合性的梦幻意识中。这些客体位于“生命

---

① *Aus Einer Kleinen Rede Über Proust*, *an Meinem Vierzigsten Geburstag Gehalten*（1932），G. S. Ⅱ. 3，p. 1064.

② 布洛赫有关“生命的黑暗”的定义和“不确定”之力的举例参看“Zur Metaphysik Unseres Dunkels，Nicht－mehr Bewussten，Noch－nicht Bewussten，Unkonstruierbaren Wirproblems”，in *Geist der Utopie*（second edition from 1923），Gesamtausgabe，Vol. 3，Frankfurt/Main：Suhrkamp，1977，pp. 237－287。

③ *Written between 1937 and 1940*，G. S. Ⅰ. 3，p. 1238.
For the Source of the Quotation，G. S. Ⅴ. 1，pp. 603－604.

④ “*Das Bucklichte Männlein*” was printed in the Frankfurter Zeitung on 12 August 1933 and appears in *Berliner Kindheit um Neunzehnhundert*，G. S. Ⅳ. 1，pp. 302－304.

时刻的暗室”，[①] 它们所暗示的缤纷多彩的社会潜能尚未在现实世界中实现，因为源自于经济基础的权力抑制其建构。

经验与贫乏

《柏林纪事》创建了记忆理论并推断了关于科技紧迫性经验。新科技形式对当代经验发挥着无法回避的威力。浸染科技的经验、科技促成的经验以及与科技浑然天成的经验，所有科技与人类的巧合导致了主观性的重构。本雅明认为，一个完整的个体和其感知的重组已出现，最新一代人形成的“灵魂需求”在电影中得到呈现：

> 如今的生活节奏决定了这项工作。电影艺术最大的特点是完全碎片化的意象之间的挣扎，以此来满足他们见证发展过程及音乐流动的深层次需要。[②]

音乐优雅地滑过裂痕和动荡，是当代人不可或缺的娱乐方式。技艺标准与知觉变换息息相关，这意味着使经验成为历史事实。因此，本雅明不得不放弃历史研究的心理学范畴。他认为，心理研究使历史变得抽象无形，似乎否认了经验历史的不可逆性。[③] 本雅明随客观世界变化而改变的主观历史性使任何“按事实”（wie es eigentlich gewesen ist）重构历史的可能性灰飞烟灭。[④]

本雅明于 1927 年开启了对电影技术的探讨，他以《论俄国电影现状》（*Zur Lage der russischen Filmkunst*）和《答奥斯卡 · A. H. 施密茨》（*Erwiderung an Oskar A. H. Schmitz*）两部电影为例，对电影重要性的重申与日俱增。[⑤] 他在接下来的工作中论证了机器视觉影响下的模型将变成工业资本主

---

① *Konvolut K: Traumstadt und Traumhaus, Zukunftstraume, Anthropologischer Nihilismus und Jung*, in the *Passagenwerk* (pre—1935), G. S. Ⅴ. 1, p. 497.

② *Pariser Passagen*1 (1927 – 1929), G. S. Ⅴ. 2, pp. 678 – 679.

③ 本雅明首次关于共情和历史的表达详见 Pariser Passagen 1, p. 1014。

④ *Passagenwerk* (pre—1935), G. S. Ⅴ. 2, pp. 678 – 679.

⑤ *Erwiderung an Oskar A. H. Schmitz* 写于 1927 年 1 月末至 3 月初期间，同年 3 月 11 日发表在 *Die Literarische Welt* (G. S. Ⅱ. 2, pp. 751 – 755). *Zur Lage der Russischen Filmkunst* 于 1927 年 3 月 11 日发表在 *Die Literarische Welt* (G. S. Ⅱ. 2, pp. 747 – 750)。

义的存在模型。这是全景、幻景及摄影据点的设想。[1] 将世界上的经验作为电影的执着证明了技术是合成“这个世界之基”的中坚力量。[2] 电影展现了人类的意义，它扮演了先发制人的教化角色，提供科技交流的实践平台，从而可以使其迅速普及。本雅明唤醒了世界上的存在结构，它们在影像制造领域的缩微片中重复显现。总体而言，科技对电影的贡献相当于本雅明所认为的当代关系形式。《拱廊街计划》中的一个入口表明了电影已成为最具代表性的关键媒介，“因其迅猛、精准和批判的方式而存在的技术问题，形成了现代结构难以逾越之槛”。[3] 电影被视为想象的形式、乐曲或节奏而存在于当代技术之中。[4]

《经验与贫乏》（*Erfahrung and Armut*，1933）简洁明了地表达了经验如何转变为技术。精短的结构尤其贴切地揭示了“科技灾难的延伸”（monstrous unfolding of technology）——战场，它早已将经验及其传达方式篡改。[5] 本雅明写道，传统的经验如今暴露出本性的匮乏，他把存在的已变前提罗列成表。这些改变的条件主要集中于1914年至1918年战争期间的科技爆炸，以及后来历史中的另一关键时期，即政治反动和战争突发时期。世界大战是人与技术碰撞的混乱场面，这次混战推翻了之前的经验之谈。军事科技耗尽了人类再次传递经验的能力，它无能为力了：

> 不，这显而易见，经验的价值日渐衰退，1914年到1918年的那代人经历了世界历史上最恐怖的时期。或许它并不像显现出来的那般令人惊诧。难道人们从战场默默地返回时可能不发现它吗？可交流的经验绝不是丰富而是匮乏。十年后所撰写的以战争为主题的作品洪水般涌现，但与口口相传的经验毫不相关。这当然没有什么可值得惊讶的，因为战略位置的经验，通货膨胀的履历，饥饿的前车之鉴以及权势者的伦理教条远比经历更受重视从而得以出版。坐着马车上学的那代人此刻站在天际之下，除了云朵依旧如故外，人类渺小脆弱的躯体在爆

① 电影幻景或全景拍摄的发展进程参见 *Passagenwerk*（pre—1935），*Konvolut Q*：*Panorama*，G. S. Ⅴ. 2，p. 658，也可见于 *Pariser Passagen* 1，p. 1008。

② *Pariser Passagen* 1，p. 1011.

③ *Konvolut Q*：*Panorama*，in the *Passagenwerk*（pre—1935），G. S. Ⅴ. 2，p. 658.

④ *Passagenwerk*（pre—1935），G. S. Ⅴ. 1，P. 498.

⑤ *Erfahrung und Armut*（1933），G. S. Ⅱ. 1，p. 214.

炸的摧毁性威力下苟延残喘。[①]

《经验与贫乏》宣布了对经验的清算。一旦经验与理智不期而遇，便由老者通过讲故事和民间传说的方式代代相传。人类渺小的躯体似乎难以应付科技的巨变，人类毁坏自然和自己生活的后果早已显现，由此导致经验原则自身的失效。早期科技的乌托邦幻想在法国北部的海滩消失殆尽，并与“新野蛮主义”（new barbarism）在恶臭充溢的黑暗沟渠狼狈为奸。[②] 沉默惊惧的士兵，一瘸一拐地从前线回到另一个荒无人烟之地。他们呆板迟钝，似僵硬的牵线木偶一般，和他们在银屏上的幽灵兄弟一样沉默。他们也同样呆板僵硬，好像有一个存在的模式强加在身，正如布莱希特（Brecht）的异化效应，机械拙劣地模仿。他们的身体所经历的不可比拟的遭遇以及前后参与的事件的宣传运动无言地操控着他们。本雅明认为，大范围殖民帝国战争的影响降低了经验的价值，个体在广大的现代科技面前只是一个脆弱的受害者。战场之争只是一个幌子，真正的目的是为了土地而沿着前线一点点奋战，大部队小心翼翼地前进，跨过荒芜地带。富有和扩张的经济被认为是通货膨胀不可控的无政府状态，统治阶级赤裸无情的虚伪，公然嘲讽着良好的品质。神圣的躯体是另一个谜。事实上，躯体助纣为虐，滋养着战场的微粒，摧毁交战中的重型炮兵或使重重防线崩溃。战场上的经验是一种创伤，难以用可交流的语言正常报道出来。正如我们所见，技术剥夺了士兵的意识经验。

对经验的清算亦是经验基础的重建。只要把贫困的事实纳入一系列大众（masse）与技术的新现实完美契合的“新野蛮主义”的政治策略考虑范围之内，那么经验的匮乏便不值得一提。这些新现实对人类的研究意义非凡。现代的人“羸弱退化，在寒冷的世界如履薄冰”[③]。本雅明的新人类学回应了人类可感知的“危机”，正如他在 1932 年所写的《剧院与广播》[④]（*Theater und Rundfunk*）一文中提到：

---

① G. S. Ⅱ. 1, p. 214.

② G. S. Ⅱ. 1, p. 215.

③ *Der Author als Produzent* (1934), G. S. Ⅱ. 2, p. 699. *Reflections*, New York: Schocken Books, 1986, p. 235.

④ *Theater und Rundfunk*, G. S. Ⅱ. 2, p. 775.

正是广播和电影技术将人取而代之，而罪魁祸首却是人类自己。人成了科技快车的第五个轮子。①

第五个轮子的说法是形象的比喻方式，但却使人感到格格不入，疏远隔离。新科技的文化形式使异化刻骨铭心：

电影和留声机创造于人们彼此最大化地疏远的时期，那时，他们仅有的关系受到无法估量的影响。人在电影中无法辨认出他走路的方式，也难以在留声机中认出自己的声音，经验可以证明这些。②

看电影、听唱片，即有关自我疏离的报道，是异化时代的最佳活动。本雅明对技术自身新类型的出现的认可摒弃了这种极端悲观主义的洞见。先前自我的概念留存于历史，而新文化科技则在自我及自我与他人之间最大化地异化的背景下落地生根。然而，在新的生活和互动模式建立之时，同样的科技或许借助了自身的整合统一而转变为排除异化之基。本雅明认为应该认清经验匮乏的现状，适用于当今的经验模式可以借助恰恰使之匮乏的机器再次传递。科技再创造的价值存在于它们为试图重构"被淘汰的人"（eliminated person）的经验能力所提供的机遇。这次重构是经验的延伸，是对新世界和多彩自然的设想。《摄影简史》中大规模清晰可见的"消除异化"（heilsame entfremdung）的建议转变为重温当代全部经验现实的战略，这必然建立于科技形式的基础之上。③ 经验的概念化被本雅明系统化的美学理论所引入，这一经验具有历史特殊性，并受制于因新技术冲击而引发的重组中。他在《经验与贫乏》中提议，艺术家不应该忽略或悲叹经验的匮乏，准确来说应该通过模仿导致异化的科学技术，从而重新传递匮乏的经验。《经验与贫乏》中详细说明了以多种多样的方式来整合资本主义异化"新野蛮主义"的文化步骤：布莱希特、克莱（Klee）、希尔巴特（Scheerbart）、阿道夫·路斯（Adolf Loos）、沃尔特·迪士尼（Walt Disney）和他的米老鼠。他们的艺术技巧支持或认可科技的生产力，因而始终相信并期待社会实践。他们都将人文主义末端的直接反思囊括进来：布莱希特

① G. S. Ⅱ. 2, p. 775.

② *Franz Kafka* (1934), G. S. Ⅱ. 2, p. 436. *Illuminations*, p. 133.

③ *Kleine Geschichte der Photographie*, G. S. Ⅱ. 1, p. 379. *One Way Street and Other Writings*, p. 251.

和社会－政治戏剧理论，克莱和建构主义的抽象概念及现代角度，路斯和朴素的现代建筑，迪士尼的可爱怪兽和科技疯狂的动物世界，希尔巴特和奇幻缤纷的乌托邦科幻小说（想象了望远镜和宇宙飞船如何改变人类以及如何在玻璃屋内开始新的生活）。与希尔巴特的奇幻匿名的角色类似，俄罗斯人也用“非人化”（dehumanized）称呼自己的孩子，比如五年计划实施后有叫“十月”和“普佳提勒特卡”（Pjatiletka）的，也有为了纪念航空公司的建立而取名为“雅碧娅齐姆”（Awiachim）的。本雅明的美学理论课题主要致力于促使艺术家通过这种或那种方式把现存的技术形式融入作品中。最新的技术发明可以应用于文学之中，但本雅明并非简单地主张使用科技来创造艺术形式而增加具体科技领域方面的经验。他觉得技术的应用可以使人联想到新科技产生的影响。艺术实践的指导方针可能产生于技术性特征中。这一技术性特征以电影和广播等技术为典范，比如布莱希特的史诗般宏大的剧院。经验的科技重组，尤其是涉及记忆和无意识方面，似乎急需文本上和视觉上有突出经验的新模型。

《摄影简史》的结尾处道出了摄影技术没有充分展现现代关系的模糊性。在《柏林纪事》的一篇有关布莱希特再次抛弃自然主义的文章中，本雅明结合技术的改变和成果，主张历史意义重大的现代科技无论何时都是阐释城市的最佳媒介。某项技术可以为城市提供一个精准合适的表现方式，但其他东西却日渐过时。本雅明在《柏林纪事》中描述了他经常在周末下午远足到一个几乎被遗忘的拱廊街，即怀丁（Wedding）的 A. E. G. 工厂所建造的什切青隧道（Stettiner Tunnel），或到沃尔纳剧院（Wallner Theatre）的自由之像前。他的一个女性摄影师朋友总是到那里去进行快速的拍摄：

> 对于我来说，每当想到柏林，儿时经常追跑嬉戏的小镇一角是唯一真正值得拍摄记录的地方。我们越接近这些当代的、易变的功能性实体，可拍摄的地带就愈渐萎缩，这有力地指出了一个现代工厂的照片几乎不会留下意义非凡的底片，这些照片好比车站。如今，通常来说，铁路开始老化，不再是通往城镇的真正入口。城镇的范围使远郊成为驾驶员的可通行之径。因一次骇人听闻的袭击，火车站给出了指令，但正是陈旧使我们与过去发生冲突。摄影甚至快拍并无不同。视觉的通行大道在城镇本质的拍摄面前展开，正如那些引领驾驶员进入

新城市中心的康庄大道一样。[1]

在本雅明看来，火车站似孩子般穿过雾霭蒙蒙，奇珍异幻，转而不得不适应20世纪闪闪发光的沥青带。[2] 同理，静态的照片被动态的电影取而代之。《摄影简史》中现代工厂的照片以及自传部分的影射显示了本雅明作品中表现事实的战略和发明创造之间的紧密联系。本雅明郑重地指出，我们表现当今世界的流动易变和快速发展的可能性已经实现。表现的可用模式成为表现的必备模式。

（译者单位：北京第二外国语学院跨文化研究院）

① *Berliner Chronik*, G. S. Ⅵ, p. 470. *One Way Street and Other Writings*, p. 298.

② *One Way Street and Other Writings*, G. S. Ⅵ, p. 503. p. 331.

历史的废墟

马克斯·潘斯基（Max Pensky）/文[*]
孙海霞　王逸伦/译

摘　要：在本雅明的批评理论的概念发展中，辩证意象是核心方法论和理论使命。本雅明指出，要将忧郁的寓言意象和非忧郁的辩证意象二者区分清楚，他借助于《拱廊街计划》的笔记，分析了辩证意象。此外，苏珊·巴克－莫斯对本雅明的作品进行了分析，她正确地看到，本雅明作品中的辩证意象是“多元决定论”的，辩证意象的非武断性问题是关键点。“真理时代”即标志着“世俗时代”的连续性的瞬间破裂。商品的突然出现，不再作为古老的愿望意象，而是作为惊人的辩证意象。对于批评家来说，世界是由物质材料的碎片组成的。对于忧郁症患者来说，“世界”理应被贬值。贬值的世界转换成了碎片化的世界。就本雅明的辩证意象而言，毁灭是一个必要条件。破坏不仅将客体从嵌入的历史连续性中抽离出来，而且也毁坏了这种连续性。大量的碎片是历史重建的物质资料。辩证的意象并不是简单地出现，而是完全作为破坏的结果形成的。历史通过“破坏”进行重建，碎片化的材料构成了世界。

关键词：本雅明；辩证意象；碎片化；历史构建

“然而，有一位天使的暗中保佑，这个被弃的孩子陶醉于阳光，在他所喝的所吃的东西里头，又发现了美味和红色的琼浆。”

——波德莱尔《恶之花》

尼采说：“如果一个人拥有自己的特性，他将会一次又一次地拥有这种相似的体验。”

——瓦尔特·本雅明《柏林纪事》

---

* 本文作者为美国纽约州立宾汉姆顿大学（Binghamton University, State University of New York）哲学教授（Professor of Philosophy）。

在本雅明的成熟批评体系中，辩证意象是方法论和理论任务。因此，对辩证意象之本质的探索无疑堪称当代本雅明研究的重要任务。

对忧郁的讨论就是上述挑战的典型代表。最直接的方式是探讨辩证意象的地位，以及忧郁症在本雅明批评主义概念的发展中起到何种作用。这一主张的合理性基于对忧郁症的重建。尽管此次重建的结果可能颇为复杂，但却表明了本雅明思想中的批判性与忧郁的主体性，还有寓言体以及灾难历史等概念的变化，并从不同的角度强调了一点：要坚持且清晰地区分忧郁的寓言意象和非忧郁的辩证意象。前者在于任意地赋予意义，特别是在商品化的文化景观背景下，此类实践将会失去它独有的、批判性的弥赛亚式洞察力，衰退为过度主观的沉思、自我商品化、懒惰绝望和政治上的服从。与之不同，后者即辩证意象，必须明确地进行定义。

为了解决这些问题，辩证意象的核心必然是它本身。然而，即使我们向本雅明辩证意象之地位及对角色的诸多阐释投以最为粗略的一瞥，该术语对理解本雅明思想的重要性仍然不言而喻。但同时，我们很难发现系统且连贯的辩证意象“理论”，我们似乎无法在本雅明自己的著作中找到此类理论。

究其原因，与其说是缺少有关辩证意象的理论，不如说是本雅明尝试去定义辩证意象的地位，从而造成了多种相互矛盾的解释。苏珊·巴克-莫斯（Susan Buck-Morss）一针见血地指出，辩证意象在本雅明的作品中是“多元决定论”的；[①] 霍尔夫·蒂德曼（Rolf Tiedemann）评论说，这一概念“从未达成任何术语意义上的一致性”。[②] 确实，从20世纪20年代以来《拱廊街计划》（*Passagenwerk*）的书稿到后来有关历史的文章，皆无法形成稳定的理论体系，而只能被建构成由分散的理论或观点组成的星座。各个部分并不是一个统一连贯的整体，而是一个过度阐释“辩证意象”之可能性意义的聚合体。

最终的问题没有完全依赖于辩证意象彻底的理论重建，而是集中在本雅明对自我意识的发展上，辩证意象学说明确地将它自己的批判性特点与忧郁的寓言体的主观性和武断性区分开来。在这一背景下，辩证意象的非武断性问题堪称关键。

① Buck-Morss, *The Dialectics of Seeing*, p. 67.

② Rolf Tiedemann, "Dialectics at a Standstill: Approaches to the Passagenwerk", in Gary Smith, eds. *On Walter Benjamin*, p. 284.

唯物史观的基本学说：（1）历史客体由知识解救。（2）历史分解为意象，历史不是故事。（3）我们用单子来处理辩证过程的发生。（4）唯物史观的表述带有一种发展背景的内在批判。（5）唯物史观的过程，以经验、常识、沉着和辩证法为依据。

分析辩证意象最充分的领域就是《拱廊街计划》笔记的卷宗“N”的前半部分，其他的重要来源如 1935 年波德莱尔的论文《巴黎，19 世纪的首都》（*Paris：Capital of the Nineteenth Century*）以及有关历史背景的论文。蒂德曼已经在第一个来源中证实，像大多数的卷宗一样，卷宗“N”将《拱廊街计划》笔记汇编的三个时间阶段进行了串联。根据他的分析，卷宗“N”中前 37 个条目对应最早的发展阶段，大致与论述超现实主义（surrealism）和普鲁斯特（Proust）的文章处于同一时期；中间的 48 个条目属于第二阶段，从 1936 年到 1938 年，即从《艺术品》（*Work of Art*）一文到有关波德莱尔的第二篇文章《波德莱尔笔下第二帝国时期的巴黎》（*The Paris of the Second Empire in Baudelaire*）；结尾的 90 篇记载对应最后的发展阶段，从 1939 年至 1940 年 1 月，是从本雅明论述波德莱尔的最后一篇文章《论波德莱尔的几个母题》（*On Some Motifs in Baudelaire*）到其毕业论文这一时段。

这种编年式的时段划分有助于提醒我们，早在本雅明获得《拱廊街计划》的创作灵感时，将辩证意象概念与神秘“起源”辨别阐释的想法也随之产生，这在有关超现实主义一文中的“世俗的启迪”（profane illumination）部分和“梦境时间”说中可见一斑。起码在丰富的文化客体观相学中可以读到，首先是过时的工业客体，后者既出现在以上文章中，也出现在 1927 年以来对拱廊的最早勾勒中。在《拱廊街计划》的第一批笔记中，也就是自 1927 年中期以来（其中很多后来出现在卷宗“N”的第一和第二个阶段），本雅明已经将“静止的辩证法”理解为“方法的精髓”。此外，就像整个卷宗“N”的第一部分那样，即使其原始构想鲜少或没有对文化观相学与生产力和生产关系之间的“表现性”关系做出准马克思式的阐释，但该卷中值得注意的内容在于，在本雅明尝试建构辩证意象的所有序列及变化中，确实存在着一种惊人的连续性。这种连续性围绕着极少数关键词：梦幻和清醒、神话和批判意识、历史的连续体和震惊式断裂、幻景和意象、拜物教和历史客体。

苏珊·巴克-莫斯已经在理论维度上全面地阐释了《拱廊街计划》笔记中辩证意象的起源。对巴克-莫斯来说，作为历史客体（商品），辩证意象本质上是产生于哲学轴线（philosophical axes）相交处的意象。也就是说，在梦幻与清醒（意识）、石化和短暂的自然（现实）相交处形成了这种状态。为了大体上理解本雅明的意象产生的具体特点，巴克-莫斯根据这些状态的坐标轴的系统性组合介绍了本雅明的思想，并且根据产生于石化、暂时性的、神话的或者批判性的意象，认为辩证意象分散进入了空间性表现领域中。坐标轴上的每个领域可以说是描述了商品外观的一个方面，展现了它矛盾的一面：拜物教与石化，愿望意象和废墟。①

《拱廊街计划》中物质材料的系统性强加，使得巴克-莫斯将一个强有力的组织结构输入深层次的物质材料中，这种组织结构没有威胁到“认识论的绝望”（epistemological despair）。这一争论即是辩证意象没有占领意象领域，而是正好处于最大的辩证性张力的瞬间，“在坐标相交的空点”发生。② 对巴克-莫斯来说，辩证压实法（dialectical compaction）更倾向于解释意象本身的最初特点。第一，它是单子结构，由于它的直观性和脆弱性，辩证意象具有包含寄售资本主义（consignment to capitalism）商品的整个前后历史命运的能力。单子结构是辩证意象作为资本主义梦幻时代下扰乱历史“平稳”运行的属性。意象不是压缩为“目前”，而是“现在”，并随着时间的推移加载到爆发点。第二，辩证意象的突然“闪现”令人震惊。③ 过度主观意识的出现与意象的政治效能性密切相关。为了从资本主义的梦幻时代中醒来，辩证意象是使神话解体的工具，而不是纯粹传播受压迫的资本主义意象。意象不是鼓吹，意象拥有一种无目的爆发力，很可能以一种没有宣传创作的形式迫使旁观者看到资本主义神话的真实面目。④

不管这一争论成功与否，关于系统化《拱廊街计划》中意象的产生

---

① Buck-Morss, *The Dialectics of Seeing*, 20, 912, 211.

② Buck-Morss, *The Dialectics of Seeing*, 54, 211.

③ Benjamin, *Gesammelte Schriften* 5: 578 (N3, 1), 592 (N9, 7).

④ 见 Buck-Morss, *The Dialectics of Seeing*, p. 215。原文为“The whole elaborate structure of the Passagenwerk must be seen within the temporal axis that connects the nineteenth century to Benjamin's present, the dimension which, by transforming emblematic representation into philosophy of history and historical image into political education, provides dialectical images with their explosive charge”。

与传播，根据这些轴和领域，巴克－莫斯的策略引发了一些（现在熟悉的）问题，即批评家或者唯物主义史学家在主体上进入辩证意象的方式问题。一个紧迫的问题是，尽管本雅明最迫切地想要清楚地归属这些意象的属性，这些属性也是关系到活跃的、建设的批判主体的虚拟消除，但是早期主体的消失造成了令人震惊的政治影响，因此处理这些意象需要具备很强的问题意识。辩证意象从早期就被定性为突然的、令人震惊的意象的经验的结晶化或者经验的意象，并在绝对的直观性中，在资本主义梦幻时代的神话重复基础上向前迈进。它的首要特点与它的特定幻象内容无关，是由两个正式的决定性因素构成：第一，它作为“现在”的特性，它与历史时间的破坏性关系，它的令人震惊的、突发的特点；第二，与第一点紧密相连，它以历史客体的领域和历史经验本身的结晶化意象为特性，它的过度主观的特性，一个批判主体的经验，可以确定的是，它仍然证实了基于主观意图之上的具体性和爆发性。它以这些特性为基础，即本雅明扩展的关于辩证意象单子特征的各种主张，拥有包含作为单子的意象客体本身的全部历史命运的能力。稍纵即逝的双重性和人们可能认为其具有的“过度意图性”（因为“客观性”太富有神学色彩以至于不能进一步使用），这两个有着寓言意象的标志性特征，往往作为清晰的对立面表现出来，即否定了寓言活动本身的过度主观性、无限重复性和缓慢性。本质上，“直觉的快速闪现”与寓言想象无关，如巴洛克艺术和现代艺术。沉思和历史客体有“紧密的联系”，虽然这种关系微弱，但也是加强沉思的一种方式。这种集中客体的方式，与主体的无限折射以及放大倍数一致，客体变成了具有潜在的意图“含义”的虚幻密码（hollowed－out cipher）。相反的是，辩证意象恰恰似“灯光”，“过去必须保持像现在闪现的意象一样的可辨认性”。

后来很长一段时间中，在卷宗“N”的词条中清楚地显示，本雅明将辩证意象和现象学本质进行对比，并争论到，它们之间的区别在于前者的“历史索引”（historic index）。这意味着现象学的本质缺乏历史现实，围绕虚假膨胀的主体而展开，引起了自主主体的历史幻觉，这种幻觉与内在或过去经验成分有着某些专有关系，这种态度，把历史对象的领域当作一个功能性的蓄水池，体现的是野蛮力量的两面性，正如本雅明在这些论文中将要谈论的，以及阿多诺在他对胡塞尔的批判中详细证实的那样。[①] 适当的、有意图性的主体丢弃了整个范式，但这样一个主体可能是“谨慎的”，对本雅明来说，是洞察历史的关键：

> 历史索引表明，它们不仅仅属于一个明确的历史时间，最重要的是，它尤其表明它只在一个特定的时间容易辨认。也就是说，这种“易辨认性”有其内部的决定性的临界点。每一次的出现都是由意象的共时性决定，现在是一个具有特定辨认性（可识别性）的现在。

在第一个事例中，辩证意象表明了历史运动中特有的、不可再生的结构。从批判性角度看，这种结构对形式造成了干扰。因此，虽然《悲悼剧的前言》(*Vorrede of the Trauerspiel*) 的研究者坚持认为，真理仅仅存在于嵌入表现的组合碎片中，但仍然构成了“意图的死亡” (the death of intention)，在这里，意象（现在被当作历史的真理）是随着时间的推移加载到爆发点的时刻。(这种爆发，不是其他，是意图性死亡，因此它与真实历史和真理的诞生时间一致)

“真理时代”即标志着“世俗时代”连续性的瞬间破裂。“它不是过去投在当下的光，或者把当下的光投向过去；相反，意象像光一样，已经进入了现在的星座。”被很多人喜欢的这一陈述，是标志着本雅明独立于阐释学意识形态的最后宣言。[②] 关于（过去和现在）历史的新的、巨大的理解，将资产阶级史学的传统术语同自己多变的术语相提并论，这标志着本雅明意识到辩证意象大大远离了所有过去尝试的“理解”或“解释”。[③] 当发生的历史统一体通过“过去通过现在伸缩” (telescoping of the past through the present) 突然破裂的时候，解释的专有时刻也结束了。

---

① Theodor W. Adorno, *Against Epistemology*: *A Metacritique*, trans. by Willis Domingo (Cambridge: MIT Press, 1983).

② 顺便说一句，这句话是说，现在或过去的意象各自“闪耀着他们的光芒”，占用行为的古老面纱也清楚地显现了本雅明的记忆概念与 die neue sachlichkeit 概念之间的距离。在前言中，Erich Kastner 把童年的记忆形容为“安静，纯净之光摆脱过去，照向现在和未来”。辩证意象是本雅明对于这种安慰最坚决的拒绝。

③ “对永恒真理概念的果断否定”被呼吁。然而，真理不是作为马克思主义，仅仅假设了一个认知的世俗功能，而必定是世俗的核心，存在于知者和已知者两者的中心。这是真实的，在此意义上，永恒微弱的沙沙声也比一个观点大得多 [Benjamin, *Gesammelte Schriften* 5: 578 (N3, 2)]。

用这种方式实现的拯救，表现为“在下一瞬间失去永远”（lost forever at the next instant）。历史的连续性放弃了历史的意象，并且失去了对它们的控制，在这个过程中，它也失去了对集体意识的把握。商品不再作为古老的愿望意象突然出现，而是作为惊人的辩证意象，是意象客体从它的寄售到重复连续性中被解救的时刻，也是当它作为连续性神话被揭示的时刻。历史不再维持它现在的、按时间顺序的、可接受的距离，两者融合为一个无缝、永恒进步的和谐愿景。[①] 相反，线性距离本身的舒适愿景倒塌和破裂了，作为苏醒时代的商品意象向前发展。（在辩证意象中，一个特定时代的过去也是“总是已经发生的状态”）然而，它只在特定的历史时代出现，也就是说，人类擦亮双眼，认出了梦幻意象是什么。[②]

辩证意象通过这种方式宣布了它作为起源学说的直系后代的地位。“溪流中生成的漩涡”即在本雅明的《悲悼剧》（*Trauerspiel*）中发现的尸体遍布的巴洛克意象下生成，构成了可辨认性的特定时刻，就像巴洛克中体验的具体的历史结构和当下之间的客观一致性，没有引起评论家的太多想象。此外，本雅明意识到，起源和辩证意象都是歌德式现象的后代，也许比他十年前能感知到的更多。在《拱廊街计划》的笔记中，本雅明已经十分清楚地认识到，“我的悲剧书中的起源概念是一个严格和引人注目的转换，即歌德从自然界到历史领域的第一原理。原始事件概念的起源，是从异教的自然语境到犹太人的历史观念。在《拱廊街计划》中，我也正在处理这种起源的探索。”[③]

“辩证意象是历史客体的形式，它符合了歌德分析客体的要求：它表现为一种真理的综合体。它是历史的最初现象。”[④]

在恢复最初现象时，史学家所做的编撰工作实际上是以一种典型的、错综复杂的方式显现的。当然，辩证意象作为历史客体出现，包含了一种不能复归的、超越的、神学上解释的瞬间，在这一时期，历史意象领域突然产生了一种罕见的、单子的，作为一种饱受折磨的、被压迫的结构的虚幻意象。在这个意义上，自发出现了一些辩证意象，这种特点在本雅明的笔记

① “过去的碎片被现代所淹没，在两者之间不存在连续性” [Benjamin, *Gesammelte Schriften* 5: 578 (N7, 7)]。).

② Benjamin, *Gesammelte Schriften*, 580 (N4, 1).

③ Benjamin, *Gesammelte Schriften*, 577 (N2a, 4).

④ “N (Theoretics of Knowledge; Theory of Progress),” *The Philosophical Forum* 15, Nos. 12 (1983, 84): 22.

中也突然显现，以至于他想要把辩证意象看成是一个真正的神学事件，而批评家不过是披露了这一发生事件的一部分领域。这种倾向必须被抵制。首先，简化辩证意象的观点本身并不是辩证的，它没有确切把握神学范畴的复杂性。本雅明的目的是在文化客体的领域内，找到最小的和碎片化的时刻的正确表达。事实上，这一理解先于《拱廊街计划》至少10年，并且这是本雅明最坚定的神学理念之一，在极其谨慎的情况下，本雅明很少打破这一理念。真理仅仅存在于缺失真理的文本的排列碎片中，作为重写本，真理总是并且仅仅被书写，这种写作通过否定它的本质形成一种辩证关系。意象是张力产生时的瞬间，“意象”不是真理，而是真理的意象。意象是真实的，在过去与现在或意识与真实的辩证十字路口处出现，而且也在弥赛亚和世俗的交汇处出现。作为意象，它保留着它的物质性。作为辩证法，这种物质性包含了它自身真理的表现，并且这种真理充满并达到了物质意象本身的爆破点。

通过类似的方式，将批评家视为完全接受者的倾向必须被抵制。根据历史的蒙太奇原则，辩证意象的明显自发性源于批评家对事件状态的把握，这也造成了历史碎片并置的复杂性。批评家必须理解历史的紧急状态，历史过去的具体元素与当代元素形成了一种邻近关系。历史废墟的蒙太奇手法的构建，为这种距离关系提供了一个门户或者媒介以找到一个具体的表达形式。这就暗示了辩证意象本身包含了一种不可再分的主体元素。

批评家需具备一种眼力，借以让历史上虚构的、带有安慰性质的表象渐渐地失去效力，否则批评家就不会接受这些意象。实质上，这是一种以特定态度或性情为前提的意象接受方式，是对神话的批判与排斥。对于评论家能够认识到事件的状况来说，这种性情是不可或缺的，它在资本主义千变万化的神秘面纱之外，以一种完全由时间控制的“现在”的方式接近当下的具体幻象元素，变得具有表现性。此外，批评家也必须能够通过“排斥”（reject）资本主义现代性的并置碎片，有效地描绘出这一瞬间。这暗示了批评家具有理解碎片本身所含有的救赎记忆的能力，掌握和屈从于自己愿望的能力，以及掌握商品经济碎片化运动的巨大而神秘的异化力量的能力。换句话说，批评家认为世界必须把自身变为提供物质材料的碎片。最后，为了让“当下”实现其作为意象的存在，批评家必须为碎片的正确构建负责任，这些碎片是（文本表现的）历史客体的、恢复的档案碎片。

此处补充的从艺术转换到历史的蒙太奇原理，以及从自然到历史的歌德式现象的平行翻译仍然存在一些悖论。这意味着从建造的碎片的蒙太奇原理中涌现出的意象，远非碎片本身的总和，而是一个“原初”的单子结晶的瞬间，超越了批评家的意图。但同时，意象仅存在于它展现的结构本身的范围内。并且，这意味着意象并不是武断的，因为它超越了主观（艺术的或者自然主义的）意向的武断范围，也继续宣称了它的非武断性。在某种程度上，批评家通过正确的方式建构了碎片，也就是说，在此种方式下，微弱的、转瞬即逝的意象确实以清晰的、可理解的、在政治上有用的方式向前发展。本雅明在一项中心引述中透露，它不仅冻结了历史时刻，也标明了辩证意象的属性：

> 思维的运动和停顿都是思想属性。当思想在充满张力的星座中出现停顿时，辩证意象就会显现。它是思想运动中的停顿。当然，它的立场不是武断的。总而言之，可以看到，辩证矛盾之间的张力是最大的。以这种方式在唯物史观的展现中建构的客体，就是客体本身和辩证意象。它与历史客体是相同的，它证明了历史发生的连续性中的爆炸性移动的正确性。①

尽管本雅明强调图像的属性作为一元时空破裂和一个元故意事件，但还是保留着一种不能简化的主观维度。识别、搜集材料和辩证意象的建构这三重任务，构成了一个对意象本身的主观介入，而这种介入的程度或许还未被确知。此外，关于这些活动和“石化”活动、“碎片”、19 世纪寓言家的“构建”的巴洛克艺术的分析几乎同时出现。

当主体与客体相互决定、对立时，寓言直觉就会出现，比如悲剧有一种强加在主观感受上的类似法律的可感知的结构。这种特殊的结构内容将会随着具体的历史和经济所决定的对象和条件而不同。事实上，作为媒介服务于这些历史客体本身的主观感受必然会导致忧郁性写作。在这个意义上，由于和谐神话的出现，以及整个施恩衰变（Schein decays），从自然悲剧转换到忧郁症，构成了历史上变化的，但是是正式的、非武断的忧郁“性情”，这一时刻标志着世界的僵化或贬值。主客体所决定的性格与资本主

① Benjamin, *Gesammelte Schriften* 5：575（N2，6），595（N10a，3）.

义现代神话特征的批判意识，是同时生成的。这一点似乎是无可争议的，不需要进一步论证。对于忧郁症患者来说，当贬值的“世界”充满了虚假意象时，世界的“贬值”就是关键性的，它理应被贬值。

对于批评家来说，资本主义世界中梦幻意象和集体幻象的贬值，当然充满“忧郁”。它不是一个幸福的场合，它是一种公认的文化和社会价值观的毁灭，而且排斥经验。在两种事例中，在贬值的虚假幻象下造币是一种悲哀。

但是，在我们了解了基本工作的生产同源性的情况下，出现了一种更相关的同时性，即贬值的世界转换成了碎片化的世界。这种“碎片化”的生产，原则上当然是一种破坏行为。我已详细分析过，在一定程度上，这种破坏存在于巴洛克风格中，尤其是所有19世纪产生的寓言意象中。就本雅明的辩证意象而言，毁灭是一个必要条件。文化客体不仅仅是作为商品出现，也就是说，不仅是作为集体幻象的满足，也是作为另一文本的碎片和促使世界开放的结构，是本雅明作品的核心。本雅明认为波德莱尔（Baudelaire）的作品中的寓言是一种血腥的破坏，切分了世界和具体化的自我，但也是适合穿越复杂的、神话的商品结构的唯一工具。“本雅明也想塑造一个锐利的工具，进而清晰地认知这个直到现在还被疯狂控制的领域。没有左顾右盼，拿着理性的锐利的斧头向前迈进，以免屈服于从原始森林深处发出的恐惧。理性最终必须清除丛林下所有的疯狂和神话。这是19世纪将要实现的目标。”

相比较于波德莱尔、阿拉贡（Aragon）或者卡斯特纳（Kastner），本雅明更好地意识到了使那些由于神话而歪曲的忧郁幻象元素重新神话化的危险。破坏使物质材料得以释放，也保护它免受返魅：“唯物主义史学中的破坏性时刻必须被认为是对星座的反应，此反应威胁到了传播的内容和那些传播内容的人。”然而，与寓言意图的统治隐喻相反，本雅明认为他自己的活动不仅是分裂的，也是爆裂的：

> 唯物主义史学中的破坏性或关键时刻揭示了它在历史连续性中爆裂的价值，即历史客体本身的爆裂性。事实上，历史客体不能以历史的持续过程为目标。因此，历史编纂学从一开始就在这一连续进程中，简单地抓住了一个客体。但是，作为一个必要的权宜之计，这却毫无理由地发生了，历史编纂总是倾向于将客体重新放到一个连续统一体中，

即史学通过移情来更新。唯物主义史学不轻易地选择其对象。它不占领，相反，而是使它们摆脱历史进程。它更广泛地预防，它的事件更本质。

本雅明总结道：“历史客体是否有摆脱历史进程的连续性的倾向，这由它的单子结构所决定。该结构最初出现在爆破客体上。”就这种情况而言，很清楚的是，单子论的震撼出现是一个关键事件。这不仅意味着破碎和碎片化，而且是恢复一系列碎片的关键。的确，贯穿卷宗“N”的核心方法论张力包含以下两方面，一方面是关键幻象使辩证意象从神话历史的连续性中“摆脱”出来的概念，另一方面，是从“历史的废墟”中“构建”辩证意象的关键天赋。这种张力没有消散，但肯定会使此“结构”更加清晰，从艺术到历史编纂学的蒙太奇技术的转换，本身就是一种暴力，是一种剧烈变动。可以肯定的是，唯物主义史学中特定的破坏性时刻，要先于构建的方法论之前。本雅明告诫说，严格区分历史的建设对唯物主义史学家而言很重要，人们通常将其称为“重建”。通过移情来再现，是没有深度的。“重建”以破坏为先决条件。破坏不仅将客体从历史连续性的镶嵌中抽离出来，而且也损坏了这种连续性。大量的碎片是历史重建的物质资料。辩证意象并不是简单地出现，而是完全破坏结果。破坏是辩证意象出现的必要不充分条件。只有通过这种唯物主义史学家的构建，才能使单子结构的辩证意象显现，即通过具体和历史决定性的细节显现，而不是仅仅表现为古老的意象和单一地涵盖全部的历史。

通过“重建”，辩证意象中的中心主体元素——蒙太奇手法或常用的艺术手法都显现出来。这本身并不奇特，奇特的是这面临着重新神话化的风险，本雅明坚持要求唯物主义史学家，将自发出现的辩证意象仅仅作为一个舞台或背景。过去和现在相连的时刻，使得历史洞察力在一定的条件下成为可能（即辩证意象只有在特定时刻下才有可能），这当然完全超出了批评家控制的范围。

从人为切分的最小和最尖锐的结构元素中挑选出最大的来运行，本雅明尝试使用“现实评论”来达到这样的目的。确实，在分析细小单一的时刻时，必须要清楚整个事件。因此，要打破历史上庸俗的自然主义。在评论“历史废墟”中的结构时，就要把握历史结构本身。此观点稍微含糊一些是有意义的。这一评论结构无法完全确保是否从最细微的、精心挑选的碎片中来把握历史结构，是否使用这些碎片来构建更大和更具气势的史学结构。辩证意象无疑是“救世主停止出现”的瞬间，出现在两个冲撞的时刻之间。但是，在对特殊性中普遍存在的批判与从精心制作的细节中得到的普遍形象的批判之间，存在着辩证的对立。尽管这种对立没有必要解决，但以一种新的形式展现了我们的老问题。唯物史学构建的什么保证了碎片的正确构建？

此问题在我们的脑海中呈现出一幅古老的、寓言式的拼图，这与本雅明正在思考的构建显然有着密切关系。在这两种情形中，展现在主体面前的被破坏的意象碎片被重新塑造，并且从“纯粹”碎片转换成了拼图碎片。本雅明将“废墟般的历史”视为最尖锐、明显过时的结构元素，清晰地表现了这种塑造。拼图随意地占领这些碎片。记忆中最原始的拼图方法就是保留，沉思者已经忘记了最佳的方法。沉思者记得要正确构建碎片，却不记得碎片是什么。将主观神学意义无情施加在碎片上，它们便退化成了纯粹的符号和身体的空壳，等待着沉思者选择强加给它们的任何意义。

正如我们看到的，本雅明关于唤醒一种唯物主义集体化记忆的计划，在超现实主义者与普鲁斯特之间的关于记忆解放的策略之争中运转，挣扎着想证明一种具象的复苏，并且这种过去的图象元素不会在复苏过程中变成主观意图的符号。

因此，消除或抑制意向主体的作用，尝试描述这种与过去文化客体相遇的救赎，形成了本雅明卓越认知和基础模式的早期认知计划。但在“唯物主义”和主体构建作用问题的条件下，辩证意象学说计划的最高成就仍然产生了。唯物主义历史学家是制造还是发现了辩证意象？

实际上这只不过是本雅明在《悲悼剧的前言》（*Vorrede of the Trauerspiel*）中遇到的棘手的哲学表征问题。“构建的问题”显然是整个《拱廊街计划》的核心方法论问题。此外，本雅明和阿多诺在本雅明作品的发展上也存在分歧。

阿多诺批判了1935《拱廊街计划》的纲要——“巴黎，19世纪的首都”，某种程度上是富有启发性的。在此背景下，这一争论涉及的深度和广度禁止任何实质性的分析。此外，在二手文献中，这一分歧的基本问题和争论已经被很好地记录和充分地讨论。[①] 然而，集中于建构任务和关键主体

① Buck - Morss, *The Origin of Negative Dialectic*, chaps, 911; Richard Wolin, *Walter Benjamin: An Aesthetic of Redemption*, chap. 6.

的作用这两个问题，将会明晰本雅明在批判概念中遇到的理论问题。

对于1935年全面构建的蒙太奇手法，阿多诺的第一反应是迅速而毫不含糊的："你已经完全无知地脱离了构建的含义，作为对材料的异化和掌握，它已经是非常辩证的，我认为应该被立即辩证地阐明。"① 问题仍然在于蒙太奇手法本身，阿多诺认为理论上直接并置的纯粹文本元素，很容易被当作神话的而不是本雅明脑海中的爆炸性意象。阿多诺认为"构建"无非是指历史上矛盾元素（即古老的意象和现代工业物体的意象）的并置。由批判主体所提供的缺失的辩证理论将阐明，并置的矛盾实际上仍是矛盾的。对阿多诺来说，只有通过调停，才能把潜在的社会背景下的矛盾，从单纯的事实描述转向真正的辩证批判。②

没有主观调停，本雅明借助出现的意象，凭借公众美德、唯物主义建设，除去辩证意象的神话色彩。本雅明最担心辩证意象被重新神话化。因此，阿多诺呼吁重新引入本雅明一直小心掩饰的辩证意象的神学色彩。③ 两周后，本雅明给葛丽塔（Greta Karplus）写信："有一点是肯定的：这本书的构建旨在说明魔法石意味着炼金术。"④ 从1935年散文的蒙太奇手法到波德莱尔的第一篇散文的转变都概述了这一问题。在建构中，它仍然是消失的主体之一。阿多诺对波德莱尔《法兰西第二帝国：巴黎》（*The Paris of the Second Empire in Baudelaire*）的否定，再一次基于这种方法。"我是清醒的"，阿多诺在1938年这样写。

---

① Theodor W. Adorno, "letters to Walter Benjamin, 2 August 1935," in Fredric Jameson, eds., *Aesthetics and Politics* (London: NLB, 1977), p. 115.

② 对阿多诺来说，问题在于本雅明坚持将辩证意象展现为19世纪梦幻集体的突然的内在产物。将梦幻意象立即转为辩证意象引所起的问题，在阿多诺看来，它未能反映出梦幻意象实际上是没有梦想。一旦梦幻时代被（超现实主义地）理想化，社会关系的大量"恶化"则引发资本主义，为了去掌握瞬间苏醒的辩证意象的本质，由于意象本身的恶化，它没有被照亮。这种版本的辩证意象对我来说非常重要，可以称为内在版本，不仅威胁到了这一概念的本质上是神学的原始力量，引入一种简化，这种简化与其说攻击了主观上的细微差别，不如说是它的基本真理；为了牺牲你们神学，也未能保护社会运动内部的矛盾（Jameson, *Aesthetics and Politics*, p. 111）。这是一个不可避免的结果，本雅明对这种粗略概念的最终无意义的领会，比如梦幻集体的梦幻意识。对阿多诺来说，这些主题的采纳，归根结底，将本雅明从理论工作中摆脱了主观批判性和辩证意象二者的关系：本雅明从这种魅化的问题中逃离出来，但是辩证意象的魅化直接导致了纯粹的神话思考。(113)

③ 见 Jameson, *Aesthetics and Politics*, 114："神学的恢复，或者更好的是，辩证法激进地进入炽热的神学中心，将同时意味着社会辩证法、经济、图案的极度集约化。"

④ Walter Benjamin, "Letter to Greta Karplus, 16 August 1935," in Buck - Morss, *The Dialectical of Seeing*, p. 218.

> 你给自己施加法则，以省去问题的任何决定性理论的回答，甚至从一开始就使问题显现。但是我想知道，这种禁欲主义在面对这样的一个主体，以及产生的强有力的内在要求的语境时是否能持续存在。作为你作品的忠实读者，我很清楚，关于蒙太奇手法的使用不乏先例。例如，我记得你出版在《文学的世界》(*Die literarische Welt*) 杂志上的关于普鲁斯特和超现实主义的文章。但是，这种方法可以应用于拱廊的复杂性上吗？全景描绘和微量描绘，浪荡者和拱廊，现代主义和一成不变，没有理论阐释的物质材料，哪一个可以耐心地等待阐释而不被自己的光环所消解？①

阿多诺认为采用作为构建的唯一原理的蒙太奇手法，对文化客体进行简单的并置，几乎恶魔般地违背了它自己的阐释。此种方法的意图性活动的有意压制是“人为性”的，阐释主体不仅使意象神话化，也暗中破坏了意象的政治效能感。通过引入意象的“行为主义暗示”，意象的惊人力量消失了，也就是说，“要即刻，并且将它们与基础设施的相应特征联系起来。如果它是通过整个社会的进程来调停的，唯物主义者才有可能决定文化的轨迹。”②

在某一层面上，阿多诺想要的只是理论的回归。就这一点来说，本雅明神学的、坚决的、推断的理论将迫使本雅明远离纯粹事实的夸张描述，也就是说，远离魔幻与实证主义。“这是我独自提出的反对你的理论主张。”③鉴于本雅明独自发展了“事实构建”的大项目，确实“完全消除理论的建设”将是具有毁灭性的。

鉴于一系列即将发生的灾难，人们强烈地想要理解这种转变。阿多诺对于辩证法问题的耐心态度似乎是如此令人沮丧，因为在一个相关的意义上，他要求理论稀释的恰恰是魅力的天赋，主客体之间存在的模糊性造就了本雅明的特殊才华，这种才华是阿多诺明显缺乏的。正如一位精明的评

---

① Jameson, *Aesthetics and Politics*, p. 127.

② Jameson, *Aesthetics and Politics*, pp. 127 - 129.

③ Jameson, *Aesthetics and Politics*, 129, 30. “上帝知道，只有一个真理：如果你的智力把握了即基于你的唯物主义思想的真理的范畴，对你来说可能是虚构的真理的范畴，你将会收获更多的真理，如果你用你手中智力工具拒绝每一个转动。”

论家所观察到的，阿多诺呼吁本雅明将他的思想更多地回到阿多诺的“哲学”水平上，这诱使你去解读更多阿多诺的理论。他将阿多诺视为萨列里(Salieri)，并坚持认为，相对于枯燥无味的西方哲学，无论花费多大代价，都需要将本雅明莫扎特风格的、没有理论化的魔幻客体的作品翻译出来。[①]

可以肯定的是，这种倾向在一定程度上是正确的。但是，更重要的是要理解，相对于理论，对主体作用的批判是争论的焦点。阿多诺似乎比本雅明更清楚地看到，完全消除理论只有以总的或者近乎彻底的主体的消除为代价，而且这种消除是难以捉摸和危险的。实际上我们可以看到，伴随着超现实主义意象的政治关联性的衰退，这种超现实主义先锋派的尝试，是如何在“神秘”层面重新引入主观性的。没有引入任何的理论，本雅明的辩证意象是否可以处理一个与政治相关的、无主体的、不服从于神话的“构建”，阿多诺对此产生的疑虑是正确的。

无疑，主体的消除也是格鲁贝尔（Grubler）的消除，这就是辩证意象的构建与寓言意象构建的区别，以及前者是如何摆脱后者强加意义的武断性的。值得称赞的是，阿多诺明白这种过度主观性的、由唯物主义原则和超现实主义方法认定的单纯断言，丝毫不会确保格鲁贝尔的消失，较之于直接的并置将会夺去本雅明的建造，这些特征将会使解读变得费解。尽管阿多诺接受了作为无价的碎片的本雅明思想的碎片化本质，后唯心主义者在转瞬即逝的代表性的服务中构建的星座前景，包含了历史真理，但阿多诺从来没有对本雅明的认识论，特别是在《前言》中潜藏的神秘维度存有疑虑。

阿多诺自己对于图片特征的理解在理论上引发了批判。在他 1931 年的就职演说——“哲学的现状”（*The Actuality of Philosophy*）中，阿多诺以编码的形式表达了对本雅明方法的忧虑。与海德格尔基本存在论中的现象学传统的“客观性”的非辩证的概念相反，阿多诺转向了一种后系统性的、随笔式的、消极的哲学表述模式，他阅读的作品《德国悲悼剧的起源》(*Ursprung des deutschen Trauerspiels*）中的构建的星座意象，突然形成了一个新的构想：哲学是用来解决困惑的。但是，在一个不显眼但是至关重要的方面上，阿多诺哲学拼图的概念性质与本雅明不同。拼图者的角色从想要解决难题的格鲁贝尔转换到想破坏它的哲学家身上。对阿多诺来说，解决

① This analogy is by Michael Steinberg, in “History and Negative A esthetics in Adorno and Benjamin”; or, “The Third Man” unpublished MS.

难题不在于重组其碎片，而在于发现或创造使图片立刻显现的“方法”，但这并没有解决难题。①

寓意虽微妙，但却是显而易见的。坚持使图片完整的方法的哲学信念存在于他们本身的时刻，在这一时刻中，哲学理想主义发现了另一个隐藏之处。在回答难题的过程中，解决哲学难题的方法可以在政治实践的转换中完善它本身。以本雅明为例，还有其他格鲁贝尔可以解决的但是是阿多诺所惧怕的吗？

阿多诺越来越怀疑，本雅明去除唯物主义批评中的“主体性”，不是为破坏真实拼图的特性而服务，而是与此相反，实际上是通过最详细的论证，来强化责任的自发性和“意义”的过度主观性。在拼图中发现的充满意义的世界意象与走向实践的社会批判背道而驰。阿多诺坚持认为，本雅明“重新引入”主体，不仅仅是号召把资产阶级理想主义的类别放回到他们费力去掉的哲学思想中。问题在于，在哲学思想中，“远离主体”不能确定“主体”是否已被辩证地超越或纯粹隐藏。此外，这个活动凭借着主体被虚假地超越，可以确定像在超现实主义的事件中一样，重新陷入资产阶级唯心主义的自相矛盾中，并且通过假定含蓄地证明，在现实的社会状况之外存在着一种本质上与历史无关的意义领域。伪装的自主主体会造成一种思想上的鸿沟，在这个鸿沟中，被具体化了的主体可以更加坚定地确立自身。思想家们有力地否定主观模式的内在生命力，否定其作为纯粹主观的来源，因此具有专断的意义。思想家有力地拒绝了作为沉思内在性、作为全部整体性来源、含有武断性意义的主体性模式，这种做法的确会导致对作为内在主体性的忧郁主体的弃绝，这种拒绝本身可能是对于沉思主体之下的过度社会化“意义”的真实存在的信念的含蓄采用。要揭示事实上这个世界并不存在一种拼图式的特性，要揭示这种特性本身是由于经济需要，由于对商品的盲目崇拜产生的，这种揭示大大有异于尝试克服主体的沉思，那种尝试是为了真正地解决困惑，为了在主体曾经占有的位置让“真正的意义”涌现，并阻止困惑的进入。

1931年，似乎阿多诺仍然相信，本雅明在《悲悼剧》（*Trauerspiel*）这本书中提出向新的哲学表征策略侵袭将导致一种真正的辩证批评，通过碎片本身对现实中碎片化的、拼图式的特性进行阐释和解构。五年以后，似

① Theodor W. Adorno, “Die Aktualitat der Philosopjie,” in *Gesammelte Schriften*, 1; 355.

乎阿多诺开始害怕本雅明重新陷入真实含义的意识形态中。阿多诺担心在波德莱尔的散文中以及《拱廊街计划》中发生的事情，仅仅是主观原因，而且充满奇特性。

潜在忧郁主体的“构建”是一个与另外一者密切关联的疑点：《拱廊街计划》的笔记是一堆被剪下来的拼图碎片，耐心地、不知疲倦地等待着隐居的历史学家对其进行重建。阿多诺曾给本雅明写信说：“我想知道这一观点是否像你的修行法则一样，需要被禁闭在坚固的物质层之内。”另一段文字更具说服力：“格雷泰尔（Gretel）（阿多诺）曾经开玩笑说你是一名住在你那山洞一般深邃的拱廊中的居民，你在快完成自己的研究时畏缩不前，因为你害怕离开自己所构建的东西。”① 这是一条不那么敏感的言论，它深藏在国家图书馆的荒凉洞穴中，给本雅明提供了危险的庇护。不过，本雅明似乎有同样的感想，有时甚至提升到了一种方法论的假设层面：“要对作品本身的方法做一些说明：一个人正在思考的所有事情，是怎样必须不惜任何代价地被包含在他正在写的作品中。”浩瀚的、交叉索引的、标记的、排序的、归档的和标注的大量笔记组成了《拱廊街计划》。“知识总是像闪电，而文本是在很久之后一直回响着的雷声。”但是，当闪电消失，只有文本的印记继续不停地回响，《拱廊街计划》中的意象作为一张永远拼不出来的拼图就是一个强有力的证明。

《拱廊街计划》中遗留下来的是一系列的“并置”。大量意象和少量文本，是从 19 世纪“梦幻时代”的档案的文化领域中精选出来的。它们暂时被分成几类，其中一部分被“配置”了。这个意象与那个文本，这个文本和那个意象，很多被多次与不同的搭档配置到一起。卷宗中记录了这个反复搅乱和并置的过程，以及许多碎片等待被固定到该结构中更高位置的过程。即使在很多遗留的纲领、计划以及线索的帮助下，最后的结构也不能被猜测到。② 出现的是大量标记，它们脱离语境，开始作为字符显现。当本雅明对忧郁主体的消解开始崩塌时，寓言形象和辩证形象之间的差距也就瓦解了。

回想《拱廊街计划》中寓言意象和辩证意象的关系，苏珊·巴克－莫斯评论道：

① Jameson, *Aesthetics and Politics*, p. 127, p. 131.

② 关于此问题，可参见 Tiedemann, “Dielectics at a Standstill: Approaches to the Passagenwerk”, in Smith, *On Walter Benjamin*。

> 当本雅明构想出拱廊计划时，他毫无疑问在有意识地复兴寓言手法。辩证意象是象征性的现代形式。但是巴洛克式戏剧是对衰退与瓦解之必然性的忧郁映射，《拱廊街计划》中（新的）特性的贬值及它破坏性的现状变得带有政治启发性。

因此，对资产阶级遗迹永久进步的短暂性的突然洞察“没有造成悲伤，它表达的是政治实践”①。还有一种可能，与其说是辩证意象的政治功效允许它超越了忧郁性，并因此将自身与寓言相区分，不如说正好相反，只有首先克服忧郁寓言，辩证意象才能获得政治上的关联。当然，这又回到了辩证意象的任意性的问题上。

在讨论《拱廊街计划》的理论性时，巴克 - 莫斯严肃地对待这个相同的问题，并且明白，辩证意象的“武断性”问题的可疑性牵涉到辩证意象和寓言意象之间的区分。本雅明的任务是展现与寓言相对的“唯物主义编史学”，为向客体领域的批评介入提供了一种真正的救赎模式。反过来这个问题，又转移到了对寓言意象和辩证意象的产物中主体的理论说明上。

巴克 - 莫斯明白由这种方式得来的悖论：（显然地）在历史性的蒙太奇手法中存在矛盾的必要条件（“我无话可说，只能展示”），一方面伴随着理论压制，另一方面它还明确地要求辩证意象的产物部分地加入主观想象。巴克 - 莫斯问道：“辩证意象在构想方面是不是太主观了？还是说不够主观？”②

重建汉斯·罗伯特·尧斯（Hans - Robert Jauss）和皮特·比格尔（Peter Burger）的职责，巴克 - 莫斯表明如果这两种选择发展到极端都是不可接受的。尧斯观察了本雅明对波德莱尔寓言中“寓言”特性的批判（就像观察维特对巴洛克式戏剧的寓言的批评一样），并最终赞美“客体的消失”以及寓言领域中涉及的令人愉悦的任意性。因此，本雅明反对巴洛克和现代寓言背叛客体，而尧斯赞美了其从一种过时的承诺到“客观性”的解放。相对于超现实主义中的理论意义，在他理解潜在的责任时，脆弱伪装下的自然主义令人难以忍受。比格尔在精细阅读中发现了超现实主义者对潜在意义的神学的信奉，提醒在负载意义、神秘的自然的自动化运行中“主体

---

① Buck - Morss, *The Dialectics of Seeing*, p. 170.

② Buck - Morss, *The Dialectics of Seeing*, p. 222.

的消失”，以及伴随着的对政治的让步。巴克 - 莫斯争辩说：“如果客体和主体都消失了，事实上剩下的只有语言和文字的痕迹，是一些声称本雅明是他们的先驱的结构学者、解构主义者、后现代主义者所坚持的当代位置的认识论基础。”①

巴克 - 莫斯不愿意接受主体或者客体消失的可能性，更不用说两者同时消失的可能性了。她承认“借助辩证意象，（本雅明）不仅有意识地将自身置入与超现实主义的密切关系中，同样也置入了与巴洛克式寓言家的密切关系中”②。在这个节点上的任务是要表明，本雅明如何设法对两者的批判性和政治性进行合适的维度把握，以使用一种可以满足一系列连锁需求的批评方法：辩证意象必须具备非神秘性的任意性、非宣传性的政治爆发性，以及对不会陷入主观的、忧郁的内在性的客体的真诚性。

关于解决了什么以及没解决什么，巴克 - 莫斯的回答非常具有启发性，因为必须面对这个问题，巴克 - 莫斯转向了神学。巴克 - 莫斯特别说明卡巴拉主义（Kabbalism）为本雅明提供了理论和方法论的模式，是为了从超现实主义者和辩证意象产物那里获取所需。巴克 - 莫斯观察到本雅明正好从卡巴拉主义中找到了他正在寻找的——一种对现实碎片的沉思态度，这些碎片既可以被“理解”为文本要素，理解为对弥赛亚的毁灭性和救赎性的回归的一段被编码化的信息（以及一种对社会的压迫和不公正的现实的非宣传性批评控诉），并且不仅将这些碎片作为等待被破解的密码来守护，更作为上帝创造物的珍贵的、神圣的元素，它们需要也应该得到救赎。按照巴克 - 莫斯的说法，卡巴拉主义由此不仅为巴洛克基督教神学，也为主观唯心主义的哲学上的自相矛盾提供了一种选择，一种现世的、光明的形式。特别是卡巴拉主义避免了巴洛克式戏剧家对自然的“反叛”抛弃精神和物质的分离，并且拒斥将救赎作为反物质的、超脱世俗的、担忧的见解。③

巴克 - 莫斯的观点表达了一种对卡巴拉主义历史的实践和阐释的信条的概述，这完全源自于（事实上所有这类概述都源自于）肖勒姆

① Buck - Morss, *The Dialectics of Seeing*, 222, p. 27. The reference is to the strategy of interpretation of Benjamin usually associated with such gigures as Rainer Nagele, Rodolphe Gasche, John Wellbury, and Werner Hamacher. For a representative selection, see Rainer Nagele, eds., *Benjamin's Ground: New Readings of Water Benjamin* (Detroit: Wayne State University Press, 1988).

② Buck - Morss, *The Dialectics of Seeing*, p. 228.

③ Buck - Morss, *The Dialectics of Seeing*, p. 230.

(Scholem)。《赛非罗斯》(*Sephiroth*)作为形而上学之源以及历史性的《加路特》(*Galut*)副本的碎片学说，带有神秘意义的词语，可以从弥赛亚的末日回归希望中读出已被编码化的衰落文本的本质、忽视的异化而不是与上帝的分离，对巴克-莫斯来说，这为以后辩证意象的神秘权威奠定了理论基础。

一个明显应该解决的问题，为什么在这里变成了从本雅明到另一个智力模式的意象解释的武断性问题？为什么神秘学派的“意象”不像本雅明那种开放的武断性控制？巴克-莫斯从肖勒姆对神秘学派的“意象”的解读中寻求答案。

关于寓言和象征性形式的区别，肖勒姆对其有一种非常传统的理解。前者是无穷的、反复的、主观意义的分配，它存在于事物和意义之间的世俗鸿沟中，从而趋向于成长为无限的意义，任何东西都可以意味着其他任何东西。后者是神圣的、透明的、即时的意象，并且是有意义的。肖勒姆将神秘学派的产物与神学象征做比较：

> 对卡巴拉师来说，每一个现实的事物都与整个创作有关；对肖勒姆来说也是，一切都反映了其他的一切。但是在那之外，他发现了一些其他的没有被寓言网络覆盖的东西：一种超越现实的反映。符号什么也没标志，什么也没传达，但是却使一些东西更加明了，超出了所有的表达。对寓言结构的深层洞察揭示了新层面的含义，符号是直觉意义上的直观理解……它是一个“瞬间的整体”，以一个神秘的、相对于象征来说的正确的时间维度，被直观地感知。

对于巴克-莫斯来说，这也回答了本雅明的光照意象的武断性问题：

> 卡巴拉师一开始像寓言家一样，将神圣的文本以及自然意象并置；但是，当过去的文本与现在的意象以某种方式相遇时，突然被救赎之光照亮，因此，使历史呈现为像孕育着潜在世界的乌托邦一样令人遐想，然后寓言的武断性便具有了超越性。

根据此次肖勒姆的转换和卡巴拉主义的象征结构，巴克-莫斯准备指出这种真实性，即对寓言和辩证意象之间进行区别的神学基础：

> 寓言和辩证意象是有区别的。前者的意义仍是主观意图的表达，归根结底是武断性的。后者的意义是客观的，不仅仅是马克思主义意义上的，也是一种社会历史主义的真实表达，而且同时是在一种神秘的神学意义上，作为一种“真正超越的反映”去使用肖勒姆的用语。[①]

这一论证策略出现了困难。首先，本雅明辩证意象理论的起源有过分强调犹太神学的作用的危险，特别是它神秘的、卡巴拉主义的形式。巴克－莫斯对这一问题很敏感，并认为卡巴拉主义不像最高神学，而是像亚里士多德的《修辞学》那样运作，是一种基础智力想象，是神秘唯物主义发展的启发式规律，是救赎与19世纪碎片的相遇。[②] 因此，辩证意象的救赎性时刻的中心踪迹可以被追溯，如果不追溯到卡巴拉主义本身，就追溯到客体的敏感性，追溯到弥赛亚救赎的强度，以及本雅明在他的创造性中发现的对阐释学的关注。但是当我们通过本雅明对这种神秘主义基本态度的“分析”去考虑这一过程的复杂性时，更深层次的阐释学的问题出现了。正如米歇尔·罗伊（Michael Lowy）论证的那样，在阅读犹太神学的过程中，通过分析德国浪漫主义提出的一套美学神学问题，发现这固然与犹太教的神学传统密切相关，但与它们也存在区别。[③] 尤其在于，正是这历史性的独特综合强调了本雅明关于这些部分的晦涩理解：主观性、主客关系、哀伤以及批判性思维的任务。事实上，在卡拉巴主义的范围内，特别涉及肖勒姆的（历史上具体的）成就，肖勒姆和本雅明完全一样，也是“世俗的犹太主义的救世主信念”的小组成员，一个人必须敏感地感受到，文本的占有行为不是一个十分模糊的复杂模式，可能是用来解释辩证意象学说的。事实上，人们甚至可以争辩说，肖勒姆对犹太神秘主义的重建的灵感来自于他早期的智力体验，这也标志着他受到了本雅明的影响，在某种程度上这可能会混淆本雅明对卡巴拉主义问题的分析。此外，遵循着这一思路，基于肖勒姆的主张——卡巴拉主义－辩证思辨模式的意象生产力是“象征性的”，卡巴拉师建立了辩证意象的任意性，即它不像武断的寓言，而是标志着了一个“真正的超越”时刻。现在，对寓言和辩证意象之间的中心对立进行观

---

① Buck－Morss, *The Dialectics of Seeing*, p. 237, p. 241.

② Buck－Morss, *The Dialectics of Seeing*, pp. 239－240.

③ Michael Lowy, *Redemption et utopie: Le Judaisme literature en Europe Centrale* (Paris: Presses Universitaires de France, 1988), pp. 47－48.

察是十分正确的，本雅明认为这是一种短暂的瞬间，寓言的迟缓、重复对应着辩证的冲击和时间破裂。我们倾向于将这个震撼的瞬间直接归因于神学象征的直觉启迪的狂喜时刻。但是，在牺牲寓言的前提下，把这归因于象征，是与本雅明自己看待事物的态度完全相反的，本雅明最后论证道，弥赛亚式的救赎力量存在于寓言中，而且相反的是，它是一个隐藏在神话瞬间里的象征性模式。

确实，巴克-莫斯发现，肖勒姆像本雅明一样，呼吁克罗伊策（Creuzer）区分象征和寓言。但是，正如宁豪斯（Menninghaus）论证的那样，实际上本雅明故意推翻克罗伊策对寓言的神话辨认，象征着肖勒姆在这里接受了传统解读的救赎。实际上，在歌德的散文和《德国悲剧的起源》中，“树林内部”神话的象征性是十分明显的。正如我们看到的，“神话的解救”这一寓言，是象征性的、整体的神话意象中的光照，是一种规律的、静态的、具有永恒意义的超越，已经分解为碎片。在这一语境中，用直觉的象征形式来识别辩证意象是没有意义的。

最后，一个更深层次的诠释学问题也展现出来。即使提到本雅明的批判敏感性的理由和来源，也可以对辩证意象自身的独特性进行重大探索，这样的引用只能使人更容易理解辩证意象与寓言意象在客观性上的不同，但不能明确地回答这一主张。在这方面，参考犹太神学可以帮助我们更好地理解，本雅明为什么以及如何相信辩证意象不是武断的，但是它仅仅在我们准备接受的神学象征或者类似于它的命题范围内回答了这个问题，确保批评家（或者有过这种体验的人）有机会获得这种对于当代译者已经确立的有益的“超越性”。如果不能够接受没有进一步论证的论点，我们似乎就陷入了僵局。

客观性或辩证意象的非武断性问题，必须从本雅明的理解转向我们自己的理解。在这些术语方面，根据历史瞬间显现的意象对应的既不完全可知，也不可被批评家努力掌控的辩证意象的碎片化的历史，导致了一种新的、令人不安的相关性。根据本雅明自己的历史敏感性，辩证意象的武断性问题对于我们来说是不可判定的。阐释学界在此必须确保每一个历史学者的论点是基于关联性的，以此来“拯救”那些历史主义敏感性，而这种敏感性也在挑战着这种相关性，非常接近寓言性沉思本身的“恶魔怪圈”（devil’s circle），并且它威胁到了本雅明感到无力的一种类似情形：他的作品被无限地碎片化，再重组，只为得到一个持久而清晰的构图。

从这个观点来看，这个问题以不同的角度出现。我们可能被说服而把辩证意象归因于本雅明所宣称的客观性的理由是什么？一个直接的回答就是接受支持这一主张的神学。我认为没有办法对这种可能性进行批判的讨论，要么接受它，要么不接受，或者像大多数人一样，在两者之间或多或少寻求一个合适点。

另一个可能就是实用主义的选择，即思考客体主张的真正“货币价值”是什么，似乎这至少在某一层面上是巴克-莫斯脑海中所想的。辩证意象通过用意象、结晶化的时刻对抗和击碎了资本主义梦幻时代的文化霸权，这些时刻不仅仅是严峻的现状，而且还有“起源于古老的、世界性的乌托邦的神学神话”的意象，从尘土飞扬的历史客体中涌现出来。作为资本主义现代性苦难的强有力的道德政治控诉，否认但仍然作为踪迹包含在这些自由客体中的古老的幸福愿景被爆炸性地释放。在此观点上，是辩证意象的革命性作用保护了这种客观性。这强调了巴克-莫斯的一条密切相关的声明：“将《拱廊街计划》从武断性中解救出来的是本雅明的政治顾虑——为任何人群提供篡改的方向。”[①] 按照现代标准，对辩证意象的政治效能性的强调得到了很好的响应，[②] 特别是当人们考虑将本雅明视为后现代主义政治的“不确定的阐释学”先驱的时候。

当然，强调辩证意象的影响并不能给我们带来任何确定性的关于它们处境的忧虑：如果不是精确在本雅明意义上的寓言结构，也可能成为政治炸弹，就像宣传会一样。此外，事实上，通过这十年的理解和过滤，以及通过阿多诺的消极辩证法的悲观视角，可以看到辩证意象的政治效能性的问题仍然是开放的。

确实，正如迈克尔·杰宁（Michael Jennings）所观察到的，宣称建立意象的无意图客观性的需要与本雅明自己对于掌握伴有道德力量的意象的意图相协调是困难的，这一需要针对目前的核心，想要摧毁资本主义的幻觉效应。对于杰宁来说，本雅明努力消除这种可能性，即寓言意象和辩证意象之间的关系可能被认为是一种选择性的或者任意性的失败：“结果是关于

---

① Buck-Morss, *The Dialectics of Seeing*, pp. 242, 54.

② 参见 Gregory Hartmann, *Criticsm in the Wilderness*: *The Study of Literature Today* (New Haven, Conn: Yale University Press, 1980)。有关这一挪用策略的简单评述，可参考 Jennings, *Dialectical Images*, p. 10。

主观道德的直接施加和追求真理之间的张力，在后来的作品中并没有被解决。”①

这一发现当然指向了另一种模式，即提供辩证意象问题的答案的模式。巴克-莫斯坚持辩证意象的客观性应重新回到批判神学的问题上，这种坚持是绝对正确的。在本雅明的作品中，杰宁主张尝试引向一种未解决的张力。这种情况是完全合理的。这种张力重新提及了本雅明最初思想的最根本和最真实的来源。意象源于矛盾，要想解决这种矛盾就需要确定意象；然而，这一决心把辩证意象纳入了一种理论体系，即无法控制但是阻塞了意象本身所拥有的爆发性力量的体系。

辩证意象是一种主体的辩证表达，这种表达涉及历史文化客体，历史文化客体繁荣发展并被张力推动，我们可以把这种张力描述为内在的超越或弥赛亚的马克思主义。然而，最后我们一直谈论的是忧郁的辩证性。辩证意象任意性的问题是意象与忧郁之间的关系问题。

毕竟，在犹太神学中反传统的合法性和《拱廊街计划》理论中发现的马克思主义两个事情上，苏珊·巴克-莫斯争论道，在某一意象中，本雅明将格鲁贝尔和收集者统一起来思考。尽管巴克-莫斯的分析相对来说并不太充分，但是这一发现是处于中心地位的。由于主客体关系形式是格鲁贝尔决定的，寓言凭空消失。正如本雅明在波德莱尔体例中已经发现的一样，格鲁贝尔总是采用一种暴力的甚至虐待的关系去“解救”客体。本质上，事物的任何紧密联系与寓言意图无关，接触它们的方法即去控制它，辨认它们的方式，拆穿它们。摆脱了循环过程的客体必须被消灭才能被解救。

然而，收集者与客体之间有一种不同的关系。接近本雅明所使用的这种英勇忧郁的方式，即是要在分清收集者反对的忧郁寓言理论下理解本雅明的思想，以及在这两种意象之间的辩证关系中去感知本雅明自己的唯物主义批判的最终愿景是如何出现的。收集者的意象被记录在《拱廊街计划》最短的卷宗“H”中，记录在爱德华·福克斯（Eduard Fuchs）的散文中，还记录在本雅明最喜爱的散文——《开箱整理我的藏书》（*Unpacking My Library*）中。

收集者的意象必须相对于寓言家而出现。它们与世界万物之间表现出了一种准确的辩证对立的关系。寓言家通过救赎占有的东西将会变成虐待

① Jennings, *Dialectics Images*, p. 51.

式的，收集者想要依附于“所有权”。当然，所有权是神话和弥赛亚元素为首要表达权而争斗的概念之一。就像大量分散事物的寓言意象，所有权的概念意味着给客体的命运投来一束新的光芒。但是使寓言蒙羞的荒凉之光消失了，取而代之的是如同童年回忆的一样，万物被收集者意象发出的光照亮。废弃的过道、百货公司和展厅都挤满了商品。

（译者单位：北京第二外国语学院跨文化研究院）

游荡者洞观：漫步城市与人群体验

苏珊·巴克－莫斯（Susan Buck－Morss）/文*

王子怡　苏　楠/译

摘　要： 本雅明挑选了诸如闲逛者、妓女、集物癖者这样的历史人物，以蒙太奇原则搭建形式，创造绘画结构，以唤醒当代读者的政治意识。《拱廊街计划》"文本"与"事实"并存，重视文本的精确性，折射了作者对这个时代的顾虑。闲逛者是有薪受雇者的新兴原型，他们靠追逐意识形态时尚获利，取代精英成为街道之主。他们在思想上要求恢复社会空间私有化，体现了社会现实中个人的消极被动。妓女是闲逛者的女性版本，在资本主义社会中，女性成为没有人性的商品，而三明治人是个阶级标签。三明治人是闲逛者最后且退化了的化身。本雅明将希望寄托于辩证法的爆炸性力量来打破人们的国家梦想。只有工人阶级有作为革命主力的潜力，但是只有启蒙未觉醒的精英阶层，工人阶层才能安定下来。现代城市最终是一种幻象，资本制度本身成为一个寓言。但在辩证法一分为二的思路中，消极部分也是个新的分支，无限往复直到整个过去在历史循环中焕然一新。闲逛作为一种梦的意象也可以被颠覆性解读。

关键词： 闲逛者；三明治人；妓女；蒙太奇；辩证法

一　关于方法的记忆

……及至今日，作为知识成果的时代准则已经论证了，这本书是介于两种不同卡片目录系统中的过时的中介，在框架笔记中被搜寻到的每一件重要的事情，不仅探索者在描写它，读者也能从中学习并将

---

* 本文作者为美国康奈尔大学（Cornell University）政治哲学教授（Professor of Political Philosophy）。

其同化到自己的方法论中去。

——瓦尔特·本雅明：《单行道》(*Einbhustrasse*)，1928

在《拱廊街计划》(*Passagen Werk*) 中，本雅明为我们留下了他的便笺盒，换言之，他留下了我们需要的所有东西。因此，哀悼这本书的未完成是无意义的。但若作者仍在世，这本笔记也不会因它的完成而显得赘余。毫无疑问，此部笔记也会变得更丰富。《拱廊街计划》可谓是资本主义现代性起源的历史性话语，是具体而真实的都市体验意象的集合。在本雅明处理这些事实的过程中，它们似乎被注入了政治性，能够将革命力量代代相传。他的方法是，通过形式上的蒙太奇原则创造一种绘画结构，该结构能够唤醒当代读者的政治意识。有关波德莱尔 (Baudelaire)① 的两篇随笔 (1938 年及 1939 年) 也是类似的结构。如若本雅明仍在世，《拱廊街计划》会成为其他作品的源泉。

1935 年出版的《拱廊街计划》注定会是一本“文本”与“事实”并存的评注。本雅明挖掘出了其中的异常，在早年的作品中他告诉我们，“文献学是科学的根基”，之后便是“神学”[《拱廊街计划》(*Passagen Werk*) 574，以下简称 *PW*]。本雅明认为，对于神学阅读来说至关重要的一点是“通过现在透视过去”(*PW*588)。这意味着本雅明所选择的 19 世纪这一要素折射出了他对他的时代的顾虑。这些联系基本上没有在《拱廊街计划》的文本中出现，但是我们仍然可以假定它们存在。本雅明准确地写道：“史学家参与的事件突出了他们的存在，就如同用隐形墨水写作一般。”(*PW*595) 并且他也澄清了，由于在他的那个时期，早期的奢侈品工业正在逐步衰退，所以他选择了巴黎拱廊作为中心意象。更加可以确信的是，在 19 世纪世界博览会巴黎分馆 (1931 年及 1937 年) 上，他的研究大放光彩；在这一较早的关于重塑乌托邦的计划中，他建议组织一群极其重要的杰出人物，再加上科布西埃 (Le Corbusier)② 的现代城市计划 (Voisin Plan)，让巴黎中心有更好的发展。1930 年，格兰德维尔 (Grandville)③ 栩栩如生的自然画作对于巴黎的沃尔特·迪士尼的首部动画电影的成功，具有特殊的意义。19

① 夏尔·皮埃尔·波德莱尔 (Charles Pierre Baudelaire, 1821.4—1867.8)，法国 19 世纪最著名的现代派诗人，象征派诗歌先驱。

② 20 世纪最著名的建筑大师、城市规划家和作家。

③ J. J. Grandville 是 19 世纪最著名的讽刺漫画家和插画家之一，他被誉为超现实主义之父。

世纪50年代，资产阶级拟定了第一个条理明晰的意识形态——城市类型（Urform），其中资本主义同工人阶级联盟目的一致，并在1936年改变了工人阶级激进的政治态度。《拱廊街计划》专注于让拿破仑三世（首个波德莱尔独裁者）为希特勒的起义负责，就像它专注于巴伦·豪斯曼（Baron von Haussmann）① 提出的公共体系结构中的阿尔伯特·斯佩尔国家荣耀项目的原型。作为一名历史学家，本雅明更重视文本的精确性，但不是为了获得一个过时的释义学解释："像它原本那样存在。"他把历史相对论称为那一时代最好的镇静剂，但又惊异于历史性引文用其野蛮的大手（*PW*592）将最原始的文本揭露为最直接的存在。这个理论创造出了一个把过时的、不合意的理论变为当代的或新的、迎合大众的"辩证意象"，并作为一个相同的副本露面。

本雅明写道："绝对不可以相信作者对他自己作品的评论。"（*PW*1046）我们也应该如此，因为假设本雅明是正确的，一个真正的文学作品释放了仅次于事实的，并且使真正的事实作为媒介而生存的手段。我们也应相信，在阐释《拱廊街计划》的过程中，我们的态度不应因为本雅明的作品将名垂千古，或因为他是一位不在世的作家而尊崇它，而应由于本雅明的作品中透视出的致命、可疑的现实影响了我们自身的"存在"而尊崇这部作品。

1986年，巴黎拱廊像古董一样被修复为往日恢宏壮观的样子，法国大革命三百周年纪念庆典上，它被威胁将至少要展出一件伟大的世界珍品。勒·柯布西耶的旧城改造项目的灵感，现在衰败成了像电影《发条橙》（*Clockwork Orange*）里一样荒凉的景象，沃尔特·迪士尼公司正在运用傅里叶（Fourier）② 与圣西蒙（Saint - Simon）③ 的传统来构建其工业化的乌托邦。当试着跟随本雅明去复兴他的拱廊、展览会、都市化以及工业梦想时，我们不能对其影响视而不见。尽管《拱廊街计划》的语词性阅读不可避免，但这并不足够，有时，出于对真实的需要，我们需要用"野蛮的大手"将本雅明的文字撕开。

我们不可无视《拱廊街计划》"神学"阅读的责任（不仅应将其本身与

---

① 乔治 - 欧仁·奥斯曼男爵（Baron Georges - Eugène Haussmann，1809.3—1891.1），法国城市规划师，因主持了1853年至1870年的巴黎重建而闻名。

② 傅里叶（1768—1830），男爵，法国数学家、物理学家。

③ 圣西蒙（1675—1755），即圣西蒙公爵，本名路易·德·鲁弗鲁瓦（Louis de Rouvroy），法国政治家、作家。

文本相连，而且要联系不断变化的当下事实，使之成为文本清晰度的索引)。接下来关于闲逛者人物形象的论述是理解《拱廊街计划》并且辨明闲逛者（flaneur）身上背负的政治责任的关键部分。

二 当代社会类型/城市类型的衰减

> 证法首步：拱廊由光亮之所步入残破之境。
>
> (*PW*1213)

> 辩证意象的历史标志不仅表明他们是一个特定时期的产物，而首先是在特定时期它们才变得“一目了然”。
>
> (*PW*1213)

本雅明避免用显而易见的城市类型作为当代生活的城市类型，而是转向空白领域。他挑选了诸如闲逛者、妓女、集物癖者这样的历史人物，当时在经济上他们不合理（虽然在早期工业化时期人数剧增）①，且因为工业制度的活力最终使这些社会类型面临灭绝危险——就像危机曾让在贸易中炙手可热的拱廊之所面临灭绝危险，故他们在社会层面上跨越了时间。

闲逛者的出现与交通有关。在安静的拱廊周围，在他原初的栖息所，他一次次进行不交易的买卖，当他在奢侈品和奢侈者间优哉闲逛时，他目击一切。“在19世纪40年代，让乌龟在拱廊中走上一圈是优雅的。”（闲逛者的速度由此定义，*PW*532）在本雅明的时代，带个乌龟在市区漫步对于乌龟来说极其危险，对于闲逛者来说却稍好一点。这种大众生产的加速原则遍布大街，发动了“对闲逛者的战争”（*PW*547）。这“人性的洪流……已经失去了其绅士和宁静”，《时报》（*Le Temps*）在1936年声称：“在你跌跌撞撞、左右交替之处形成了一场奔流。”（*PW*564）只要机动运送仍是革新的重要部分，个人就面临迷失于大海的风险。

对于今日的巴黎行人而言，在公共场所中的汽车日益成为支配者和食

① 在集物癖上升到鼎盛时期之后，本雅明将他与拱廊的衰退联系起来，闲逛者与妓女从中消失，集物癖者扩大了他的领域并将早期的过时的产品组合起来（《拱廊街计划》第272页）。最终，这一形象也受到了工业主义的威胁：“我在这里讨论的类型逐渐被时间所消磨殆尽……但像黑格尔提出的，直到夜深，密涅瓦的猫头鹰才开始飞行，只有在灭绝中，集物癖者才能被理解。”（Walter Benjamin，“Unpackingmy Library,” in *Illuminations*, trans. by Harry Zohn, New York: SchockenBooks, 1969, p. 67.）

肉物种。它们频繁穿透城市气氛，联合后又更快地瓦解成碎片。闲逛者好比是老虎或前工业化时代的部族，他们将保留意识隔离起来，转而在诸如人行道、公园和地下走廊之类的人造环境中生存。在维克多·雨果的晚年，在公交车车顶欣赏城市仍是（对于男人）[①] 漫游其中的闲逛者获得全景式享乐的方式（*PW*544－545），好像不是自由地“跟随个人意志而仅仅向左或向右构成最基本的诗性行为”（*PW*547）。今时今日卓有成效的大都市的系统在视野中消失了［除了在位于比尔哈克姆（Bir Hakeim）的塞纳河（Seine）或格蕾丝伊尔（Glacière）的林荫大道投以一瞥之外］，并且地点淡化成地图上的点或色彩，或是车站墙壁上的木板字。[②] 在大都市并没有边缘化的路线，也没有给闲逛者们“犹豫不定”的时间（*PW*536）。旧式的米色都市汽车间尚有一丝空间可让空气停留，而崭新的蓝黑相间的汽车却像太空舱一样被塞得满满当当。高峰时刻，在这些汽车里，人与人像三明治那样密不可分，对抗着无聊和恐慌（二者相近），其间只留有唯我主义与自我防御的冷淡，[③] 还有那些顶着闲逛者表情的假闲逛者组成的旅伴和那些千篇一律的墙上广告。但是，当夜幕降临而交通堵塞幻化为光的花环，当汽车尾气被路边食物和饮料的气味压住，处于休闲时光的人群又进入大道的夜间全景，[④] 像返祖练习一样重聚。这种夜间全景是分散观察及幻想的混合体，这体现了闲逛者的特点。

巴黎街区这种不宜人居的现状成为对过去的一种再现。“到19世纪70年代，四轮马车占据了街区”，正因如此“闲逛者首先出现在拱廊……”（*PW*85）。拿破仑三世之后，拱廊的子房中孕育了现代因素，并且在豪斯曼（Haussmann）的新大道安家落户。这个宽阔的人行道的建造使漫步于大道成为可能，它加快了拱廊[⑤]的衰退，且大力要求闲逛者作用的转变。本雅明写了一个神秘便笺：“闲逛者的辩证法：作为街的内在（奢侈）/作为内在的街（神秘）。”（*PW*1215）拱廊这个内部排满奢侈品店的街区，在铁与玻

---

① 屋顶禁止女性。（《拱廊街计划》第544页）

② 本雅明评注“地铁库中街道名声的命运”。（《拱廊街计划》第1008页）

③ 本雅明引用格奥尔格·西梅尔（Georg Simmel）的观察发现：没有精神距离的城镇居民生活将会变得“无法容忍”，社会关系的货币本质作用于“反对过于紧迫的临近的内部保护”。（《拱廊街计划》第561页）

④ 早在1866年，“夜晚游手好闲者”被傍晚十点仍然开张的店铺所鼓舞。（《拱廊街计划》第540页）

⑤ 其他原因：电力照明，妓女的驱逐，批评老道路沉闷的自由空气的新文化。（《拱廊街计划》第1028页）

璃的保护下向星星开放，这是个充满希望的意象，它表达了资产阶级个体通过客体的符号化媒介逃脱个体主观隔离的渴望。在大道上，现在被人群推搡、目击公共街区的贫穷的闲逛者只有用幻想帮助他来保持对现代化存在的狂想视角，这种幻想由如相面术、人群小说等闲逛者文学的创作来提供。若说开始时，闲逛者是个梦想离开世界的独立主体，最后，他已经成为一种思想上要求社会空间恢复私有化的尝试，并佐证了对于社会现实来说，个人消极且被动的观点。在本雅明时代，甚至闲逛者这种意识形态都处于边缘：闲逛者受到质疑。[①]

与拱廊的突然爆发一样，闲逛者昙花一现，风光一去不复返。本雅明的关心点并非在于怀旧，而在于历史最新的布局中，革命性断裂必不可少。他强调过去只能被现在启蒙（*PW*573），反之亦然："割裂历史的、过去的意象决定了每一个现在。"（*PW*578）这样的意象从某种意义上说是"辩证的"，它们同时在历史中被否认和认可。在我们的时代中，闲逛者的感知态度之边际而非其感知态度被抹掉了。若说作为一个特定形象的闲逛者消失了，那是因为他表现出的感知态度被现代存在物浸透了，明确说来是被奢靡的社会（这也是错觉来源）浸透了，这对于本雅明的所有历史人物而言均是如此。在商品化社会中，我们全都出卖色相，将自己卖给陌生人，我们全是集物癖者。

"这种辩证的意象……是历史的原始现象。"（*PW*592）本雅明的意象作为意象真实，体现了"未受有意观察者的眼睛影响之物"[②] ——歌德所指意义上的典型，但又多了历史指向[③]。拱廊便是这样一个具体体现经济现状的典型。

---

① Walter Benjamin, "Die Weiederkehr des Flaneurs" (review of Franz Hessel, *Spazieren im Berlin*, 1929), G. S. 3: 198.

② Johann Wolfgang von Goethe, cited in Georg Simmel, *Goethe* (Leipzig: Verlag von Klinkhardt and Biermann, 1913), p. 57. 当论及其关于真理概念与歌德的相类似之处时，本雅明谈及这本书（以及这一页）。（《拱廊街计划》第 577 页）

③ 《拱廊街计划》记录了当代大众社会的本源（Ursprung），并理解其与歌德理念中"原现象"这一概念的前因后果："本源——即是原现象的概念带来的与自然的、超越异教的联系，与历史上与犹太的联系……"（《拱廊街计划》第 577 页）像闲逛者一般也受到现代主义的威胁而即将消逝的神学，最好被描述为本雅明体系下的辩证城市类型，否定而又立刻被保留："我的思考与神学相连，如同墨水与吸墨纸一般。我的思考完全浸泡于神学之中。但一旦进入吸墨纸，书写的东西却没有了一丝痕迹。"（《拱廊街计划》第 588 页）

> 在他们的自我发展中或自身中所显现的一系列拱廊中的具体历史形式，就像从一整个繁茂的经验主义物质世界大树上撷取的叶子。
>
> (*PW*577)

在这些历史形式的联系中，“在柏油上研究植物”[①] 的闲逛者形象至关重要。他通过将其置于被海德格尔（Heidegger）[②] 抽象为“被抛”的特定历史存在[③]，将现代主观性的自然纳入哲学视野中。具体说来，在闲逛者身上，我们可以认出我们存在于世的消费模式。

本雅明写道，“虽然在百货公司中，闲逛者最后萦绕着”（*PW*562），但闲逛者作为一个观念的、大众社会中人与物之特征的可替代物，在由广告、插图杂志、时尚和性感杂志提供的纯粹假想喜悦中被保留了下来，这些全都体现了闲逛者的“看却不碰”原则。本雅明考察了闲逛者的观念类型与新闻业的早期联系。若大众诉求一定的城市阅读量（现在亦然），日益增长的大众传媒的现有形式就使闲逛者与城市间的本质联系渐渐松散。阿多诺（Adorno）[④] 指出，无线电收听者的电台线转换行为是一种听觉上的狂热。[⑤] 当代电视机提供了这种视觉上的、不用真正行走的行为方式。美国电视新闻节目的版式尤其接近闲逛者心不在焉、随心所欲、相面的观察方式，视觉引导人行走于世界。得益于世界旅游业的密切联系，用半个月或一个月为期的邮船便可将闲逛者贩卖出去。[⑥]

因此，闲逛者爆发成无数形式，不会灭绝。闲逛者的现象学特点无论表现得多新颖，都有迹可循，就像城市类型一样。显而易见，此闲逛者“真理”将在未来开花结果。

---

① Walter Benjamin, *The Paris of the Second Empire in Baudelaire*, CB36.

② Martin Heidegger（1889. 9—1976. 5），德国哲学家。

③ 将辩证意象与现象学“本质”相分离的是他们历史的索引（海德格尔通过历史性来保护历史免于现象学抽象的研究归于徒然）（《拱廊街计划》第578页）。

④ Theodor Wiesengrund Adorno（1903. 09—1969. 08），德国哲学家、社会学家、音乐理论家，法兰克福学派第一代的主要代表人物，社会批判理论的理论奠基者。

⑤ Theodor W. Adorno, *Radio Physiognomik*（Frankfurt-pre—1935am-pre—1935Main: Adorno Estate, 1939）, p. 46.

⑥ Discussed in Susan Buck-pre—1935Morss, *A Tourguide to Mordern Experience*, unpublished.

三　经验的辩证

辩证法第二步……过去存在的潜意识知识。这种知识现在已经变成一种带有唤醒建构的显意识。

（*PW*1213）

最终，历史唯物主义的中心问题显现了……通过何种方式才使得高涨的直观性与马克思主义教条的实施相关联成为可能？首先……将会接替历史蒙太奇原则。

（*PW*575）

本雅明对于经验（erfahrung）与体验（erlebnis）的区分，对照其作品，即为个体实质的有效创作与消费主义的回归："经验是工作的产物，体验是闲逛者的幻境。"（*PW*962）对于那些整日漫步于大街之上的游手好闲者（idler），事情逐渐与他们生成的历史相分离，而恰巧出现的重合又传达出神秘而又不可思议的联系。时间变成"一座接连最远古与当今之事的梦幻织网"。（*PW*546）事情的表面则意味着："闲逛者的幻境分为：阅读专业技巧、起源和面孔人物。"

"游手好闲者、闲逛者，不了解关于产品的任何细节，却想要成为市场的专家。"（*PW*473）如今，假设马克思主义的经济观正确，这些所谓的市场专家们将不会掌握任何有价值的东西。本雅明也在《拱廊街计划》中做出了战略性选择，去关注消费力而非产品。正如阿多诺所说，"每一句话都将搅入政治事件"①。如果《拱廊街计划》仅仅超越了对错误意识的评判，那么本雅明在市场的幻境和闲逛者、消费者的商品丰富的天堂做什么？本雅明这样写道，在辩证学"历史狂飙"（*PW*592）的表面上，"思想就像起航的帆，而如何扬起帆是至关重要的"（*PW*571）。"于他人而言离题脱轨的数据却决定了我的方向。"（*PW*570）但这些方向太不牢靠了。切断传统停留在生成的马克思主义话语的链条，航行至梦幻般的消费者之海，是一种政治冒险，是要搁浅的。《拱廊街计划》可以避免这一危机吗？不以马克思主义正统观念来提问，而是以阿多诺的批判性精神来提问，他逐渐惊醒于

① 阿多诺写给本雅明的书信，1934 年 11 月 6 日（《拱廊街计划》第 1106 页）。

显而易见的大众意识的公开宣言，并且在本雅明的理论中发现阶级差异的缺少。为了试水，他便引用本雅明在《拱廊街计划》中的典型断言：“（闲逛者）带着主体即销售的观念走了一圈。商铺如同他最终的栖息地，他最后的阶段即是身前身后都挂着广告牌的三明治人。”（*PW*562）

为什么是三明治人？狄更斯（Charles Dickens）① 的小说中曾出现“一个有生命的三明治由一个男孩与两块板子组成”② 的描述，但事实上，这一人物在19世纪便拥有他自己的历史，一个被本雅明忽略的类别标记。追溯阶级史实，这一类别标记被证明并非他所寻求的知识。三明治拥有的社会地位也无法引起本雅明的注意力。三明治伯爵——约翰蒙泰格（John Montague）发明了第一个“三明治”（由两块无生命的面包与一块冷牛肉组成），并使之作为一种用餐方式流行于18世纪60年代，也是他为了拯救即将丢失的位置的孤注一掷。恰巧，这个阶级标签再一次与本雅明的目标方向相交。在19世纪，如果说三明治饮食文化成为资本主义时尚（1803年③进入巴黎人的话语，并经历了增殖资本主义产品的典型形式）④，那么赌博也是，所以在《拱廊街计划》中，19世纪的赌徒成为主要的人物形象。但更值得留意的是，本雅明并不是对赌博这一统治阶级无视产品模式变化的消遣的社会历史好奇，而是对赌博这一新兴工业资产阶级的典型消费方式的特殊历史形态充满好奇：如果闲逛者是生存经验的“空间幻境”，那么赌博则是“时间幻境”（*PW*1212）。

赌徒动作的历史所特有的基本特征是他们“演示给我们的赌博的运作机制：在游戏中，玩家交出自己的身体与灵魂，即便在他们最私密的领域，即便是多么信心满满的押注，他们都不再有任何可翻身的余地”［《1900年前后的柏林童年》（*Berlin Childhood around* 1900），经过改写的译文下文简称*CB*］。本雅明不仅将这个行为与被掠夺的城市居民或被人群争抢的闲逛者相连，还与在工厂大机器中工作的工人形象相连。当然，这些将自己的命运交于赌台上的资本家们，也将他们赌博的乐趣叠加于“工作日”的股票市场上，但这一平行在本雅明看来显露出比形象感更少的“徒劳，空虚与无能为力”（*CB*134）。并且，他将赌徒与工人相连：“实际上，赌博涵盖了现代人

① Charles John Huffam Dickens（1812.2—1870.6），英国作家。

② 牛津英文字典（以下简称OED）。

③ *Petit Robert*：三明治何时变为工人的日常午餐？三明治可能保护他的职位吗？如同保护住蒙塔格伯爵坐下的权力的交椅一般？

④ 1866年，一个格拉斯哥的甜品商做了100种不同的三明治。（OED）

的姿态……工业化颠簸的进程就好像在机会游戏中的政变。”（*CB*134）

在本雅明看来，工人与物质世界产品的关系同消费者与消费的物质世界的关系并无二致，也不是一种导向隐于表面之下的真实知识的社会体验（Erfahrung）（参看 *PW*472）。他是说阶级分化与意识形态不相关吗？是，也不是。说是，是因为假定工人的生产活动不能导向知识，那么批评理论则不能给予工人阶级的认知经验以特权；说不是，则是因为当用同样的语词来描述相距甚远的社会现象（资产阶级、消遣时光、赌博、无产阶级、工作时长、机器）时，辩证法的形象则产生于其语词本身。本雅明说“语言是人们遇到辩证法形象的地方”（*PW*577），这句话可以用两种方法来理解：同一理论可以被描述成两种社会领域相距甚远的事实，或者，同一事实可被两种相反的语词所描述。在关系模仿技巧的帮助下，本雅明将理念放在最佳位置，无偏差地反对指称内容，而不是让理念盘旋于内容之上，如同前后摇摆的帆（为本雅明注释，反对结构主义与后结构主义，语言的辩证性力量仅存在于当事物作为参照物并不可被摆脱时）。结果是一种介于语词与事物之间的张力，它们意味着远离模糊的差距，提高洞察力。对于辩证主义者来说，语词即帆。“理念设定的方式是关系作为观念的保证。”（*PW*591）理念一旦被设定，就不仅包含了语言，而且包含了被迫提前的认知过程以及介于语言与事实之间的空间。

但是，选择哪个方向？根据现代知觉体系，生产者与消费者被幻影、错误意识、集体无意识所折磨，现实则呈现为梦的曲解形式。假定目标为革命认知，这个行动方针可以指引我们到达理想吗？是否足以使我们批判自治，而不是被消费者社会的历史漂流挟带，顺流而下，我们处于其中，逆风斗争？甚至，在游荡的过程中，还会有别的羁绊来阻挡我们吗？

本雅明希望辩证法的爆炸性力量可以打破人们的国家梦想。革命认知并不发生于产品的意义上，而发生在“觉醒”的瞬间。感知想象是需要解释的梦的象征，并且要求一个历史性知识的本源。本雅明在他的作品中这样描写“教育学”的一面：“在我们之间去培养意象，生成媒介，去观察立体的历史阴影深度。”（*PW*571）这一工具如三维立体镜一般，作用于不止一个意象，而是多个。至于意象本身，《拱廊街计划》中的历史性事实是平面的，它们位于阿多诺所抱怨的“魔术与实证主义的十字路口”[①]。这是由

① 阿多诺写给本雅明的书信，1938 年 11 月 10 日。见《本雅明作品全集》1：1096。

于它们命中注定仅是一半的文本。本雅明一代的读者以他们或她们的生存经验提供另一半隔离于历史而来自稍纵即逝的意象的文本。存在知觉空间的形式上的蒙太奇使我们所有的闲逛者将幻想转化为认知，一旦“蒙太奇原则”被现世重新定义，即一旦蒙太奇的轴心变为“进入历史”，那么，“在评注的建构中，把握历史的构思成为可能”（*PW*575）。

让我们回到本雅明的评注中。“三明治人是最后一个闲逛者的化身”（*PW*565），并且接受了不同的行动方针。过去与现在的双重曝光预示了一个谜语，即过去的认知并不是历史存在的事实，而是使历史具体化。这个谜底的揭开将使本雅明的读者置于“革命性觉醒”成为可能的立体范围中，这也就是笔者所要论证的。

三明治人实则为一个诋毁性的称谓，这一形象早在20世纪30年代的巴黎便为人熟知，并进入了大部分城市居民的知觉范围。他们是人体广告牌，他们宣传与公布资产阶级消费者文化的产品与事件（电影院，商品打折）。除了一身租赁来的装点门面的制服，他们自己也与贫穷紧密相连：“你一定见过他行色匆匆地穿过街道，面容憔悴地躲在他们破旧的长灰色外套以及他们大大的檐帽下，坦白来讲：我根本不曾留意他们的工作。通常，既不会因为公共的尊严也不会因为男人的尊严而使这一可怜的队列结束增长。”① 三明治人、临时工、兼职和没有参加工会的人们被雇用到钟楼的行列中，这1.2万人就这样出现在18世纪30年代的巴黎，像无家可归者（sans domicile fixe）② 一样，他们睡在所有可以栖身的地方：塞纳河桥下，意料之中的衰退的拱廊遮蔽处（好像他们已经到达他们的本源时代）。③ 边缘人、失势的无产阶级是“全部衣衫褴褛、瘦骨嶙峋、被社会所驱逐的人们”。④ 经过压抑的20世纪30年代，毫无疑问，社会驱逐的是大部分群众。这些被驱逐者是早于他们100年的原始闲逛者的“最后化身”，在花花公子外表下发明了一种保守的生活方式，这一行为开启了把消遣视为一种生活方式并作为统治阶级标志的时代。

① *Miroir du monde*, 22. March 1936, p. 45.

② Brassaï, *The Secret Paris of the 30's*, (trans. Richard Mille; London: Thames and Hudson, 1977), pp. 32－33. 又见于“Clochards” Dictionnaire de Paris （Larousse, 1964）, pp. 135－136。

③ 那么这些有能力支付……一夜的寄宿费的人们？所以，他们睡在所有警察或业主所允许他们睡的角落里：走廊、拱廊［Friedrich Engels, *Die Lage Arbritenden Klasse in England* （1844） cited in *PW*94］。

④ Brassaï, *Secret Paris*, p. 32.

的确，对于闲逛者，城市作家将他们依照自己的需要，设计出流浪汉、拾破烂者、出租车司机等文学形象，这并不是城市的景象中经常出现的，也不是最吸引人的文学形象（*CB* 21－22），但即使某一作家对新兴城市的贫乏表示同情，也是出于一种特殊的现代认知。它仅仅唤醒了情感却没有提供可改变现状的认知。本雅明提到了巴尔扎克（Balzac）[①]，他与一个衣衫褴褛的男子擦肩而过时，“碰到了他的胳膊，匆匆一瞥，看到了这个可怜男人衣衫肘部的裂缝”（*PW*561）。这种移情作用共鸣说（Einfühlung）是商品世界的形象，但并不充分。对一个陌生人产生瞬间的恐惧与怜悯同被“一见钟情”所传染的城市居民的情欲生活相连（*CB*125）。共鸣说可以同唤醒人一般唤醒事物。[②] 团结的理式乃是一种纯粹的精神事件，并迅速地从意识中驱散。在仍旧隐藏的社会阶级关系背后，闲逛者仅记录了显而易见的市场真相。他建立的代表他们地位的显著关系，不仅使人类痛苦，而且使“反对痛苦的（阶级）斗争”变化成了一个消费客体。[③]

共鸣说的模仿姿态无法使阶级差距缩小，更不能使游手好闲者和钟楼在其“也许被理解为普通人性欲望的表达”的标志下统一为整体。非常明确的是，在场关照、政治义务问题、闲逛者的写手以及那个时代的知性都置本雅明于危险之中。在人性关怀的驱使下，“执笔者们”支持人民战线，反对法西斯主义，甚至加入裁军的世界运动大潮，这一点使我们怀疑本雅明是否真是马克思主义者。在《作为生产者的作者》（1934）中本雅明给出一个明确的答案。在世界和平运动的大潮下，本雅明引用了托洛茨基（Trotsky）[④] 的话：“极其可笑荒谬的是，启蒙和平主义者试图用理性主义的观点来阻止战争，当武装者们开始接受反对战争的理论依据时，很显然，这代表着战争的结束”［《不为人知的柏林》（*Unknown Berlin*）92，以下简称 *UR*］。在知识分子与无产阶级团结的问题上，他坚持道：“即便革命是可能的，政治上的承诺，无论它看起来多么具有革命的性质，只要作家只是在思想上而不是在无产阶级的声援中，并且也不是作为生产者，那么它就具有反革命的性质（功能）。”（*UR*91）准确地说，第二个教育的目的便在

① 奥诺雷·德·巴尔扎克（1799.5—1850.8），法国小说家，被称为“现代法国小说之父”。

② 影射受苦的人们、展厅里的商品、荧幕上的明星、过路的女性，通过个体体验把他们变成生动鲜明的人物形象，即便他们自己保持缄默（《拱廊街计划》528）。见第五部分下。

③ Walter Benjamin, *The Author as Producer*, *UR*96.

④ 列夫·达维多维奇·托洛茨基（Лев Давидович Троцкий，1879.10—1940.8），工农红军、第四国际的主要缔造者。

于闲逛者与三明治人的历史性蒙太奇。

执笔者们首先要突破的难关即理解清楚在生成过程中自己的客体位置，以及承认闲逛者的历史形象无价值。闲逛者并非出身贵族世家，他的技艺也只是游荡（Müssigang）而非乐趣（Musse）。为了在资本主义社会中存活，他写下他所见，并销售其作品。坦率来讲，资本主义社会下的闲逛者是一个小说类型：实际上，他是小说的作者，他促进了渗透于19世纪的社会观察类型写作手法的出现，并且出现于大部分新兴流行报纸的专栏上。作为写手的闲逛者是大众文化中作为生产者的作者的原型。与其说这反映了城市的真实生活条件，不如说他将读者从沉闷的乏味中拯救出来［《本雅明作品全集》（*Gesammelte Schriften*）I：1193，以下简称*GS*］。①

当他在闲荡中“工作”时，他被大众发现了（*PW*559－560），作为写手的闲逛者，或许拥有了社会地位，但并不具有社会优势。他对于社会秩序的抗拒从来没多少优势，这是因为（在资本主义社会中这一现象并不惊奇）他需要钱。反叛的闲逛者的原型形象是波希米亚人（Bohème）②，譬如波德莱尔，他拥有“超越专业同谋者的非本质的政治洞察力”（*CB*23）。他的客体现状使他与钟楼相连，并且游荡在政治上的虚张声势与无政府主义以及利己主义并无二致。“社会不想与我有任何瓜葛，”他面不改色地说，“而且我也不想与它有任何瓜葛，我做了决定……我便得到了独立。”这句话可能是1860年“为艺术而艺术”（l'art pour l'art）的支持者所说，也可能是在20世纪30年代由一个巴黎钟楼的真正话语者所说。③ 无论是哪种情况，这都是自欺欺人的。④ 19世纪的写手们“像闲逛者一般走入市场，假装四处闲逛，实际上却是在找寻买家”（*CB*34）。在历史的立体深度中，他与20世纪的钟楼面对面，假装对社会轻蔑，但实际上这却是一个三明治人的策略，只为了使广告更具吸引力。

---

① 在他的现代形式中，通讯员、作为侦探的游手好闲者跟随他的节拍（《拱廊街计划》第54页）；摄影记者像猎人一般随时准备用摄像头捉捕他们（《拱廊街计划》第964页）。

② 试比较一个1834年的描述：对于波希米亚人的个体阶级仍然悬而未决……大多数人早晨醒来不知道下顿饭在哪里；今日富，明日饿，如果他们有能力，一定会准备过诚实的生活，也因此，他们不能。（引自《拱廊街计划》第539页）

③ 引自Brassaï, Secret Paris, p. 30。试比较：“拾荒者不可能也当然不属于放浪不羁者的一部分，但是……每一个放浪不羁者都会发现，有一部分的自己即是拾荒者。每一个人都在或多或少朦胧地反抗社会，面对一个危险的未来。”（《1900年前后的柏林童年》第20页）

④ 本雅明夸奖波德莱尔看穿了谎言：“我想做一名兜售我自己思想的‘作家’。”（《1900年前后的柏林童年》第34页）

四 游子意象

我们熟悉街角、路边石及人行道的建筑风格，却察觉不到街道、热量、尘埃和真正灵魂硬核的边缘所在？

（*PW*1018）

若说政治对于资产阶级知识分子和失业的无产阶级一视同仁，他们的社会现实却显然天差地别。资本主义有两种对待闲暇的方式：用失业这种意识形态对其横加指责，或是努力让其变得有利可图。这是兴盛与困难的分界线，一个人站在哪边终将天差地别。

闲逛者是有薪受雇者的新兴原型，这些受雇者为了信息、娱乐或劝说（三者都有且目的区分不明确）的目的生产新闻、文学或广告。这些产品在现代城市中、在工作的休息时间里填补"空闲"时间。今时今日，受市场左右的作者们浏览街上的物质场景，保持大众眼光，且像三明治人一样挂着身份牌。他们生活在一个特定区域，常泡咖啡厅，他们和他们所在的场所都声名鹊起。本雅明指出，这样的写作行为就像马克思所说："所有商品的价值被商品生产的社会必要劳动时间决定……在他及常在他的被雇者眼中，（他劳动时间的）价值收到了许多极好的补偿。很明显，一个人若在公共评价中没利用他的时间在生产可被观察到的使用价值之上，即没在布瓦尔度过并夸耀的时间，他也不会有极好的补偿。"（*PW*559－560）资本主义作者在雇佣关系上致力于完成俘虏读者的资本主义愉悦文学，其诉求得到大量观众认可。经济上他们收入可观，某些情况下还获得了政治权利（始于雨果[①]、苏、拉封丹[②]）。即使是像波德莱尔这样的从社会中分离出自我意识的分离论者，都被资本主义社会中"外行"和"精英"[③]之间的紧张气氛抓住不放。本雅明提出的（彼时他虽不是精英）网络战争中"迷失的一

① 维克多·雨果（1802.2—1885.5），法国作家，19世纪前期积极浪漫主义文学的代表作家，人道主义的代表人物，法国文学史上卓越的资产阶级民主作家，被人们称为"法兰西的莎士比亚"。

② 让·德·拉·封丹（Jean de la Fontaine，1621—1695），法国古典文学的代表作家之一，著名的寓言诗人。

③ 本雅明依据1911年的报纸上裁剪下来的数据指出："波德莱尔与维克多·雨果（Victor Hugo）这两个名字的出现与拿破仑（Napoleon）的出现一样频繁。"（《拱廊街计划》第372页）

代”在巴黎街道上找不到同伴，无论是作为观察者还是被观察者，无论是在塞尔塔咖啡馆的布莱顿圈子里（Breton's circle at the Café Certà）还是在位于双叟咖啡馆的萨特圈子里（Sartre's at the Deux Magots）。艺术家及作家都成了巴黎景观的一部分，像钟楼一样明显地成为城市“幻景”的一部分。

但此后恰恰相反，资本主义不仅没有为街上的游手好闲者买单，反而将他们逐出街道并加以谴责。巴黎的钟楼犹在，资本主义维持了这些钟楼的数目，它们若非在经济下滑时剧烈增长，就是之后循序渐进的自动化。[①] 它们的数目随经济化了的政治风向标时升时降，但无论怎样，这些 24 小时闲逛者不会消失。他们是一个时常被冠以浪漫面纱的巴黎机构，几近拥有神话地位。然而若认为他们性格原型中的优缺点导致他们持久不变——像邮政编码有大都市坐标一样，那便是失败的，是没看到他们作为一种社会秩序的持久性。这种社会秩序需要创造神话来隐藏的一个原因就是：为何在如此富足的“自由”社会仍有贫穷存在。本雅明写道，“只要仍有乞丐”，“就仍存在神话”（*PW*1505）。

我们关于钟楼的观念解释了“共鸣说”的虚伪。他们迷惑我们说，他们之所以越来越贫穷，中毒、低入尘埃、游手好闲，是因为他们没有放弃希望，而是进行反抗。在他们那资本主义的端庄得体的视角下，以及他们对我们不得不为之疲于奔命的成功价值的全盘漠视下，导火索显而易见。可能会落入他们那样悲惨之境的想法使我们战栗，因此在这些街道上的闲逛者佐证了一个约束我们的权威。在我们中一定有本雅明，而他从不反抗资产阶级背景。

本雅明年轻之时写道：“我从没在柏林大街上沉睡过……贫穷和恶习让这座城市有一种日出之前在黑暗中偏离正道的景色，而我无法通达。”[②] 贫穷及恶习，工人阶级及危险阶层，街道“属于”谁呢？在早期的《拱廊街计划》的笔记中，本雅明开始了这样的构想：“街道是集体的栖息地。这个集体永远焦躁不安、不断变化，在它的外表下，个人处于容忍、经验、学习和感觉这四个屏障的保护之下。对于这个集体来说，上釉的亮晶晶的商店招牌作为墙体装饰，同资产阶级的沙龙油画一样，甚至更优美。写着‘禁止张贴’的墙是其画笔，报纸是其图书馆，邮箱是其青铜制品，长椅是其卧室柜——而工作结束后俯瞰的阳台是室外咖啡馆的室内版。”（*PW*994，553，

---

① Alexandre Vexliard, *Introduction à la sociologie du vagabondage* (Paris: Marcle Riviere et Cie, 1936), pp. 90 - 91.

② Walter Benjamin, *One Way Street*, p. 330.

1051）在本雅明1929年针对弗朗茨·黑塞尔（Franz Hessel）[1] 的《漫步柏林》（*Spazieren in Birlin*）所做的评价中，同样的段落再次出现，但这次本雅明关注的话题不再针对集体，而是针对“群众——闲逛者居住于其中的群众”（*GS*3：198）。

在1938年关于波德莱尔的论文中，本雅明的观点经历了巨大转变。闲逛者代替集体成为街道之主。他不再在长椅上休息，“墙现在不再是其书写便签的桌子”（*CB*37）。旧物换新颜：“有多样且繁茂财产的生活只能在灰色鹅卵石上而非在东方专制主义的灰暗背景下繁盛，此乃闲逛者的生理机能赖以生存的政治秘密。”（*CB*37）闲逛者反对“专制主义的灰暗背景”的修正论调是关键，而修正理由是法西斯主义。本雅明在《拱廊街计划》晚期的记录中提到，“真正的有薪闲逛者”及“三明治人”亨利·贝劳德[2]（*PW*967），亦是供职于《甘果瓦报》（*Gringoire*）的早期法西斯主义记者，曾对莱昂·布鲁姆（Léon Blum）[3] 政府的内政部长进行了具有民族主义与反犹倾向的攻击，并导致后者自杀。[本雅明提到的政治暗示在波德莱尔那里就有，波德莱尔的日记包含着这种“玩笑”:“出于消灭犹太人种的目的，极妙阴谋被编造出来。”（*CB*14）] 像沿街售卖者一样，最后成功的贝劳德将阶级对立伪装成人种对立来兜售法西斯战线。阶级立体分界因此被替换成民族内部及外部的水平分界，在爱国主义行话下隐藏着“左”的暗袭。

一个有薪闲逛者靠追逐意识形态时尚获利。本雅明认为自己在根本上是个政治告密者，在一部晚期作品中他写道：“闲逛者——三明治人——穿着制服的新闻工作者。后者并非商品宣传情况。”（*GS*1：117－119）在一个像19世纪30年代般经济不稳定而意识形态却趋于极端的时期，一个拒绝服从政治路线的作家会受到十分严重的刑罚。1933年后，本雅明一直处于经济窘境；1939年后，他的个人安全堪忧。对于这个独立左派者、被放逐的德国犹太人，巴黎不为他提供持久庇护。他在一个后期记录中写道：“大都市中，工人阶级经历特殊。移民也是如此。”（*PW*437）

将《拱廊街计划》的碎片用编年体拼凑起来并加以讨论是不可能的，

---

① 法国著名政治人物、外交家。

② Henri Béraud（1885.9—1958.10）是法国小说家和记者。

③ 法国政治家，被认定为温和的左派，曾连任三届法国总理。

本雅明在1933年[①]后就不再对集体做出积极评价。即使他并没有改变大众具有革命潜能的判断，这也不是最重要的。在我看来，通观全书，本雅明讨论了如下观点。第一，只有工人阶级有作为革命主体的潜力；第二，只有启蒙未觉醒的集体，工人阶级才能安定下来。本雅明在此处强调的是启蒙（工人阶级永远达不到的状态）。[②] 假想中的集体可能包含两个阶级。它仅仅是“群众”，且它是误导及虚无观念的来源。两个（后面的）引言是至关重要的。关于被观察的群体：“实际上这些19世纪60年代的‘集体’只是外表（闪亮，原文为Schein）而已。这个闲逛者一饱眼福的‘集体’浇筑了70年后‘民族共同体’的模子。自以为聪明的闲逛者先于同代人成为蒙蔽百万人之物的首个受害者。”（*PW*436）关于观察者：“剧院观众、军队、城市居民等大众形式不再同属一个特定阶层。自由市场中每个商品都能很快构建起其消费者群体，让大众快速增长。这种极权主义论述让大众成为其模特。民族共同体力图让一切在顾客的完全消化下立足之物脱离个体。唯一有分歧的敌手在于……革命的无产阶级栖身其中。后者用资产阶级现实敲碎了大众的幻想。”（*PW*469）法西斯呼吁大众进入无意识的梦的状态。它使“历史幻想融入故乡的自然，因而更加炫目”（*PW*595）。1937年后，本雅明表示在希特勒的青春口号中囊括着对命运屈服的体验：“我生在德国，因此我死去。”（*PW*962）这远非“单方面精神时代的补偿”（荣格），而是反作用于其中。（*PW*589－590）本雅明提出问题：“让人们能第一次体验到（法西斯）的，是不是交换价值的共鸣说？”（*PW*963）“面对大规模工业制度不友好及炫目的时代体验，关上窗帘，出现了一种几乎自发后像的、互补的、自然的体验。”（*GS*1：609）法西斯就是后像。当我们谴责现代文化的内容时，在由顾客资本主义创造的梦的集体中，一个对自我政治幻象可接受的成品被发现。大众未启蒙的精神多孔性结构使其可以像大众文化一样快捷地[③]去吸收大众集会上各种层次的盛事。若三明

① 事实上至少在晚至1935年的报告中，本雅明就传达出了他对于唤醒“梦想集体”的希望（同时阶级差异仍受支持）。

② 在早期的注释当中：“难道不是马克思教导我们，资本主义永远不可能依靠自己达到完全的启蒙意识？如果这足以发生，那么一个人将梦想集体（例如资产阶级集体）的理念加入到他的论文当中，是否合乎情理呢？”

③ “纽伦堡体育场（Nuremberg Stadium）边缘的火焰，巨大无比的旗帜，游行吟诵的合唱团，呈献给现代观众一个壮观的场面，就如同1920年代和1930年代希特勒（Hitler）每晚必看的美国音乐片。”［George Mosse, *The Nationalization of the Masses*（New York：Howard Fertig, 1975), p. 207.］

治人是闲逛者最后且退化了的化身，也经历了更多的变形。

在历史、观念层面，闲逛者及三明治人的意象会于一点。但在存在主义、感觉层面，作为社会极端的两者存在差异（两者对认知至关重要，经验观和历史观不能互相合并）。它们的不同点在于：对街上的家的感觉，因为有一方无家可归，所以在街上暴露十分易受伤害。统治者感到公共空间成为他们个人空间的延伸：他们属于此地因为此地属于他们。在公共空间上，政治上受压迫（这个世纪出现的、不局限于阶级的术语）的存在更像是关于形式监视、公共指责和政治约束的同义词。

五　受难图景

将大街当作起居室居住其中，与当作卧室、洗手间或厨房不同。在街上，人一生中最个人的部分在陌生人或警察那里根本不受保护。本雅明在1934年的《巴黎图像》（*Image de Paris*）中提到，这个“受难图景大概就在塞纳桥下……一个波希米亚女人头前垂着酣睡，她的空钱包放在腿中间。她衬衫上的扣针在太阳下闪耀，她的个人财产只剩下两个刷子、一把拆信刀、一个合上的碗。它们整齐地排在那里……这个十分亲切的创造物被树包围在内”（*PW*537）。

这无家可归的放荡不羁者是个女性。在美国像她这样的人被称为“包女士”。她们被资本主义社会消耗殆尽，成为典型的消费者。她们衣衫褴褛，疑似来自布鲁明代尔，破包里携带着世俗财物。她们怪诞、讽刺的行为举止表明刚刚疯狂购物回来。

早期的一些三明治人是女性（这点本雅明没有提及），性别差异使关于闲逛的政治学[①]更加复杂。1884年，一个伦敦《泰晤士报》（*Times*）的作家报道：“昨天我遇见一对前后挂着广告牌的三明治女郎。”之后几年在《帕尔默尔报》（*Pall Mall Gazette*）上又有类似报道：“不久前我们看到女士也被雇佣充当‘三明治人’。”（OED）从展示前后广告牌到展示并出卖个人身体，对于她们只是一小步。当时正值英国道德改革运动，性生活的要求由控制转向压抑，报纸成了运动先锋。在海德公园（Hyde Park），25万人游行并要求将女士的性生活年龄从13岁提高到14岁使这一运动达到极点。约

① 我这部分的内容受惠于玛丽·丽顿（Mary Lydon）。See her article, “Foucault and Feminism. A Romance of Many Dimensions,” *Humanities in Society* 5, Nos. 3 and 4 (Summer/Fall 1982).

瑟芬·巴特（Josephine Butter）惊呼："这人潮、这岁月让我想起了巴黎革命的日子。"[①] 一个历史学家评论："相比维多利亚朝中期的道德改革运动，这场新社会净化改革更倾向男性观众，对工人阶级文化更有敌意，更致力于用国家手段来加强压抑的性别准则。"[②] 对女人来说，这种国家"保护"使她们进退两难，在19世纪晚期口号的背后，实际上潜藏着一股限制她们的社会自由并剥夺她们参与社会公共生活权利的暗流。

性别压抑在巴黎并不少见。本雅明写道："1893年卖弄风情的女子被赶出拱廊。"（*PW*270）像闲逛者一样，她们曾在此安逸无拘束。[③]"在拱廊中，女人像在闺房中一样。"（*PW*612）卖淫者实际上是闲逛者的女性版本。然而公共空间中的性别差异使男性的特权地位明显。闲逛者指的仅仅是一个名字，但是所有在街上闲逛的女人都有可能被看作妓女，比如，对女性来说，"街头流莺"或"流浪汉"这些词语意义明确（有放荡之义——译者注）。在奥斯曼大道（Haussmann's boulevard）的时代，女同性恋与妓女极大程度上处于同一地位，可以互相参考。关于闲逛者的流行文学可能将巴黎称作"原始森林"（*PW*551），但没有任何一个女性愿意单独游荡于此。

降低女性地位及她们在公共空间中的出现率，这二者之间联系紧密，它们都指向降低女性权利，我们对这些心知肚明。但此处本雅明是否可以被包含在"我们"里却并不十分清晰。本雅明并未用女性主义充当一种分析结构的策略。波德莱尔的文章有如下论述（1938）："女同性恋是现代女英雄。"但无论英雄、女英雄，在其自我社会伸张上，都是一个充满个人主义且徒劳无功的悲剧形象。[④] 诚然，他将巴赫芬（Bachofen）[⑤] 看作一个母系氏族乌托邦的人物，但是对已逝母亲的怀旧表现并非是对自由女性的确认。诚然，本雅明挽救了圣西蒙式（Saint-Simonian）的女性主义者克莱尔·德马尔（Claire Démar）的政治宣言，使其免受遗忘，并高度赞扬它与安凡

---

① Judith R. Walkowitz, *Prostitution and the Victorian Society: Women, Class and the State* (Cambridge, MA: Harvard University Press, 1980), p. 246.

② Walkowitz, *Prostitution*, p. 246.

③ 一个昵称为"王子的通道"的妓女。

④ 像雌雄同体及男性阳痿一样，"已知无受孕也无家庭"的女性同性恋者的"精神性"及"纯洁的爱"不能生育繁殖（《本雅明作品全集》1：661，672）；在这对集体性政治的缺席中，自杀成了"在反动时代"留存的"唯一英雄行为"（《1900年前后的柏林童年》第76页）[克莱尔·德马尔（Clair Démar）及本雅明他自己都采用了这个行为]。

⑤ J. J. Johann Jakob Bachofen（1815—1887），瑞士人类学家和法学家。

丹（Enfantin）[①] 的“夸张图像”相比“在力量与激情上是独一无二的”（*CB*91）。《拱廊街计划》严肃地看待她的写作。德马尔呼吁女性的绝对性别自由及父权社会的真正终结。“女性不再是母亲身份。一旦女性从为她身体价格付钱的男性中解放……她会因为她的个人创造力……感激她的存在……只有在那时，男人、女人、孩子才能从用人性来利用人性的人种法则中解放出来。”（*PW*974）

然而本雅明并没有继续臣服于女性声音。相反，他引用将妓女引入诗中但使其失言的波德莱尔，说道：“波德莱尔从不站在妓女的角度看妓女。”本雅明这样写（*PW*438），并且也这样做。

《拱廊街计划》中最具有代表性的女性人物——妓女，体现了客观性而非主观性。此处“卖淫”而非“妓女”成为关键词，且与屈服命运并显示性欲疏离的“赌博”相关，“因为妓院与赌博大厅同样地充斥着有罪的快乐：融入命运的欲望而非欲望本身应受谴责”（*PW*612－613）。对本雅明来说，闲逛者形象体现了现代主观性感知特性的变化，而妓女则是客体即物质世界变化的寓言。作为一个辩证人物，在《拱廊街计划》中她同“展览”“时间”与“广告”一脉相承：“现代广告展示了……女人和商品融合起来具有多大的吸引力。”（*PW*436）作为商人，她模仿商品并担起诱惑的职责，实际上她出卖性生活的行为本身就是个诱惑。若说社会传统是通过苦心经营的制度及强行将女人物化为礼物的方式来引导性欲，妓女最动人之处则在于她使买家从条条框框中解放了出来。本雅明写道：“皮条客和妻子的关系并非一塌糊涂，他在市场上叫卖之‘物’大大唤醒了中产阶级的性幻想。”（*PW*436）

本雅明写道：“对妓女来说爱即附着于商品上的‘共鸣说’之神化。”（*PW*475）在19世纪，卖淫相对“古老职业”还很新，妓女的自然身体类似于展示最新时尚的无生命的人体模特，她的外衣越贵，苛求就越多。本雅明设专题评论：“在物质世界诱惑性爱的尝试。”（*PW*1213）生产的“自然”欲望被如此转移：“正常社会对未来生机勃勃力量（即生子）的幻想使性生活出现，而现在这只能通过资本力量的幻想来实现。”（*PW*436）渴望购买时尚的物化女性实际上是渴望交换价值本身，这体现了资本主义的本质。相爱欲望、自然本能本身对更好社会的幻想，全聚集于商品一身，被

① Barthélemy Prosper Enfantin（1796.2—1864.09）是法国社会改革家，圣西蒙主义的创始人之一。他也是苏伊士运河的支持者。

资本主义罗网禁锢，它们成为支配资本主义的狂热力量。

若妓女集商品及商人于一身，她必属资本主义下的工薪阶层。[①] 马克思惯常将妓女排除于革命阶层之外，并轻蔑地将她们归入“流氓无产阶级”，因为她们的劳动“无收益”。本雅明认可此观点。“妓女没出卖劳动力，而是虚构地贩卖她愉悦的能力……”[②] 但虚构背后，区别微不足道：“当工作成为卖淫，妓女可以声称她们在‘工作’。实际上名妓是首个完全放下情人伪装的人。她已为时间收费，此处她与要求为劳动付工资者相去不远。”（*PW*439）同时，尤其在失业时期，工人必须使他们看起来对公司“很有吸引力”，卖淫也与此类似，正如它在卖淫行话中流传已久，称卖淫为工作更受人欢迎。这样的组合在失业迹象之下向前迈了几大步，工作中强调的“保持微笑”，就采用了性爱市场上满脸堆笑搭讪他人的妓女的行为。

智力工作者也没少出卖贞操。本雅明称，波德莱尔作为作家同情妓女，称其作“波德莱尔式”文本：在资本主义社会关系的变化中，在波德莱尔的诗歌中，作为原型的卖淫记录下男性性爱生活的转变。对本雅明来说，在意识能够控制建造起与错误和解或卓有成效的批评视野的整体之前，波德莱尔真诚地记录下他对于新城市中现实的感觉，以及那触目惊心、原始的即时性，即使诗人也来不及实现对问题来源的理论控制。在波德莱尔的诗中，妓女是“受谴责的色情文学”（*PW*438）中的寓言人物，在撒旦般的生气中，色情生活的堕落在各个方面都呈现了出来：盲目崇拜欲望的破碎，女性身体的肢解，性与死亡的联系，感官的分离和固定，无聊和愤怒渗透性爱生活等等，最终的结果却是孤独和阳痿。但诗人即使同情妓女，妓女于他们而言仍是“他者”，象征意义远胜于经验上的意义。“共鸣说”如其附着于商店橱窗内的商品一样，附着于往来的女性身上，它不在于个人的遗失，而在于在个人的白日梦（之后在于在其中丢失自己）中作为幻想意象的世界（女人、物品）的合并。这便是闲逛者的“解说视角”。如同寓言作家创作象征的书，他将“他的白日梦当作意象文本”（*PW*528）。本雅明写道：“波德莱尔的读者是男性。男性使他闻名于世，他们成就了他。”

---

① 因此马克思在1844年手稿中的论述：“正像妇女从婚姻转向普遍卖淫一样，财富的整个世界，也从它同私有者的排他性的婚姻的关系，转向它共同体的普遍卖淫关系。”（《拱廊街计划》第802页）

② 评论继续：“在现在这个商业范围表现得极度延伸的时期，妓女总是商品经济的先锋。但恰恰因为商品本身特点就是发育不良，因此并不特别需要被严肃看待。例如，事实上中世纪之卖淫并没有体现出19世纪成为定律的所谓愚钝粗鲁。”（《拱廊街计划》第439页）。

(*PW*418)"因为男性（波德莱尔）表达对性生活方面淫荡一面的陈述及超越"(*GS* 1：673)，本雅明表示"女性不喜欢他"。

这种观点不足为奇。波德莱尔在他的诗中将女性的身体当作寓言，当作浓缩为符号的女性，这就与三明治人的堕落一般无二。本雅明将"共鸣说"形容为"再现其他一切人、动物、宇宙中一切静物的位置的无限倾向"(*GS* 1：1179)。但女人不是静物，她们是（沉默的）主体。若仅通过男性诉说者再现，若男性诉说者仅为他们自己诉说，这应被严肃看待：粗暴至极的断言①脱离了实情。当妓女为她们的经历发声，当她们形容与男性性行为方面的现代改变，我们会看到这个问题迥异的一面。听听她们的话吧：

> （资本家及当权者白天行使他们的权力，然后）……一旦他们来找我们，当剥光我们的内衣，他们停止嘟囔，他们伟大的假象崩坏，傲慢气焰消失。他们都像想要两便士买糖的小男孩一般口吃起来。[艾米丽赫雷（Amélie Hélie），1913]
>
> 所有这些富裕市民……温柔的丈夫、慈爱的父亲、骄傲的律师、著名的医生、雄辩的国会议员都患了精神病一般，他们的妻子意识不到他们反常的所在和程度。只有在我们身上他们才敢宣泄可怕的欲求。[安娜·萨尔瓦（Anna Salva），1946]

在现代，女人不再沉默，她们不再克制行动。本雅明写到，19世纪的大环境下，意外出现了许多女性革命运动，如1848年革命时的维苏威火山(Vesuviennes）武装团体——他记载这群革命"暴徒"像是被阉割了的美杜萨（Medusa）的形象。(*PW*852）但这些如克莱尔·德马尔之言般的引言大多并没被他的评论所调停、解读。② 与此同时，他给使女权主义者烦扰的

---

① 在本雅明对时尚回旋近观的严肃沉思中，这个断言有个例子："若考虑最古老之优势，作为智人的一部分，对女人来说，卧姿有极大优势。它使受孕更容易，而如今孕妇习惯于使用腰带及绷带使自己好受一点。从这点出发，人们可能要问，是否女人比男人站立起来得晚。那么，幼年女人就会成为男人一段时间里的四驱伙伴，就像当今的小猫小狗一般。实际由此可见，这只是进一步证实一种可能，即性伴侣双方的正面性行为实际上是一种歪曲形式，它错在性生活中女人绝不可能学会站立！"

② 近来学界记录了大众美杜莎形象的流行，以及对不受拘束的女性性生活的恐惧与19世纪法国无产阶级革命威胁间的联系。见 Susanna Barrows, *Distorting Mirrors* (New Haen: Yale University Press, 1982)以及 Neil Hertz, "Medusa's Head: Male Hysteria under Political Pressure," *Representation*, 1: 4 (1983)。

“无可否认的扭曲形式”的妓女构造了一个补救意象。“每个人的价值所在及毋庸辩驳之处在于”，她成了“奉献之母”甜蜜奶水的“无尽源泉”（*PW*457）。这与在1848年的革命中，用“切掉许多女囚的性器官”的方式（*PW*856）来反对资本主义及父权制（无可否认的扭曲形式）的那种好战的女性形象大相径庭。

从根本上说，那些性欲被商品具体化、可能已被阉割的女性（像爬虫或其他自然威胁）所扭曲的男人可能认为隔着玻璃看看最安全不过。

六 机械玩偶

同闲逛者一样，20世纪，妓女站在即将消亡的边缘上，更精确地讲，她们的形象已经渗透了所有人的情欲生活。“金钱等同于性诉求”这一公式仅给予事实一个天然边界，却远超出卖淫的意味。“在商品拜物教的支配下，商品对（每一）女性的吸引或高于或低于性诉求对女性的吸引。”（*PW*435－436）

在资本主义社会下，女性的性解放产生了噩梦般的后果，“解放”使所有女性成为性的客体（而非主体）。不得不承认，在这一过程中，女性非常配合。假设在资产阶级晚期，男人，如赌徒，在命运隐蔽的力量前放弃他们的能动性权利，那么女人，像妓女，就运用她们的能动性来反对自身：她们使自己变为客体。即便没有人观看，甚至没有一个展示柜，观看本身也时常抑制自由。与所有的监视一样，这是一种审查制度。通览《拱廊街计划》，本雅明对于女性的自我检查过程以及女性与阶级感性之间不同联系的分析很有见地（并且他的批评也是理所应当）。他指出，女性的“参与通常是出于商品天性中的时尚参与进来”（*PW*1211）。他引用1883年关于时尚“暴政”的描述——女性主张维持她们的社会地位（*PW*125），并引用乔治·齐美尔（George Simmel）的评注：女人关注于时尚越少，越说明她们的社会地位“薄弱”（*PW*127）。本雅明发现，女性商品天性的改变映射出资本主义社会生产条件的变化。一个新的性感理念反映到装配线的系统化上：如歌舞团中穿上严格定制的戏服的女性（*PW*427）。在现代城市中，女性通过“个性化表达面具”——化妆，呈现出“批量生产”的趋势：“在后来对制度‘女孩’的审查中，更加确定了这一点。”（*PW*437）

所有在资本主义社会下的女性——没有人性的商品，为了吸引被分散的潜在买主，连同在本雅明时代对物质世界的模仿都变得同样性感。本雅明认为这是自然机械化的最高体现，是无机物对于有机物的胜利。波德莱尔运用精神分析，将女性与死亡相连，发展成为资本主义下的科学。“毫不犹豫……直面性与死亡的关系，甚至，更确切的是，他者在他者中自相矛盾的定位理解”，这个联系也存在于文学形象中“蛇蝎美人、机器女仆的设想，以及人工机械化的、与野兽一样没有道德标准的女杀手”（*PW*849）。

机械玩偶是资产阶级文化的发明。19 世纪，这些机器人与蜡像一样常见。晚至 1896 年，“玩偶意象开始有了社会批评意义。因此出现了‘你都不知道这些机器装置与玩偶多么的令人厌恶，在这个社会生活，遇见一个纯天然的事物是多么令人舒心踏实’”。更加讽刺的是，如果与玩偶做游戏是儿童学习成人最原始的养育行为的途径，那么还需要一个培养学习的具体步骤，它也已经成为学习机械玩偶的训练场所。如今，小女孩的目标即是变成一个“洋娃娃”①。这个逆转的缩影被马克思作为资本主义工业化特征的生产范式：机器人用人类自然化的承诺与自然人类化的结果代替了二者的机械化。

马克思在他早期的著作中指出：情欲关系的质量为试探社会进步程度提供了索引：“人对人的直接的、自然的、必然的关系是男人对妇女的关系。在这种自然的类关系中，人对自然的关系直接就是人对人的关系，正像人对人的关系直接就是人对自然的关系，就是他自己的自然的表现。”② 马克思总结道：“从这种关系就可以判断人的整个文化教养程度。”③ 本雅明在《拱廊街计划》中引到，早期马克思的著作受赫里亚左诺（Riazonov）④（1928 年）、兰茨胡特（Landshut）、马耶尔（Mayer）的影响，将这些层面精确地用来评判资本主义社会的异化程度。本雅明不为资产阶级辩护，他坚信，在仅存的社会中的社会层面，源于未释放欲望的消极元气使最终的关系走向消极。（*PW*438）但他又提出，在机器般的带有商业气息的性“解放”下，暴力成为情欲关系的本质，而在逻辑意义上，性虐待也变得合理：“曝光机体机械化的一面成为性虐待所固有的倾向。也可以说，性虐待成为

① 同样，在狄更斯的时代仍可看见“生机勃勃的三明治人”，人类生活将部分能力附于物之上（一种使格兰维尔的作品成了社会乌托邦角色的能力），在 20 世纪只能见到“三明治人”这种物化的人。

② Karl Marx, *Economic and Philosophic Manuscripts*, Paris, 1844 (first published 1928).

③ 马克思：《1844 年经济学哲学手稿》。本雅明并没指这篇文章，但只指在《拱廊街计划》第 802 页的一部分（关于公共财产和女人集体性）。

④ David Riazanov（1870.10—1938.1），俄国政治革命家，马克思主义理论家和档案工作者。

人类机体机械化意象的替代物。萨德（Sade）[1] 即是热爱机械化的时代的产物。”（*PW*466）本雅明发现现代情欲生活的畸变，一方面与法西斯主义（和现代冲突）关系紧密，另一方面与政治无能性相关（*PW*431 - 433；457）。恰恰相反的是，革命热情与情欲相互吸引（*PW*135）。性欲集精力于商品，财产的强烈需求不足以支撑起爱之“光环”源头与欲望内部的疏离，其结果便是“爱的解构”（*PW*617），而乌托邦的政治诉求也相应受到损害。谈及资产阶级，本雅明写道：“阶级斗争是光环解构的社会动因。”（*PW*433）他接着又写道：“阶级斗争的防御阵地下的光环解构，同为优良天性而枯萎的资本主义是同一并一致的。最终光环解构与效力解构是同一并且一致的。”（*PW*457）《拱廊街计划》中，本雅明有多少是谈及了自己呢？

七　形单影子

> 阳痿——孤独的关键形象——置于这一标志下，生产力暂停了——人从混沌中分离出来。
>
> （*GS*I：679）
>
> 我相信这一（《拱廊街计划》的）观念，即便它起源于先验的观念，也还是拥有作为我们这一代人的决定性历史利益。
>
> （*GS*I：1137）

在巴黎，他提到的“镜城”部分，本雅明评述道：“相对于他处，女性在此观看自己的次数很多，从而呈现出巴黎女人特有的美丽。在男人看到她们之前，她们已经通过镜子的反射观看了自己数十遍，但是，男人也如此看镜像中闪烁的身影……即便是路人的眼睛也是悬挂的镜子。”（*PW*666 - 667）悬挂在镜中的超现实主义意象折射出显形的偏激与矛盾以及城市居民的匿名。难以抑制的自恋以及自私自利是反面的“共鸣说”，向每件事以及任何人传播混乱。城市居民不断地被不被意识所吸收的外部刺激分散注意力，逐渐与不知名的人们相融合。这导致了现代城市所特有的孤独。这个现象的哲学表达为后期理想主义主体形象的存在孤独。本雅明引用阿多诺学说

[1] Marquis de Sade（1740—1814）是一位伟大的法国情色作家，他的作品所处理的不单是色情题材的问题，而且还宣扬性暴力和性虐待以及违反伦常的哲学。

中的哲学主体思想，认为克尔凯郭尔（Kierkegaard）[①] 作为闲逛者散个步是绝对不会离开他的房间的（*PW*530）。不像早期的资本家（譬如贝多芬[②]、卢梭[③]），现代城市居民无法拥有静观人生般奢侈的独自踱步。这个公共范围也不是一个对话[④]的地方。本雅明以一种无疑为自传体的描述呈现给我们城市异化的生存感知部分："中毒感侵蚀于长途跋涉又漫无目的的人心中，每一步都超越了这不断成长的力量。越来越少的商店、小酒馆、微笑女人的诱惑；下一个街转角、远处茂盛的枝叶、某一个街名，永远带着不可抗拒的吸引力。接着，渴望便来临，他渴望不了解让这一刻无限静止的数百种可能性，像一个苦行的生物一般，他大步穿过不知名的街区，直到最终找到让他冷静却又感到陌生的房间，陷入无尽的疲惫当中。"（*PW*525）城市存在的另一面被闲逛者文学诱惑的、甚至欣快的描述所掩盖，例如将城市作为"风景"或将街道作为"内部"[⑤]，但这一现代城市无论是天然的还是后天的感知最终是一种幻象。本雅明这样解释道："对于闲逛者而言，他居住的城市再也不是故土——即便像出生于这座城市的波德莱尔，这个城市于他而言，也仅仅是个剧场。"（*PW*437）本雅明建议成为人群中的一员来体验极端痛苦的异化。对此感受最强烈的是局外人：外国人与穷人（*PW*437）。无名大众的孤独如何偿还？难道最好最简单的方法不是拒绝新本源而转向吗？知识分子一直是最渴望尝试的人群之一。"上个世纪末，哲学做了一系列尝试来把握'真正'的经验，以反对那些证明自己生活于合乎标准、失去本性的城市大众……他们指出偏离、理解并非人在社会中的生活。他们真正祈求的乃是诗歌、更好的天性，以及神话时代。但这一效

---

① Søren Kierkegaard（1813.5—1855.11）是丹麦哲学家、神学家、诗人、社会评论家和宗教作家，被广泛认为是第一位存在主义哲学家。

② "在（19）世纪之初，我们每天都在维也纳的城墙看到一个男人，那时贝多芬在游荡，写在写纸上之前，他的了不起的管弦乐章一次次在他脑海中回荡。对于他，世界不存在……他什么也看不见……他的精神在别处。"（《拱廊街计划》第568页）

③ "至关重要的是卢梭仍在悠闲漫步中自我愉悦，但对于外物的转变仍未出现。"（《拱廊街计划》第567页）

④ "考虑闲逛者可以参考，苏格拉底在开场作为在雅典市场上对话的伙伴成了一个游手好闲者。此处苏格拉底不存在，且身形缥缈。且奴隶的劳作停止了，也保证了他游手好闲的状态。"（《本雅明作品全集》1：685）

⑤ "如霍夫曼斯塔尔曾叫它作'纯生活外的风景'……或更准确地说，（对闲逛者）城市泾渭分明地分成两个辩证角色：作为风景，它向他开放；作为房间，它囚禁他。"（《拱廊街计划》第1053页）

用停止于克拉格斯[①]与荣格[②]为法西斯主义做出正当解释之后。”（*CB*110）知识进程向反方向移动。假设我们为现代目标真正放弃了我们的主观能动性，那么我们又将重新返回到认知亏损上，并且将我们的行为解读为我们自身商品资本主义的表达。在这一情形下，如果对人类的意图进行暴力行为，那么便有了客观来源。创造出他人的语言任务与自己的幻想投射物成了一码事。假如我们是布莱希特舞台剧的演员，突然作为观众反观我们自己，又是另一码事。我们描绘的寓言即为资本制度本身。

在《拱廊街计划》的笔记中，作者与他的日常生活变得透明，通过他留给我们的线索，我们的闲逛者便不难发现他日常的工作安排。首先，他乘坐地铁到达左岸，便换乘地面第四号公交车，穿过仍旧屹立的新近艺术门。遇到坏天气时（他更喜欢称之为灰色清晨），他会顺着布满呈现给办公室白领们的服装店、办公用品店的舒瓦瑟拱廊（建于1825年）而行，接着他将会左转，穿过仍旧奄奄一息的桐乡圣安妮大道，那里有一个小小的郁郁葱葱的瓦侯街区，这一宁静被黎塞留河大道所打断。穿过车流，他便抵达安全的世界图书馆的入口前的前庭安全区。在主图书室中，他整日工作，最终使自己适应其烦琐规定，（*PW*1100）主图书室以19世纪钢铁架构的玻璃笼罩，并以“夏日天空”绘画作为穹顶（*PW*1159）。坐在其下，能听到翻书时间歇的沙沙声。当你读书倦了或正在等书，便可在图书馆短短地漫游一圈，领略到整个巴黎中心的风光。本雅明一定是这样工作的，在他的研究中，伴随他的移动便展示出了这些地方的历史。《拱廊街计划》的主题可理解为在绘制一幅一小部分的巴黎地图，从旧世界图书馆开始。在巴黎第一个商业机场即将建成的时代，矛盾的商业文化将要抵达一个前工业的时代。本雅明发现一个文化要素在其早期原始的形态下，关注步行便可到达的巴黎的一个部分。他在这里工作，如同小镇的民族志学者[③]，只不过他

---

① Ludwig Klages（1872.10—1956.7）是德国哲学家、心理学家和手写分析领域的理论家。

② Carl Jung（1875.7—1961.6）是瑞士心理学家和心理分析师，他创立了分析心理学。

③ 在同一历史时期，列维·施特劳斯离开巴黎去了巴西，寻找未受西方文明腐坏的印第安村落。他1934年到了里约热内卢：“首先，从一个半球到另一个半球，从一种地域及气候到另一种的变化，并不比给铺满嫩草的欧洲大陆提供同样程度的条件要大得多。我对里约热内卢的第一印象是，这是对米兰画廊、阿姆斯特丹画廊、全景廊街、圣拉扎尔车站广场的开放式再现。”（Claude Lévi - Strauss, *Triste Tropiques*, trans: John and Doreen Weightman; New York: Atheneum, 1978, p. 85）

的调查对象是一些具体事物和有关过去生活的言论。包括他的步行地图在内，首先最重要的是围绕在世界图书馆周边的拱廊：舒瓦瑟尔、利德、科尔伯特、皮托、勒阿弗尔、全景、朱弗若依、维都、王子、开罗、大瑟夫、维侯多达（此为音译）。穿过皇室宫廷的小路，他来到塞纳河边。在河旁，1837年、1867年以及1889年，世界展览馆建成，向北通过交易所的三条路——全景、朱弗若依、维都——连在一起。朱弗若依路是通向格雷万博物馆的入口，布满了时尚而又带历史感的绘画与蜡像。"没有哪一个永恒的形式像蜡像一般短暂、时尚而又如此令人吃惊，无论是谁，即便是安德烈·布勒东（Andre Breton）[①]，只要看过它们的人都会被这一在格雷万博物馆中央调整她的吊袜带的女性形象所倾倒。"（*PW*117）

蜡像女人依然在调整她的吊袜带，像半个世纪以前那样。这一行为，将女人冻结在了时间之中。她从未改变，藐视所有有机体的枯烂消亡。但她红色的裙子发霉了，她的姿态与发型不再时尚，她明显老了。

在东边，本雅明可以从大堂街区走到玛黑街，但路旁的巴黎光景在旧城改造中完全改变了。但这里仍然存在服装区作为巴黎的后台衣柜，橱窗中裸体的人体模型也一同加入了贸易当中。在西边，通往歌剧院的林荫大道上，本雅明恰好走到巴黎的舞台上。时尚的小店与春天百货、拉法耶特百货公司，铺出了奥斯曼大道。在圣拉扎尔附近有一个陈旧的[②]"造梦工厂"（*PW*514），这里的商品展示突然间让位给了女性展示。妓女即使在今天也仍旧惊异于这种受她的情欲影响的转变。圣拉扎尔与圣丹尼斯的妓女，以及本雅明的否定神学中自相矛盾的神，都是他观察微型世界的两个领域："当一个人拿着一杯开胃酒准备在巴黎漫步时，那么时间一定在下午的五点到六点之间。我并没有想要约束住你。你可以随时登上某一个伟大的汽车站离开……如果你想知道我的建议，那么一定是圣拉扎尔站。事实上，你位于一半是法国、一半是欧洲的居住区，像哈弗雷、普罗旺斯、罗马、阿姆斯特丹、君士坦丁堡这样的名字充斥于街道，像果仁淡奶油蛋糕里的糖一样。这便是所谓的欧洲居住区，欧洲最好的城市已一一表明了它们对这些街道的赞美恭维之情，如同表明它们的声望一般。在这欧洲街头的外交使

① 安德烈·布勒东是法国作家、诗人和反法西斯主义者，他被称为超现实主义的创始人。

② "确切地说：今日，在这手机及飞机时代，只在火车站黑暗的走廊上残存着高尚又尚古的担忧。"（《拱廊街计划》第512页）

节团中，盛行着极其精准且严格的礼节。每一个人与其他人的对比都很强烈，当他们必须要共事时，他们会表现得非常礼貌，不带一点炫耀卖弄。”（*PW*998）不难猜想，在街道居民的相互问候下，城市的隔阂逐渐消融了。布莱希特（Bréchte）[①] 将本雅明活跃的世界存在物称为“神秘主义”。但这同样是儿童的冲动，在儿童对这个无机世界的模仿中表达出的童话故事的愿望，唤醒了一成不变的生活的僵硬客体，从而在这一过程中消解了商品的物化。也许，更加准确的是，人类本性中的共产主义目标于此发现了它的生存机制。社会化使儿童变为模仿的机器，曲解了冲动，也颠倒了结果。

童年对于本雅明来讲，具有非常重要的意义。与荣格或克拉格斯所提及的那些具有补充性质的与历史无关的“古老”意象不同，本雅明将那些向城市居民连续提出的碎片式问题视为历史线索。对于作为侦探的闲逛者，横跨城市空间变成了一种时光倒流运动。“对于闲逛者，以下的转变出现在街头：它带领他穿过一段消逝的时光……如果不是导向母亲们，便仍旧是导向更深层次的过去，却不是他自己所私有的。但这仍旧勾起逝去的青春，为什么他的生活是这样的呢？”（*PW*1052）一个当时的地图强加于一个空间地图之上。这些构成城市感知功能的分散的意象链，作为本雅明的梦的意象，勾起了他对自己城市童年的历史记忆。这意象源于19世纪早期的巴黎，而他的童年则是在19世纪后期的柏林。这一资本主义建构的梦的意象自由地穿梭于国界之间。它们也穿梭于个体的实际生活经验和前代的集体历史之间，而这些只有通过书本才能体验到。至关重要的是，在个体与集体层面上追溯意象的源头，它便从历史知识的噩梦中醒来，梦幻消失。

意象进入个体的灵魂，但他们却共同地被大众所理解。他们与这些过路人“交流”，甚至在这个物与物相关但人与人却不相连的颠倒的资本主义世界中，他们克服个体与一代人的孤独而变得中庸。

> 他穿过的柏油路都凹陷了，他的步伐唤醒了一个了不起的共鸣；人行道下的瓦斯在双层地面上投射出双重意义的光。闲逛者的形象，像被装上发条一般继续前行在双层地面的大理石路上。机械装置中心有一个玩具钟，像老式的玩具一般，它唱道：

① 贝尔托·布莱希特（1898.2—1956.8），一位著名的德国戏剧家与诗人。

> 我们的童年，我们的童年
> 歌曲总回荡在耳边
>
> 这美妙的旋律使他再一次意识到，萦绕在身边的不仅是他自己青春的一部分和最近的一首歌，正相反，是早期的童年与他的对话。无论是这个或他的这一不祥预兆，对他而言都是一样的……另外，在满是狂醉的回忆中，闲逛者穿过城市，不仅从他眼前汲取营养，而且允许他受其影响，即便是作为经验与生存的死亡日期的知识。这一经验知识……记录了于19世纪期间几乎难以理解的大量文学（提供历史性知识的）。"巴黎街道挨着街道，房子挨着房子。"（*PW*1052－1054）

童年历史与集体历史的融合是本雅明最令人困惑的理论，其中的理由之一即是他从来不解释清楚。超越理论，更是一种洞察力，拥有历史性记忆的力量，这一政治力量是在场行为的动力，同样，无论记忆中的是个体生活还是集体生活，都不是直接经验。他将两种层面上的过去构思为两种状态，一是"睡梦状态"，一是历史往事（允许被解释为"觉醒"）。但个体与集体的两个层面不仅仅在抽象上相似。它们具体地分割开来，因为每一个童年都被叠加上集体历史的特殊的一部分。确实，二者的物质部分的记忆是同样的。本雅明在《拱廊街计划》中如此强烈地强调意象，并从集体层面上追溯历史，这已经深深植入他的个人记忆中。这让他听从命令成为可能："人必须体验历史，就好像必须生存在其中一样。"他接着评论道："我直面拱廊就好像它们真正发生在我身边一样。"（*PW*1214）

它们一定是这样的。本雅明童年时期的柏林的确拥有购物拱廊、弗里德里希与凯瑟格列。并且，柏林还拥有自己的林荫大道与闲逛者、妓女与避孕套自动贩卖机、产品幻象与三明治人。所有我们关心的来自本雅明童年记忆的要素浓缩成一段话。

乞丐与妓女

> 在我的童年中，我是新旧西方相交的俘虏。我的种族同时生存在这两个区域，并且在混合了顽疾与自力更生的态度下，它们变成了被看成封地的贫民窟。我仍旧被关在资产阶级的牢笼内，看不到一点点贫穷。我那个年代的有钱小孩眼中的穷人就是乞丐。了解贫穷是一个很

> 棒的过程，也是头一次我开始明白，贫穷即是一种来自收入微薄的工作的耻辱。这被记录于一个短短的书写片段中，也许是第一次，我开始全身心地为我自己写作，写我所想。这一定与三明治人相关，也与他遭遇到的对他的广告牌不感兴趣的人群的羞辱相关。我的结尾是这样的：正是因此，这个可怜人悄无声息地扔掉了他的整个背包。的确，这是解决这一现状的下下策。在那时，除了暗中破坏，我想不到其他的叛逆形式，显而易见，这是出于我最个体的经验。当我试图从我母亲那里建立我的独立性时，我又回归于这一状态。我偏向于在逛街时这样做，这样的顽固与任性时常让我母亲绝望。换句话说，我把总是在她身后保持半步距离的习惯当成一种责任。这就好像在任何情况下我都不会向前，即便是同我的亲生母亲一起。我需要为了这一幻想的反抗去感谢多少城市公共街道，这一反抗后来明显为我的性本能展开成迷宫……在我母亲的支配下，我深感与这些令我迷路的街道的合作对于我独立的可能相当重要。无论如何都不可置疑的是，这种对放弃我母亲以及我自己阶级的欺骗、悲伤的情感，究其责任，应归于站街妓女无可比拟的魅力。我需要很长时间才能完全掌控它。我在做爱的过程中感到恐惧，就好像一个性机器充斥于我的身体，通过询问一个简单的问题便可以进入设定好的动作，而后，我从嘴中挤出这个问题，我面红耳赤，不知道接下来该说什么，直到我从那只撒谎的嘴中出来。我逃了，并在同样的夜晚经常性重复着这一鲁莽的尝试。当我多次在即将清晨时停在一个入口，我已经使我自己卷入绝望的柏油马路上，并非纯粹的手在释放我。①

《拱廊街计划》中的现代世界是一个“拼图”，一个意象可以从两种角度解读：一是资本主义文化的童年，一是资产阶级儿童的天性。离开社会救赎，个人救赎便不复存在，但社会革命的标准为构成社会个体的物质所满足，它们所有的重叠与缠绕仅存在于独立的语域。② 个体历史与集体历史都

---

① Walter Benjamin, *Berliner kindheit um Neunzehnhundert*,《本雅明作品全集》4：287 - 288。在“Berliner Chronik”中有相似版本。

② 用这些记录区分成人与小孩、正常人和疯子。希特勒晚年坚信若他灭亡，整个德国乃至世界都必须为他陪葬。世界不随我们生老病死，而对世界的希望价值也只在于我们有暂时性。因此，“有无穷希望，但不为我们”（卡夫卡）。

不可以被吸收，[①] 即便把其中一个用物质填满，另一个也将变得极其鲜明。

八　文化辩证法

> 参照文化历史辩证法：据一个特定方面来将一个时期的大量领域一分为二，这是很容易的，所以一面是"果实累累""充满未来""生机勃勃""积极向上"，另一面是颗粒无收的、过时的、枯萎的部分……但换句话说……如前所述，意识到这一点十分重要：消极部分也是个新分支，通过视觉层面（这不是标准）转变，一些积极、新鲜、区别于前者之物也可能产生与前面描述相对的部分。所以如此无限往复，直到整个过去在历史循环中焕然一新。

为何记录下一切谬误的社会历史急需救赎呢？此岸世界亟待转换，没有别的世界存在。至少对于唯物主义者来说，这问题愚蠢至极。只有真正的信徒烧毁书，烧毁大地。只有盲目的信徒参与到对万物充满悲痛的天启灭亡中去。那么，本雅明坚持对发生之事进行补救，是因为他无宗教信仰吗？

闲逛作为一个梦的意象可被颠覆性解读，且对于希特勒将妓女和流浪汉逐出街道的行为来说，它并非不重要。闲逛者拒绝受工业社会控制："随着生产过程通过机器加速，无聊滋生。闲逛者以其自负的沉着向生产过程抗议。"（*GS*1：486）

闲逛者忽视高峰时刻，他们漫无目的。他们的实践"是对劳动分工的示威游行"（*PW*538）。比起追求个人目的，他们欣赏（公共）景色，或者罢工。（何时三明治广告板首次出现在哨兵前线？）闲逛者白日梦中的幻象也成了一种存在形式。如同工人对于机器的白日梦一样，它们是马克思称之为公有制度威吓下的"英勇的懒惰"的遗物（*PW*962）。资本主义工业制度的梦想现实

---

① 本雅明的自传式忏悔更像是对于客观社会力量的寓言（在其中主体蒸发，个人责任消失）。本雅明对现代性起源的看法也不仅仅是他个人神经性关心的预测（其中社会革命的需要消失于俄狄浦斯人物之下）。阿多诺等人都探讨了本雅明的"反主观主义"。确切地说，他认为资本主义瓦解了，资产阶级渴望共有，因此让自然及历史成为商品（且随后统治它们）。正如谢琳·马哈茂德在他一篇未公开发表的论文中指出的："那种限定、要求经历之意义的主导叙述声音的形式所体现出来的作者本身，恰恰是本雅明力图避免之物。"他的童年回忆通过让城市空间的经历"没有地点"来破坏叙述主体；它们是"城市生存规则支配下的柔韧的叙述行为"。但本雅明的想象力保有力量，这是一个通过模仿而非凌驾来克服主观孤立状态、自发和预期的机制。

比其他社会形式释放出更多的天堂梦幻，而最常见的主题是物质快乐。即使这样，如阿多诺所警告的，文化工业操纵了这些幻想的意象，人们可效仿本雅明引用马克思的话："观念革新只在人从他的梦中觉醒的世界中存在。"（*PW*570）①

闲逛之姿指向两个方向。资本主义本质之罪是剥削劳动力和失业。但它既是现在社会中恶劣、消极的意象，又是未来可变得彻底不同的积极的可能。它指向一个削减劳动时间、自动化生产、市场的饱和会带来仁爱而非危机的政体，并不导致将人训练并带上生产线的个人悲剧，而包含着社会组织科技所通达之快乐与自由之集体现实化的潜力。

本雅明从妓女这个扭曲的人物身上看到了性快乐的物质的、自然的欲望（正如他的消极理论宣扬的那样），而非像赛林（Céline）或比恩（Benn）此类右翼现实者那样看到"虚无主义人类学"。他选择"唯物主义人类学"的座右铭：

> 古斯塔夫（Gustav）：你的屁股真……神圣。
> 波多娃（Berdoa）：他应该永垂不朽？
> 古斯塔夫：什么？
> 波多娃：没有什么。（*PW*971）

若卖淫是"爱废墟"的标志之一，它也从幻象中剥离了性生活。此处，"科技的革命性一面"表现在性爱由生理必需中独立出来，由"爱主张"的"专横又讨厌的"自然法则中得到自由。本雅明写道："且实际上，对爱的性反叛并非仅源于性欲狂热者，它也存在于驯化、同化自然的欲望方面。"②

---

① 虽与阿多诺的关注点不同，但在本雅明的理论中对于理想集体、阶级区分的讨论很多。他认为这是马克思主义关于上层建筑方面的极致："社会存在下的经济状况在上层建筑中表现出来，就像一个人吃得很饱后熟睡，即使这只偶尔决定梦中内容，但发现这些内容不是复写反映，而是它的表现。"（《拱廊街计划》第459页）当然它不是工人阶级而是资产阶级，它们表现出过饱的胃的不舒适感，是对集体之梦的意识形态上的变形形式。然而视角一变（但非标准），也可以得到一个对梦的积极解读。

② 根据本雅明所言，在科技上对自然加以控制并不等于支配自然。在共鸣说中："像帝国主义所教导的，征服自然就是所有技术的目标。但是谁信服一个称家长征服儿童为儿童教育的藤条凶徒？代代相传中，并非教育超越一切必不可少的关系秩序，并非征服儿童，而是征服关系（如果我们非要用这一术语的话），就如同科技不是征服大自然而是一种人与自然的关系。"（《单行道》第104页）本雅明认为自然开发的话题被带偏了。问题的源头即是资本主义。在1939年的报告中他写道："这一概念……人类对自然开发实际上是人的开发的折射，产品收入的所有者掌握发言权。"（《拱廊街计划》第64页，cf. 455 - 456）

模仿商品世界的姿势也应该被消除。若诸如流水线工人、走正步的士兵、合唱队女孩这些成年人也应受到严格管制且被转换成机器，那我们只能回到物被人化而非人被具体化的儿童乌托邦的梦中才能将他们反转。所以，正如孩童玩耍是社会补偿的一面，社会的一面也被当成儿童时期的补偿。“查尔斯·傅里叶（Charles Foutier）① 的壮举之一就是创作了含有不剥削的劳动准则的戏剧。戏剧中呈现出来的劳动不是价值产物，而是直接指向改良的自然……这样的劳动实际上在儿童戏剧中可被找到。”（*PW*456）

对于本雅明来说，即使科技生产潜力②及大众追求快乐欲望的潜力都存在，它们也都应被视作人性的梦。他关于现实是神圣支持的迹象的悖谬解读，实际上是一种神学的卡巴拉式（Kabbalist Procedure）假定，但在神学“渺小衰微且不能自见”（*GS*1：693）的时代，马克思的唯物主义理论不可或缺。马克思向当时正被美学社会主义（法西斯主义）征用的阶级施以手段，将“无定形的大众锻造成下层秩序之铁”（*CB*121）。早期马克思认为性生活的发展是社会进步的标准，且他关于资本的分析指出，尽管不断有创造常新军备破坏武器的倾向，但也有社会主义者的科学性，即不断向科技发展的固有趋势。关于这点本雅明写道：“统治阶层的利欲熏心通过科技加以满足，而科技变婚床为血泊。”［《单行道》（*One Way Street*），104，下文简称 *OWS*］但马克思的理论注定没有完满结局，本雅明的时代亦如此，我们的时代亦如此。大规模军备武器及持续的经济危机充斥其中，这像是一条警示，提醒我们是在靠时间生活：“在经济、科技发展的特定时期（通货膨胀和战祸频仍之时），资产阶级若未遭废止，一切将毁于一旦。”（*OWS*80）

于 1911 年发布的照片暴露了军火建设背后的金融利益，警示我们警惕一战的可能性。它们再版于 1933 年的《军备小炮》特刊，暴露了这些仍在继续的金融利益，并警示众人警惕二战。

---

① 查尔斯·傅里叶（1772.4—1837.10）是一个法国哲学家，也是有影响力的早期社会主义思想家。

② 在本雅明的双重视角下，即便是军事科技也可以赎回。他在 1927—1925 年间写道：“男人作为一种物种在千年之前就已经完成了他们的进化，但是作为一种物种的人类才刚刚开始他的进化。在技术上，通过人类与宇宙签订的新的不同的形式组织了自然，这里有了国家与家庭……在导致灭绝的最后一场战争那晚，人类的火焰被像癫痫病患者的疯狂一般的感觉所动摇。随之而来的厌恶感是人类在其控制之下带来新的体制的初次尝试。无产阶级的力量是使其康复的途径。若不是紧抓着纪律权力的精髓，没有一个和平主义辩论者可以救活它。仅在生殖的狂喜中，生活物质可以战胜结构的狂暴。”（《单行道》第 104 页）

时尚是在“一成不变”之下的“推陈出新，生生不息”(*GS*1：677)。

这已成传统，这是大灾难。(*PW*591)

若放任不管，这便一定是大灾难。(*PW*592)

(译者单位：北京第二外国语学院跨文化研究院)

对女性城市的阅读与书写：卡尔维诺、黑塞尔和本雅明

西格尔德·魏格尔（Sigrid Weigel）/文*

陈丹丹　杨佳静/译

摘　要：卡尔维诺、黑塞尔和本雅明对女性城市的阅读与写作都有一种共同的形式，即都运用了解构主义的写作形式。本论文分为三个部分：女性城市中女人的缺失、闲逛和作为写作场景的城市、复归母体之路。男人与女人，现实与虚幻，女性作为男性的欲望对象成为城市创立的原因。卡尔维诺在想象的领域中已不再宣称他那“看不见的城市”，而是指向了真实。城市是在闲逛中形成的记忆，闲逛一直是一个文学概念或写作概念，而城市总是被解密为写作的场景。女性的重要性在符号与幻想中、在城市的创立和记忆的创作中、在母体的复归中被呈现和彰显，本雅明依靠女性的城市地位、城市风景与女性形态的联系创造了他的城市写作。总之，从卡尔维诺、黑塞尔到本雅明，女性意象消失又再现。

关键词：女性；城市；闲逛；母体

一　女性城市中女人的缺失[①]

在《看不见的城市》（*Le città invisibli*）（1972）中，伊塔洛·卡尔维诺（Italo Calvino）以元朝传奇君主忽必烈汗（Kubla Khan）和他的威尼斯使节马可·波罗（Marco Polo）的对话为结构框架，穿插了55个城市意象。除

---

* 本文作者为德国柏林文学与文化研究中心（Zentrum für Literatur – und Kulturforschung Berlin）德国文学教授（professor of German Literature）。

① 本文最初由德语撰写并公开发表，可参见 S. Weigel. *Topographie der Geschlechter：Kulturgeschichtliche Studien zur Literatur*（Reinbek，1990）。

此以外，此书还讲到一个城市的起源故事。在该城市的创建处，不同的男人为追求同一个梦而邂逅彼此，然后修建房间和墙壁，进而形成了城市。然而，他们却没能认识自己的欲望对象。在他们忘却了自己的梦后，这个城市的街巷就成了他们每天上班要走的路。佐贝伊德之城[①]的起源故事涉及了女性与城市意象的关系，这对城市文学而言意义重大。在这里，城市以这样一种方式被建构，即试图将梦中流露的渴望永远保留下来。由此，做梦者成了城市的创造者，在文明发展的进程中，无意识的工作变成了主体的工作。其中，遗忘的工作隐含其中。因此，城市被建构成这样一种场所，其标志是女性的缺失。在这一空间中，男性聚而结盟，他们因女性的缺乏而连接在一起。诱惑男性的女性意象被压缩成小点，在那个场景中，女性并不存在。

因此，刚来这里的人们想不通是什么吸引那些人来佐贝伊德的。为了用墙壁捕捉他们的梦境，这些男人将这个城市作为一个陷阱并早已把自己束缚其中。然而，在城市的地形学中，"这个城市的街巷像线团一样互相缠绕"，这个城市的出现源自于城市创建者的梦。这些街巷留下了他们梦境中所追寻的路的踪迹，这是对梦境中女子销声匿迹之路的模仿。此外，这个城市用女人的名字命名阐明了它对女性仍抱有其他原始欲望的要素。它的命名和语言创造的魔力[②]唤起了那潜在的保留于符号创造中的欲望。

在卡尔维诺《看不见的城市》中，55个看不见的城市都以女人的名字命名：从迪奥米拉、多罗泰亚、阿纳斯塔西亚到莱安德拉、梅拉尼亚、阿德尔玛，再到潘特熙莱雅、特奥朵拉和贝莱尼切。此外，文本的构成在任何时候都不会引起怀疑，即怀疑它正在处理真正的城市。结果，城市中的女性被明确地指出是虚构的人物。然而，文中所描述的看不见和不真实的城市并没有被理解为非现实的城市，而是宛如真实存在的城市。更确切地说，在看不见的城市中，卡尔维诺将想象的真正力量、城市的意象和地点作为象征性的生产范例：城市作为写作的场景。忽必烈汗和马可·波罗通过一系列的城市意

---

① 这是伊塔洛·卡尔维诺《看不见的城市》中第三章的第一个故事，在"城市与欲望之五"（The City And The Wish 5）部分。详情可见 I. Calvino, *Die Unsichtbaren Städte*（Munich, 1985）。在《爱丽丝没有：女权主义，符号学，电影》（*Alice Doesn't*：*Feminism*, *Semiotics*, *Cinema*）一书中，特瑞沙·德·劳拉提斯（T. De Lauretis）将佐贝伊德城的故事理解为女性主导的符号学概念之重要范式。然而，她在书中没有关注城市表征与书写中的具体性别史。

② 就命名的魔力而言，该论述参考了本雅明对"语言的魔力"一说。可以参看 W. Benjamin. "Über die Schriften uberhaupt und über die Sprache des Menschen", in W. Benjamin. *Gesammelte Schriften*, ed. R. Tiedemann and H. Schweppenhäuser, vols（Frankfurt/Main, 1974）Ⅱ, 140－157。本文中有关本雅明的引文除特别说明外，皆引自该版本，卷名和页码以缩写方式表示。

象进行对话，这种表达不可叙述的城市的方式被称为象征史上的基本结构。

卡尔维诺的框架故事涉及鞑靼皇帝试图通过使节的报告了解他所占领的城市的情节。这不仅仅是两者之间的对话，更是谈话对象和演讲者之间的对话。这种使用不同语言、无声手势和无声评论的对话是极其困难的。这个主题从试图讨论个别城市转到对城市模式、形式、模型的反思，再转到对无形的秩序和确定城市及历史的法律的反思，从而将征服和拥有的目标推迟到无限的范围，即无法实现。在这里，有一些事情被重复并且反映在关于这些城市的故事中，这些城市融入了城市意象本身。例如，叙述被描述为曲解，迹象被描述为另一个痕迹，可见的被描述为不可见的，语言被描述为欺骗，风景被描述为重复和被压迫的复归。以这种方式，城市不可能的语言表达转回到城市的语言。

卡尔维诺的虚构城市的主题激起了城市呈现的历史中所隐含的时刻。这个城市的意象与其说是一种描绘，不如说是一种思想，即一个城市的意象无论是在神话中、在文本中，还是在城市的建筑中，都是在以社会秩序或文化思想的方式来表达自己。在这里，城市作为典型的文明社会工作场所——作为一个保护自己不受外部环境影响的场所，这种被压抑的意象以一种改变的方式回归——可以被理解为文化的具体象征。在卡尔维诺《看不见的城市》的55个故事中，在他众多城市神话的重建中，它们明显地呈现出了象征结构模式。

因此，佐贝伊德城的起源故事是一种基础的神话，① 尽管在现代版本中，关于城市创建神话的原始场景的回忆只有在初级星座中可见。例如，墙壁令人回想起城市的城墙在古代神话中的功能：一种新建立的秩序的保护带。这一秩序将自己从野蛮、荒野自然中脱离出来，从那个证明自己是英雄的屠龙手空间中脱离出来。然后在城市的内部，他作为一个有配偶的公民而被奖励，而这配偶正是他孩子的母亲。对于女性来说，这里没有女性的天性，这城墙象征着女性被分离到蛮荒中。野蛮表现在龙的意象、九头蛇、喀迈拉和其他类似的意象上。驯养的女人和她石化、僵化的存在形式被困在城墙内。因此，一方面，城墙将社会领域内的女性限制为已被埋葬的活人；另一方面，城市

---

① 参见库尔尼茨基（H. Kumitzky）*Odipus*：*Ein Held der westlichen Welt*, *Über die zerstörerischen Grundlagen der Zivilisation*（Berlin，1978），以及 K. Heinrich，“Das Floβ der Medusa”，in，*Faszination des Mythos*：*Studien zu antiken und modernen Interpretationen*, ed. R. Schlesier（Basel，Frankfurt/Main，1985）。

的指定名称佐贝伊德唤起了将女性人格化的讽喻手法。她在“巴比伦妓女”(Whore of Babylon)和“新耶路撒冷”(New Jerusalem)的两种极端之间波动,并经常出现在世俗化的神话中,以一种被征服的处女的形式、一个诱人的情妇或一个令人放心的具有保护性的母亲的形式出现。[①] 然而,佐贝伊德之城的起源可以在现代性中建立。就其长久的历史而言,一方面,城市作为对其本身并不明显的、系统的无声支持,已经预设了女性的不可见性;[②] 另一方面,城市的历史是一种对女性的渴望,一种被压抑到无意识的渴望。

在此,城市的街巷被描述为渴望重现梦境的舞台。这座城市进而成了无意识写作的场景,由于女人的缺失,人们意识到了这一象征性的转变。它的英雄已经将自己从古代的英雄转变为作者写作的主题。它象征性的生产取代了缺席的女人,这种生产现在呈现出“女性化”的特征。然而,在它自己的囚禁感中,它已经忘记了前提,忘记了女性石化和排斥的前提。因而,这个故事的要素是城市意象与女性意象之间的关系,这种关系体现在三个历史层面:城市基础的神话层面——女性的分裂、城市作为女人的寓言化层面和梦的意象层面。这些层面在现代性的城市中与女性紧密相连。

在这个故事中,城市神话的重塑可以看作是城市的结构性肖像。卡尔维诺已经在他的写作中重塑了女性的功能和地位。复制是否也有规避这个功能的效果,最终取决于阅读的角度。对于城市代表的历史,它将构成“一个时代最后可能的写作”[③],并被认为是主体表达方式的具体化。然而,卡尔维诺并没有预示一个新时代的到来。例如,在“后现代”的意义上,他宁可类似于之前的本雅明。在时间的连续统一体中,他毁灭了《乌托邦》(*Utopian*)或《启示录》(*Apocalyptic*)中创建的未来概念。然而,忽必烈汗在他的地图册中发现了“仍然没有被发现或创造的地区”以及那些受到噩梦和妖力威胁的城市。马可·波罗在最后一次谈话中回答了他,并指出了乌托邦在启发、片段或信号之外的连续时间和空间中的短暂性。他反对一种前进的历史模式,不赞同启示的概念。在这个观念下,他将现有的社会行动中的对立和分歧视为湮灭,即被遗忘的前景。根据马可·波罗所说的,地狱

① 这种讽喻的例子,亦可见 S. Weigel,“‘Die Städte sind weiblich und nur dem Sieger hold’: Zur Topographie der Geschlechter in Gründungsmythen und Städtedarstellungen,” in S. Weigel, *Topographie der Geschlechter*。

② J. Kristeva, “Die Produktivität der Frau: Interview von Elaine Boucqey,” in “Das Lächeln der Medusa,” *Alternative*, 109, 1976, p. 167.

③ J. Derrida, *Grammatologie* (Frankfurt/Main, 1974), p. 43.

形成于我们的日常生活中。从这个意义上讲，这座城市也作为一个未实现的愿望出现在卡尔维诺的作品中。

二 闲逛和作为写作场景的城市

弗朗茨·黑塞尔（Franz Hessel）在《柏林漫步》（*Spazizren in Berlin*，1929）中，将闲逛或者是漫步描述为“无固定目标的散步”，或者开始“眼睛想不到的冒险”，在此期间，“新的亲近性和距离”出现。作为一种特殊形式的解读，闲逛是阅读街道的一种形式，人脸、展示窗、商店橱窗、咖啡馆露台、有轨电车、汽车、树木由此变成了许多平等加权的字母，共同产生了单词、句子、常新的书页。舒适的漫步是不能有任何明确计划的。[①] 然而，关于闲逛或漫步的这种说法只是零星地出现在黑塞尔关于闲逛的作品中。不过与此同时，他的“书籍亘古常新”，就像第二种写作一样，是在街道阅读之外产生的。闲逛一直是一个文学概念或写作概念。在关于闲逛的写作中，典型人物往往比写作的媒介少，因为他专注于阅读城市写作，以便将其作为自己在纸上写作的主题进行模仿。为此，作为作者，他是有责任的，但他不是它的行动者或自主的创作者。漫无目的的闲逛作为一种运动，它不随着性的发展而发展，却与女性有关联。这就是女性特征被归因于闲逛的理由。另一方面，闲逛者也总是一个观察者，女人是一个他凝视或好奇的受欢迎的对象。[②]

在他的文章《超现实主义》（*Surrealism*，1929）中，本雅明把闲逛者描

---

① F. Hessel, *Ein Flaneur in Berlin* (Berlin, 1984), p. 145.

② 黑塞尔在阅读事物和人物时，将其列为同等重要的字母。黑塞尔还为一系列女性人物命名。“长腿女孩”（long - legged girl, p. 8）、“来自沃特海姆和蒂茨的小女孩”（small young girl girl from Wertheim and Tietz, p. 32）、打字员和“战后柏林女人”（post - war Berlin woman），特点是“年轻前卫”（young avant - garde, p. 37）。还有 Tanzpalast 中的“巴比伦女神”（Ladies Babylon）和“艺术复兴时期”（Renaissance, p. 50），Lunapark 中的马戏团妇女和滑稽剧中的跳舞女孩。“二手神话”（second - hand myth）的石化代表女性部分（p. 155），因为她们在房子入口的石雕上被发现，所以本雅明认为外墙和公共空间是特别重要的。在他的 Flaneur 中，西格弗里德·克拉科尔（Siegfried Kracauer）谈到闲逛行为的“超额”比邂逅独特女人更具有吸引力，这就使得街道的诱惑取代了女性的魅力。这可以在闲逛写作概念的背景下进行解释，并与克拉科尔所描述的“无益活动”（useless activity）的活动乐趣进行比较，对于他而言，这同样意味着“比女朋友或朋友更多”（than a woman or one's friends），参看他的文章“Erinnerung an eine Pariser Strasse”and“Das Schrcibmaschinchen”（1927），in S. Kracauer, *Straßen in Berlin und anderswo* (Berlin, 1987), pp. 7 - 11, pp. 82 - 86。

述为一种“世俗的启发”。这种描述是在一篇文章中发现的，他自己认为这篇文章是“拱廊项目之前的不透明屏幕”的文本，[①] 其中包含着他语言的魔力理论和历史哲学的简洁形式。“巴黎之城”在这里被描述为“物质世界中最具梦想的对象”：“没有一个面孔是超现实主义的，就像没有一个城市的真面目是超现实主义的一样。”（Ⅱ，300）对于超现实主义的实践和潜意识功能的运用，本雅明以此命名他城市的主题，写出了都市风景的梦幻结构。这不仅仅意味着城市的梦幻景观，还意味着城市意象中梦想的景象。城市的意象类似于无意识的表现形式：城市就像是迷宫、地形、网络，巴黎的街道就如同“想象力的经脉”（Ⅴ，1208）。然后，这个城市作为一个写作的场景，只能通过一种“双重意义”的方法来解读，即它的世俗和神奇意义（Ⅱ，209）。这种阅读，它了解该如何通过放弃自己的方式来解释事物的语言，这些消息在可见的形象中呈现为短暂的或辩证的意象。本雅明在他的一篇关于超现实主义的论文《读者、思想家、等待的人以及闲逛者》中提到，在所有世俗启发的形式中，闲逛者已然成为一个十分重要的人物，因为他们的活动包含了世俗启发的所有形式。

在本雅明对黑塞尔作品的著名评论中，他暗示了梦幻语言的象形文字形式。他讲到了“埃及人的梦之书”（Ⅲ，198），与克拉科尔不同，他说的是他自己的“白日做梦”。[②] 本雅明关心的是一个星座，其中他是醒着的，他放弃了梦想的工作的意象和结构。在他的“拱廊”项目中，这个范例是被唤醒的门槛，概述了已经在最初的笔记中所说的“辩证的独特体验”。而在早期的草案中，它作为“记忆行为的典范”（Ⅴ，1006，1057）而存在。一个表现他历史概念的辩证法案例得出这样的结论：“以一个梦想的强度（接受）工作，体验当下，行走世界！……每一个时代都有转向梦想、转向孩子的一面。”（Ⅴ，1006）正如与“现在的认知”相对应的是时间的结构一样，在地形方面亦是如此，过渡、门槛、通路都可以用礼仪术语来理解为礼仪之路。[③] 向往过去的目光是延伸到步行世界的梦想以及到现在为止（时间）的参考。对于本雅明来说，这是非常重要的，他的写作不同于仅仅描绘了一半的过去或梦想的东西，而是与超现实主义的城市神话区别开来。

① W. Benjamin, *Briefe*, Vol. 2 (Frankfurt/Main, 1966), p. 489.

② Kracauer, *Straßen in Berlin und anderswo*, p. 41.

③ “门槛”的概念是本雅明理论的核心，参考 W. Menninghaus, *Schwellenkunde: Benjamins Passage des Mythos* (Frankfurt/Main, 1986)。

在他的作品和阿拉贡（Aragon）的《巴黎轶闻》（*Le paysan de Paris*）之中，巴黎旅游歌剧的描述对于促进他的拱廊项目起了很大的作用：当阿拉贡坚定地站在梦境中时，本雅明关心着觉醒，将“神话”分解为历史空间（V，571）。

因此，这个城市的地形就像第三种写作一样，从神话与无意识的形象和结构的类比中浮现出来：城市的脚本形象是第三种写作，在第三种写作中，主体的文化和历史之间的对应关系被描绘出来。在本雅明从事拱廊项目的许多年间，从1927年完成早期的草稿到1940年他去世，许多独立的项目都在这个大规模的计划中具体化了。就基本星座而言，他的《1900年前后的柏林童年》（*Berlin Childhood Around* 1900）中主题的觉醒，很明显地区别于他对巴黎的不同尝试，他将巴黎视为19世纪集体觉醒的一种意象。然而，城市这个总是构成觉醒的地方，总是被解密为写作的场景。

三　复归母体之路

奇怪的是，本雅明在对黑塞尔作品的评论中，首先区分了两组不同的城市描绘。本雅明认为这两组不同的城市描绘不是图像，而是两种旅程，一种是通向远方的旅程；一种是通向过去的旅程。这种区分就如同巴黎的设计一样，一切都可归因于他的柏林书。本雅明自己已经描述了几次远途旅程，展现出了那不勒斯（1924）、莫斯科（1927）、魏玛（1928）和圣吉米尼亚诺（1929）的城市形象。[①] 然而，黑塞尔却认为，是否对一个城市的兴趣做出明确的转变，取决于其在过去的旅程中所产生的感觉。这种转变是一个结合了城市女性意象视角的正确转变。本雅明的作品中虽早已提到过城市形象，但其中却未包括女性神话。然而，在他的新闻杂文中却引用了作为城市保护神或挚爱女性的知名形象。

本雅明在读了罗马尼亚作家玛尔特·比贝斯科（Marthe Bibesco）的巴黎小说之后，写了《女神般的巴黎》（*Paris as Goddess*）作为《文献寓言》的书评，此书评出版于1928年。其中写道，如女神一般的巴黎，在“囊括了万千种形象的浩瀚书海”中，被人们致以崇高的敬意，它的美丽也因此大放光彩。关于被征服城市的历史寓言，本雅明将这部城市小说解读为一位

① 此处本雅明的城市形象，参见 P. Szondi, *Lekiuren und Lektionen*（Frankfurt/Main, 1973）, pp. 134－149。

女性："一个与大众主题相悖的老妇人形象。他们多久没有向我们展示那胜利的指挥官收到代表被征服城市的钥匙时的姿态？在这里，一颗被征服的心将它的钥匙以一种平等、雄壮的姿势呈现给这座城市的女神。"（Ⅲ，142）[①] 本雅明讽刺地宣称，在形象史上，尤其是在一个相当明确的性别领域中，为一位女性建立作者身份是一件很困难的事情。他引用了小说的一个章节标题——"一个人不娶一个城市"（On n'épouse pas une ville），并补充说："这座城就是巴黎，她最终把她自己以空军中尉的身份嫁给了它。"本雅明认为在这一标题中，将小说的女主角等同于小说的作者是一种在行为中拒绝婚姻意象角色逆转的救赎。与其说本雅明在他的城市写作中依靠这个或者是依靠与之匹配的女性意象，不如说他依靠的是他所描绘的女性在城市中的地位，以及在城市风景中所找到的与女性形态相联系的地方。

黑塞尔认为，城市小说展现了如记忆般的书写，"复归母体之路"可以被视为是《柏林童年》（*Berlin Childhood*）的纪念碑。尽管，黑塞尔实际上并没有提到童年，但是以本雅明的观点看起来像是他自己关于柏林的书的初稿：

> 《柏林漫步》是一个回声，城市告诉孩子们这个回声从幼年起，就是一部彻彻底底的史诗，就是一个记忆的回旋。一本书的记忆不是源泉，而是缪斯。缪斯女神沿着倾斜的街道缓缓地向下走去。她引导着向下，若非引向母体，那就是引向更加迷人的过去。这过去不仅仅是作者自己的过去，更是每个人隐秘的过去。

事实上，这条通向母体的记忆之路在这里被描述成向下的，就清楚地表明文本是不关心人母的。也就是说，这条通向母体的路，仅仅是一个定向的、神秘的、不可视的观点。这一方向也被表示为黑塞尔所描述的"二手神话"的典范或者亘古不变的人神形象，而本雅明现在所评定的则是那些"博学者"或"守礼者"。

---

① 参见 B. Witte, *Ein ungeschriebenes Buch lesenin Passagen*: *Walter Benjamins Urgeschichte des XIX. Jahrhunderts*. ed. N. Bolz and B. Witte（Munich, 1984）, p. 7–12。《女神般的巴黎》出版一年后，本雅明曾再次在"巴黎，镜之城"（Paris, the city of Mirrors）中使用这一主题，以书写"城与书的相互影响"。书一般的城市，书堆一般的城市，大量的书就仿佛是在宣布对城市的爱。城市的空隙就是书中无法辨认的书写。镜之城和巴黎的形象倒映在塞纳河上：在这种相互影响的不同变体中，文本将其完整地记录并呈现出来。

在回忆《1900年前后的柏林童年》中被命名为“动物花园”（Tiergarten）的这篇文章时，本雅明再一次使用了他评论黑塞尔的部分观点。黑塞尔暗指自己在阿拉贡的《巴黎轶闻》中被伪装成一位“柏林老农民”。他引导第一人称叙述者走向花园母体，在他的帮助下，“他们的话涵盖了”动物花园别墅中的女雕像柱和其他“博学者”（Ⅳ，238）。[①] 如果这里的动物花园是一个区域的自然和文化之间、城市和荒野之间、自然的神秘语言和象征世界的符号之间的多种过渡点的转变形式，那么本雅明就发现了那些被排除在城市记忆之外的地方。这些变得可视的城市，通过一种有教养的艺术在城市中迷失方向，城市也因此变得如同迷宫一般。在这种迷失方向的艺术模式下，贯穿城市的道路变成了一种阅读方式，城市景观变成了一种写作方式。在这迷失方向的城市中，被女性所占据的不同位置可以被区分开来。因此，地下区域和母体转录都可以被理解为前象征的。而女雕像柱和其他的“博学者”在象征的意义上所代表的是寓言或那些令人惊异的关于荒野或神话的记忆化身。或者，换句话说，对前象征的补充已然成为了都市秩序中的一种形象概念。这些标志就存在于上述所提到的过渡点之中。

“凉廊”（Loggias）一节位于《柏林童年》的最后一个版本的开头，本雅明将“主导我思维的”（Ⅳ，294）图像和寓言与柏林西部的庭院凉廊上的女雕像柱进行比较。作为内部与外部的门槛、“不适合居住”并且“与世隔绝的”地方，时间变得“毫无意义可言”，在城市的地形分布中，凉廊是属于童年记忆的一种变体的拱廊。它被女雕像柱所支撑，寓言在石头中呈现出质料形式。事实上，值得注意的是，黑塞尔发现的那些“博学者”“女雕像柱和地图，小天使和女神”都是被给予了特殊关注的女性意象。这一理论与本雅明对黑塞尔的评论中所提到的事实相符，即他已经从以上提到的对“男性守护神”的列举转向了“守礼者”的女性形式。因此，他将焦点从黑塞尔的“二手神话”转移到形式在写作中的意义，从而阐明了我们文化中的寓言化叙述主要是利用了女性的象征性。[②] 在《1900年前后的柏林童年》中，女雕像柱所面对的那些石头形式虽然不能被算入“博学者”，也不属于人神的形式，但这些石头形式又必须被考虑在内，如“动物花园”

---

① 参见 Belin Childhood，A. Stüssi，*Erinnerungen an die Zukunft*：*Walter Benjamins Berliner Kindheit um Neunzehnhundert*（Göttingen，1977）。

② 关于女性寓意的现象，见 Weigei，“*Die städte sind weiblich und nur dem Sieger hold*”：*Zur Topographie der Geschlechter in Gründungsmythen und städtedarstellungen*。

中的代表人物弗里德里希·威廉国王（Friedrich Wilhelm）和路易丝王后（Queen Luise），或在胜利专栏顶端的“光辉的维多利亚”以及统治和政治权利的寓言。

然而，本雅明在作品中再现这些人物的象征性功能之前，他不得不告别他的自传体风格，这种自传体风格仍显露在《柏林童年》的初稿中，以及他1932年在伊维萨草写的《柏林纪事》（*Berlin Chronicle*）中。[①] 在《柏林纪事》中，一个以自传形式描述的生活史模型仍然可以与早已在此建立的地域观念相匹敌，这种观念是以主体记忆的方式表现出来的。[②] 将记忆作为一个位置（Ⅵ，486），同时将迷失的图景作为一个迷宫，它所涉及的城市就如同我涂在练习簿吸墨纸上的迷宫一般（Ⅵ，469）。然而，这个迷宫的图案仍然被用作家谱形式，即不同人相互交往的图解方案（Ⅵ，491）。在《柏林童年》的修订版中，这种将人际关系具体化为对生活史的叙述的自传体观念，是退居到意象地域化和记忆踪迹化的表现。与此同时，世纪之交的资产阶级童年之范式背后的传记和语言表现为：“这些意象……大城市的经验在资产阶级的孩子间沉淀下来。”正因如此，本雅明才将其放入《柏林童年》的修订本前言中。[③]

然而，不仅角色的表现方法发生了变化，角色的地位也发生了变化。在诸如母亲、祖母、女友、女教师或市场女性等具体人物出现的地方，她们在文本中的意义被不知不觉地加入了象征性。同样，对于本雅明来说，语言的符号方面也有一种闪烁的神奇意义，所以在这个讲述童年的文本中，这些人物也被赋予了象征意义。作为居住在记忆场景中的人，他们与其他意象和形式一起占据他们的位置。艺术作品、想象和神话的形式、石头的和被幻想出来的女神，都被赋予了与第一人称叙述者童年时代的具体人物同等重要的地位。几乎没有必要强调，这里的重点是女性人物。

因此，“动物花园”中所引用的阿里阿德涅（Ariadne）就如同引导英雄

---

① 这不是说本雅明同意这里提到的错觉，也就是一种“写作的人生”。总是避免使用“我”的作者在此认为，“主语这么多年来一直隐藏在背景中，其自身也不太容易被放到前面”。并且他说，“要注意代表‘我’的主语不需要深入探究”（Ⅱ，476）。参见本雅明早期的从1913年开始的“Metaphysik der Jugend”的日记中说到的“加入退位的宝座”（Ⅱ，101）。M. 施耐德（M. Schneider）从他的20世纪的自传式文本的伪装部分的研究中讨论了《柏林童年》。参见 *Die erkaltete Herzensschrift*: *Der autobiographische Text im 20. Jahrhundert*（Munich，1986）。

② 见 *the formulation* “*Lebens – Bios – graphisch*”（Ⅵ，466）。

③ W. Benjamin, *Berliner Kindheit um Neunzehnhundert*（Frankfurt/Main, 1987）, p. 9.

穿过迷宫的阿里阿德涅一般，确实是一种青年早期的爱，他的名字——路易斯·冯·兰道（Luise von Landau）——如同在“两幅谜一般的景象”中所描绘的那般，一个有魔法的记忆踪迹就此产生（*Zwei Rätselbilder*）。于是，那个住在“斯德格利兹尔街与根蒂纳尔街交会处的街角”上的带有凸窗房子里的姑妈，作为一个记忆的守护者出现了。在这段记忆中，有一些早已存在的村庄和宗族的名字被保留着。年轻人在“豪华之家”（*hochherrschaftlich*）中知道的“唯一的大城市”（*weltbürgerlich*）就是被描述成“祖国”的祖母之家。关于它所传递的安全感以及在殖民主义的意义上，它是作为一个安全的出发点而存在的。对于祖母在许多旅程中到过的地方来说，男孩出现的地方就好像她自己家的殖民地或居住地。祖母们对这些“殖民地”的占有，是卡片意象与写作之间所呈现的关系象征：大的、令人愉悦的笔迹画出脚下的图案或者组成天空中的云朵，向他们展现出他们全都住在被祖母所占有的布鲁门贺夫的殖民地上。[①]

“市场大厅”可以被解读为一个与此相反的意象。在这里，市场大厅变成了一个神话般的、极具生育能力和淫荡的意象。在充满了水果和食物的市场中，女人们拖着肥壮的身体，缓慢地向前移动，这一描写展现了一个丰富的图景，她们忠诚地投入自己的子宫。这样贪恋女性身体和食物的并存表现，在财富上就是强调连接生产力和色欲的虚幻意象。从这里距离那些站街妓女们的地方，再到那个承诺能够摆脱母亲统治的地方是不远的。也就是出于这个原因，这些街道也被称为“拉皮条”（*kupplerisch*）。与这些意象相比，保姆是通过她的声音被回忆起来的。事实上，当冬天的早晨，她用“我”房间里的东西使“我”熟悉起来时，这种从被扰乱到逐渐清醒的情况就显得很有意义了。[②]

但是，在文本中，母亲的形象呈现出多方面的意义。她不断地加入与亲近、距离、权力和无力有关的记忆意象。很显然，这种利害关系不仅与作为“母亲”的个人有关，还与“母亲”这个词是被用来描述神秘的地方有关。天体分配给母亲的领域还给出了另一个神秘的意义，例如对父母卧室角落的描述。母亲的晨礼服挂在窗帘后面的“黑暗角落”，“窗帘门后面的黑暗是深不可测的，在角落里的是半透明的低劣吊灯架，它在我母亲的衣帽间里向我展现它自己。……这就是曾经在纺车中占有一席之地的、古

① W. Benjamin, *Berliner Kindheit um Neunzehnhundert* (Frankfurt/Main, 1987), p. 50.

② W. Benjamin, *Berliner Kindheit um Neunzehnhundert* (Frankfurt/Main, 1987), p. 29.

老的、神秘的编织咒语，现在分成了天堂和地狱"①。这样类似的描述是母亲的"缝纫盒"，它分为"井然有序的上层"和"黑暗混乱的下层"。在盒子里，那"臭名昭著的诱惑"是为了满足幼稚的渴望、发现欲和破坏欲，即想要用手指捅破粘贴在新棉卷轴上并覆盖在下面中空空间的装饰纸，然后去感受那被捅破的洞的诱惑。在其他场景中，那种幼稚的渴望是为了征服而采取的一种起始仪式。像这样的情况，例如，"蝴蝶狩猎"被描述为从模仿、适应到追求人类生存的变化，或在"孔雀岛和格灵尼克"一节中，象征性地把拥有新地域的青春回忆和征服失败的损失描述为"第二祖国"沦丧。

显而易见的是，在描述本雅明作品的整体创作方式时，在城市地形意象和记忆痕迹的文本中，女性与城市之间的类比并不是他再现的。在这个地形中的女性特征——写作中的女性化符号，呈现出的一系列幼稚的、原始的场景中，产生了女性意象的视觉和符号功能。

通过比较文本的最终版本和早期版本的多种不同，可以看出本雅明对材料取舍的精确度。在修订文本的过程中，他撇开意象，仅仅把女性功能作为隐喻，从而引起对描述对象的性别化。例如他对火车站的隐喻渲染，将安哈尔特火车站作为一个"母性的铁路洞穴"(Ⅳ，1；246)或者是食物储藏室，通过性的隐喻来描述"啃食"，以及在品尝后重新开始的"童贞"(Ⅳ，250)。文本进一步遗漏那些在街上狂欢的场景，城市的妓女和迷宫对性的开放不仅归因于犹太作家在法西斯主义背景下的情况，② 还因为这些意象被本雅明用在他自己的另一本城市作品——《拱廊街计划》(*Passagen Werk*)中。这部作品是献给正在觉醒的集体的，在此，妓女作为城市拱廊的居民再次出现。

妓女在这里被理解为一种现代性的象征。事实上，在卖淫中，妓女对商品的恋物癖特征是最明显的。女性意象的美、欲望和快乐的具体化形成了一种女性的光环，当它与作为妓女的女性的物品特征发生正面冲突时，就会逐渐显露出来。当女性在这种语境下作为一个象征被描述时，她已不

① W. Benjamin, *Berliner Kindheit um Neunzehnhundert* (Frankfurt/Main, 1987), pp. 62 - 63.

② 《柏林童年》的个别部分分别在1932年12月和1934年8月开始出现在法兰克福的报纸和霍氏日报上，1933年5月之后本雅明用了一个假名。肖勒姆建议本雅明不要出版"性的觉醒"(Awakening of Sexuality)这部分，不仅仅是因为当时在犹太教与性之间的爆炸性联系。更多的段落和主题在修订的过程中被删除，这些被删除的部分被本雅明用在了他的其他的作品中，例如，《关于摄影》、《论语言学理论》和《论冲击》。

再是一种在意义上简单描绘的功能形式，而是一种在意义上具有分解性的代表功能，即伴随着传统寓言的表达。本雅明假设了有机体的贬值，尤其是妓女这种作为商品而存在的人的贬值。当女性“在大城市中卖淫……女人自己也就变成了大批量生产的物品”（Ⅰ，668）。因此，对于本雅明来说，女人并不是现代性的象征，因为她包含现代性，但是伴随着现代商品世界的浪费与破坏，生活质量不断下降的现象与日俱增。我们“把妓女作为完全满足寓言感知的商品来分解寓言的外观……这是被完全实行的投资”。[①] 在这方面，本雅明还在《拱廊街计划》的纲要中写道，“女人和死亡的意象贯穿于巴黎的第三部分”（Ⅴ，1233）。[②] 以女性与城市之间的类比为基础来分析有机体的破坏，先前是通过寓言来分析，而今则是通过商品来分析。

如果将卡尔维诺的书拿来进行比较，就可以很清楚地看到，本雅明和卡尔维诺，在关于女性神话上都实践了解构主义的写作形式。[③] 但是，他们却区别于彼此，因为卡尔维诺在想象的领域中已不再宣称他那“看不见的城市”，而是指向了真实。本雅明则在他的被扩展的写作概念中包含了事物的语言，他在超现实主义的文章中通过自己的构想来描绘一个历史的轮廓，去寻找一种破译视觉的效果和净化心灵的方法。

（译者单位：北京第二外国语学院跨文化研究院）

① W. Benjamin, *Briefe*, vol. 2, p. 752.

② 毕西 - 葛鲁斯曼（Buci - Gluckmann）的女性魅力研究表明，由于作家对男性的过分强调和对乌托邦式的阅读方向的引导，作为一个现代性的寓言，符号和女性的隐喻意义在本雅明的作品中表现得很糟糕。参见毕西 - 葛鲁斯曼《瓦尔特·本雅明和女性的乌托邦》（*Walter Benjamin und die Utopie des Werblichen*, Hamburg, 1984）。

③ 破坏在本雅明的建筑理论中被记录为后者的先决条件。参见本雅明的《拱廊街计划》的相关条目（Ⅴ，587）。

怀疑和探索：汉姆莱特性格的悲剧意义

袁宪军

摘　要：本文通过对汉姆莱特“To be, or not to be”所隐含的意义之哲学挖掘和文本分析，揭示汉姆莱特性格中的怀疑倾向和探索精神所折射的悲剧意义。笔者认为，汉姆莱特从第一个独白的伊始，就表现出对事物极强的怀疑心理和弄清事物真相的探索精神，他著名的独白“To be, or not to be”承载的不仅仅是对生存意义的怀疑中的生死选择问题，而且还是作为一个人文主义者延续古希腊哲人本体论探索的传统，对事物存在和本质的思考。汉姆莱特在怀疑和探索过程中所表现的忍受痛苦和折磨的勇气，折射出人的德性和悲剧的意义。

关键词：汉姆莱特；to be, or not to be；怀疑；探索；悲剧意义

“那边是谁?”《汉姆莱特》的第一句话是这样开始的。这是替值卫兵的问话。然而，一个简单的问话在当职卫兵却变成一个否定和一连串的三个命令：“不，你先回答我；站住，告诉我你是什么人。”（I，i，2）① 甚至在对方回答了口令后当职卫兵仍然心存狐疑，不敢确定对方的身份，随后追问了一句“勃纳陀?”不但如此，开始短短的十几句话里接二连三地出现了问话。这样的开始，为《汉姆莱特》确定了一个贯穿始终的基调：对事物的怀疑与不确定，以及在怀疑中对事物的探索。卫兵的问答，表现出在惊恐中求得平静，在狐疑中求得确凿，在动荡不安的环境中求得安定之努力。此外，在开场的几句对话中我们得知，时间是午夜，而且天气冷得厉害，

① 本文中《汉姆莱特》的引文均出自 *Complete Works of William Shakespeare*, The Alexander Text (Glasgow: HarperCollins, 1994)，译文多采用朱生豪译本，有些译文不能准确传达原文意义时，引用原文，并根据语境自译。

黑暗和阴冷的氛围让人们内心中感到很不舒服，再加上近日来露台上鬼魂的出没，卫兵们风声鹤唳、噤若寒蝉也就顺理成章了。

吉诺·玛替奥认为，《汉姆莱特》就是以疑问的语气写成的，而且它的主题之一就是在一个任何事情都不能确定的世界里追求确定性。① 然而，既然这个世界是由不能确定的、令人怀疑的事物构成，那么人们又怎能对事情确信无疑呢？甚至，人们感到确定的事物，只不过是暂时的，只不过是对自己不确定心理的自我安慰罢了，也就是蒙田所说的"确定的印象是愚蠢和极端的不确定性的某种标志"②。这里，疑问的开场在更深的一个层次上是认识论的。午夜象征着社会的黑暗，③象征着宇宙的神秘，而社会的黑暗和宇宙的神秘又暗示着人的生存环境以及人在这样的生存环境中的行为和努力的无效性。在茫然混沌中要追问事物的真相，探索事情的原委，结果只能是茫然混沌，而人生的悲剧意义，也在于这无为的探索、追寻。

汉姆莱特的形象是在疑惑中探索真相、在茫然中追寻确定性的集中体现。在混乱中追寻秩序、在茫然中探索确定、在面对困难和折磨时表现出勇气和高尚的情操，这正是悲剧的精神所在。汉姆莱特一出场就提醒了观众戏剧开始的氛围：汉姆莱特"身着黑衣"，暗示的不仅是他自己的生存环境，而且还是丹麦王朝的黑暗以及事物的混沌状态。他第一段独白的开始，隐隐约约暗示我们他要在混沌中追寻清明的愿望："O that this too too solid flesh would melt, / Thaw and resolve itself into a dew!"［啊，但愿这一个太坚实的肉体会溶解，消散，化成一堆露水！（I, ii, 129 - 130）］批评家一般把这句话解释为汉姆莱特宁愿死去也不愿意活在这个罪恶肮脏的世界，后面紧接着的两句话更明确地表达了这一层意思："Or that the Everlasting had not

① Gino J. Matteo, "*Introduction*" *to The Tragedy of Hamlet*, *Prince of Denmark by William Shakespeare* (New York: Airmont, 1963). Pascal 讲到不能得到确切的知识时说道："我们在一个浩瀚的地方航行，在不确定中不停地漂泊，被从一端驱向另一端。当我们意欲在任何一点驻足停下时，这个点就飘忽不定并且离开我们；如果我们跟随着它，它就从我们身旁滑过去令我们抓不住它，并且永远消失。"［Pascal, *Pensées*, in Mortimer J. Adler (ed.), *Great Books of the Western World*, Vol. 30, 2nd ed (Chicago: Encyclopaedia Britannica, Inc., 1990), 183］

② Montaigne, *Essays*, Bk 2, in Mortimer J. Adler (ed.), *Great Books of the Western World*, Vol. 23, 2nd ed (Chicago: Encyclopaedia Britannica, Inc., 1990), 301.

③ 传统认为，《汉姆莱特》所揭示的社会黑暗这一主题，主要反映在克劳迪斯弑兄娶嫂所导致的道德沦丧，道德沦丧致使社会混乱，以至于挪威年轻的王子福丁勃拉斯磨刀霍霍意欲趁乱进攻丹麦夺回他父亲输给汉姆莱特的父亲的国土。戏剧的开始弗兰西斯科说"I am sick at heart"，暗示了社会黑暗的根源：丹麦王国的心脏患了重病，而且这心脏的疾病会导致丹麦王国生命的结束。

fix'd / His canon 'gainst self - slaughter. O God! God! / How weary, stale, flat, and unprofitable, / Seem to me all the uses of this world!" ［或者那永生的真神未曾制定禁止自杀的律法！上帝啊！上帝啊！人世间的一切在我看来是多么可厌，陈腐，乏味而无聊！（I, ii, 131 – 33）］① 然而，歧义性是汉姆莱特语言的特点，而汉姆莱特语言的歧义性，暗含着人类对存在、对事物的认识过程。"solid" 一词是对开本所用的词，而更早的 Q1 和 Q2 版本所用的是 "sallied"，它的本意是 "sullied"②。其实，我们完全可以认为莎士比亚为汉姆莱特在这里的独白选用 "sallied" 一词是有深意的，它是一个双关词，是 "solid"（坚固的）和 "sullied"（被玷污的，肮脏的）两词的结合，凸显了汉姆莱特的语言特点。第一句的结尾 "a dew" 与 "solid flesh" 相对立，应该为 "一滴清露"，既与像泥土一样坚实而不易消融的肉体接应，又是纯洁无瑕的隐喻。这样，第一句的意义也可以解释为汉姆莱特在黑暗里探寻光明、把混沌化为清纯的愿望。他的话重申了约伯的名言："人为妇人所生，日子短少，多有患难；……谁能使洁净之物出于污秽之中呢?"（约伯记，14：1，4）汉姆莱特试图找出混沌污浊的根源，发现 "那是一个荒芜不治的花园，长满了恶毒的莠草"（I, i, 135 – 137）。他似乎把根源追寻到女人的脆弱（I, i, 146）和他母亲的肉体。因为他母亲清渚白沙盲不辨，③混淆了 "天神与丑怪"（I, i, 140）、"高山" 和 "泥沼"（Ⅲ, 4, 66 – 67）、爱情和肉欲，把 "污秽的猪圈"（Ⅲ, iv, 94）当作 "上天的床第"（I, v, 56）。

---

① 例如 A. C. Bradley 说道，汉姆莱特这个独白的前九行表现了他 "对生命的厌烦，甚至对死亡的渴望"，只是宗教戒律使他没有自杀。［*Shakespearean Tragedy*, 2nd ed.（London: MacMillan, 1929）, 117］

② 莎士比亚在其他场合也用 "sally" 作 "sully" 讲，例如《汉姆莱特》第二幕第一场 40 行 "You laying these slight sallies on my son" 和《爱的徒劳》第五幕第二场 352 行 "pure as the unsallied lily"。一些学者认为，从上下文看 "solid" 一词明显更为适合，而且有很多证据证明莎士比亚喜欢用该词，例如《亨利四世》第二部第三幕第一场 48 行 "……the continent, Weary of solid firmness, melt itself Into the sea"。S. Warhaft 认为 "solid" 一词符合忧郁症的气质特点。与忧郁症气质（melancholy humour）相应的元素是土，在血液方面表现为凝结，所以治疗忧郁症的方法是把土溶（melt）于水，水再融化（resolve）为蒸汽。而且在汉姆莱特的独白里，"solid" 已经暗含于 "flesh" 一词。但是有很多学者选用 "sullied" 一词，例如 H. H. Furnessl、Edward Dowden、Dover Wilson 等。显然，"sullied" 的含义比 "solid" 更为广阔且深刻。因为母亲的再婚使汉姆莱特的肉体受到玷污，也是这一段独白的重要母题。至于 Q1 和 Q2 中出现的 "sallied"，Dover Wilson 认为是 "sullied" 的拼写错误。［*The Manuscript of Shakespeare's "Hamlet"*（Cambridge: Cambridge University Press, 1934）307 – 315］

③ 僭用秦观《金山晚眺》诗句 "清渚白沙茫不辨"。

探寻的结果令他五内俱裂。他母亲的污秽之躯，再难回归“一滴清露”，约伯的“谁能使洁净之物出于污秽之中呢?”这一问题，约伯自己早已有了答案：“无论谁也不能。”（14：1，4）汉姆莱特独白伊始“但愿”（would）一词已经清楚地表明这一点，“明烛重燃煨烬灰，寒泉更洗沉泥玉”也只能是个愿望，而且是个令他痛苦的愿望。

怀疑的态度和在怀疑中进行探索的精神，是汉姆莱特的人格特点。汉姆莱特在听了鬼魂向他讲述的谋杀之后，发誓要记得鬼魂命令他复仇的话，并且“故意装出一副疯疯癫癫的样子”（I，v，180），伺机复仇。但是，他怀疑他“所看见的幽灵也许是魔鬼的化身，借着一副美好的形状出现”，要把他“引诱到沉沦的路上”（Ⅱ，ii，594－595，599），所以他不能马上采取行动，而是要探个究竟，借着伦敦戏班的演出，探查鬼魂所讲的谋杀的真相，并要“探视”他叔父克劳迪斯的“灵魂深处”以及“发掘国王内心的秘密”（Ⅱ，ii，593，601）。他探查的方法卓有成效，克劳迪斯如同他所想的那样露出惊骇不安之态。但是，探明克劳迪斯“杀死了我的父亲，奸污了我的母亲，篡夺了我的嗣位的权利”（Ⅴ，ii，64－65）并没有使汉姆莱特立刻采取行动复仇雪耻，反而使他痛苦的心灵雪上加霜，执意要他的母亲在混沌中分清“天神”与“丑怪”，在乱伦中理出家庭的秩序。汉姆莱特“在一个现象界探询事物的本质，然而存在却从现象中剥离出去”①。浊流中的明月毕竟成不了当空的明月，最后他只能把这一切归诸命运注定：“一只雀子的生死，都是命运预先注定的。”（Ⅴ，ii，215－216）悲剧总是呈现不可避免的力量，即必然性与自我意识对必然性的反抗之间的冲突，可是胜利者总是必然性。无奈，只能默然忍受。汉姆莱特的默然忍受凸显了他悲剧英雄的本色。“英雄在他纯粹的消极的态度中达到了超越他生命的最高积极性。”②

汉姆莱特最大的疑问和最深刻的探索，表现在他“To be，or not to be”的问题，这个问题是自古希腊以来哲人们最为关心的问题，也是回避不了的问题。巴门尼德提出了 being 的概念，柏拉图在《巴曼尼德斯篇》和《理想国》对它进行了深邃而费解的阐发，声称只有普遍的存在才是 being，而感官感知的事物既是 being 又不是 being。亚里士多德在《范畴篇》《正位篇》和《形而上学》对之系统而全面的论述，确定了它在哲学上的位置。亚里士多德把哲学的对象界定为“being qua being”，并且引入了十个范畴的

① Harry Levin, *The Questions of Hamlet* (Oxford: Oxford University Press, 1970), p. 69.

② 尼采：《悲剧的诞生》，周国平译，生活·读书·新知三联书店，1986，第 36 页。

being，从此，整个西方哲学可以说是围绕着对 being（即事物的本体和本质）的探索而发展的。诚然如是，海德格尔认为，到他那个时代为止，“What is Being?”这一问题仍然没有一个明确的答案。如果说汉姆莱特的“To be, or not to be”是对事物的本体和本质的询问，从这一段独白来看似乎生拉硬拽，但是我们记得汉姆莱特在此前遇见罗森克兰兹和基腾史登时的感慨：“What a piece of work is a man! How noble in reason! How infinite in faculties! in form and moving, how express and admirable! in action, how like an angel! in apprehension, how like a god! the beauty of the world! the paragon of animals! And yet, to me, what is this quintessence of dust?”（人是一件多么了不得的杰作！多么高贵的理性！多么伟大的力量！多么优美的仪表！多么文雅的举动！在行为上多么像一个天使！在智慧上多么像一个天神！宇宙的精华！万物的灵长！可是在我看来，这一个由泥土构成本质的人又是什么呢？）（Ⅱ，ii，301－307）传统上我们认为这几句话典型地反映了汉姆莱特的人文主义思想，是汉姆莱特对人的赞颂，最后一句则暗示汉姆莱特认识到人类的局限性：人可以“像”一个天神、“像”一个天使，但毕竟不是天神、不是天使。[①] 当我们把“What a piece of work is a man... what is this quintessence of dust?”与“To be, or not to be”的问题以及整个悲剧的基调联系在一起时，我们不难发现它同“To be, or not to be”的问题一样，是贯穿整个悲剧的探询，它涉及人的本体和本质，涉及人的本质属性和偶然属性。[②] 而且这一探询在最后一段独白之后仍然回荡，甚至还在《李尔王》（*King Lear*）和《麦克白斯》（*Macbeth*）中回荡不止。如果说汉姆莱特对人的赞颂重复了索福克勒斯在《安提戈涅》（*Antigone*）的合唱中对人类作为奇迹中的奇迹，通过自己的创造控制着整个世界并且有能力应付除死亡之外任何困难的话，那么“What a piece of work is a man... what is this quintessence of dust?”和“To be, or not to be”的问题则复述了《旧约》中“What

① 传统上，最后一句话以及紧接着的两行常常被认为是汉姆莱特忧郁症的特征：这么了不起的杰作已经不能引起他的兴趣，女人也不能引起他的兴趣。

② Harry Levin 认为，《汉姆莱特》开始的“Who's there?”可以看作是在虚无中对上帝的证明之形而上学拷问［*The Questions of Hamlet*（Oxford：Oxford University Press，1970），21］。再如，汉姆莱特在罗森克兰兹问他普隆涅斯的尸体在哪里的时候说道：“The body is with the King, but the King is not with the body”（他的身体与国王同在，可是那国王并不和他的身体同在；Ⅳ，ii，26－27）。汉姆莱特仍然是做本体论的思考：存在是否真实？而且他接着的一句话“The King is a thing ...of nothing”（Ⅳ，ii，29）更明显地回响着古希腊的形而上学探索。

is man, that thou art mindful of him?”（人算什么，你竟眷顾他？Psalms：8：4）这一古老的焦虑。① 努力“探索、理解人类的本质或者基本的人类状况”同时肯定“人类精神的尊严和人类生命的价值”是悲剧所承载的重大意义。② 而且，汉姆莱特对人的本质进行思考，不仅区别了人类与其他动物，而且还表现了人的尊严和德行。帕斯卡尔说道：“显然，人生来就是要思考，思考是人的全部尊严和全部优越性；人的全部责任就是如他应该的那样思考。而且，思考的次序是从自身开始，伴随着人的创始和结束。”③

古希腊的哲人，尤其是柏拉图和亚里士多德，在试图给“being”所涉及的问题给出答案后，一个终极的问题仍然存在：说某事物“is”或者“is not”，这意味着什么呢？我们在弄明白了某事物是一个人、是活着的或者是一个物体，我们仍需思考：该事物为该事物、该事物是活着的，那又意味着什么呢？同样，汉姆莱特“To be, or not to be”不仅是存在的形而上学问题，还涉及“being”的意义的问题。“being”的意义，不只是它作为一个词语、一个概念的意义。伯克利在谈到这个问题时说道：“要建立一个真实可靠的知识之坚实的基础，最为重要的是清楚地解释事物（thing）、实在（reality）和存在（existence）的意义，因为，如果我们不能清楚地解释它们的意义，我们就必将陷入对事物真实存在的争论，或者假装有了任何知识。”④就汉姆莱特

① 人是什么？这一问题不乏哲人智者的答案和定义。不论亚里士多德所谓的政治动物也好，还是马克思所谓的生产关系的总和也罢，我们总是觉得答案还缺点什么。人类认识到自己的优越伟大，正如汉姆莱特所言，也清楚自己的软弱渺小，所以从未停止追求比自己更伟大的事物。我们询问人是什么、人从哪里来、人到哪里去，暗示着人类本性的两方面：人的知识和无知以及人的伟大和悲苦。帕斯卡尔说道：“人本质上是什么呢？与无限相比根本不算什么，与虚无相比又是全部，处于虚无与一切之间。既然他决然不能理解极端的事物，事物结尾和起始皆对他隐藏，令他毫无希望地觉得它们是不可透视的秘密；他同样不可能看透他由其造就的虚无，也洞视不了他被其吞噬的无限。”［Pascal, Pensées, in Mortimer J. Adler (ed.), *Great Books of the Western World*, Vol. 30, 2nd ed (Chicago: Encyclopaedia Britannica, Inc., 1990), 182］人既不等同于兽类，又不处于天使的水平，且人必须而且能够认识到这一点，这就是人类的不幸与壮丽。帕斯卡尔还说道：“人类知道人是不幸的。他因此而不幸，因为他就是这样；他因为知道自己的不幸而更加伟大。”（同前，242页）《汉姆莱特》所呈现的悲剧精神也在于这一点。

② Dorothea Krook, *Elements of Tragedy* (New Haven: Yale University Press, 1969), p. 14.

③ Pascal, *Pensées*, in Mortimer J. Adler (ed.), *Great Books of the Western World*, Vol. 30, 2nd ed (Chicago: Encyclopaedia Britannica, Inc., 1990), p. 200.

④ Geoge Berkeley, *A Treatise Concerning the Principles of Human Knowledge*, in Mortimer J. Adler (ed.), *Great Books of the Western World*, Vol. 33, 2nd ed (Chicago: Encyclopaedia Britannica, Inc., 1990), p. 430.

而言，他所要探索的是人生的意义、复仇的意义，以及其他诸多行为和事物的意义，甚至所发生的一切是必然的还是偶然的。① 所以他首先提出“默然忍受命运的暴虐的毒箭，或是挺身反抗人世的无涯的苦难，在奋斗中结束了一切，这两种行为，哪一种是更勇敢的?”（Ⅲ，i，57－60）。他的思索没有结论。如果说“挺身反抗”能够解除“无涯的苦难”，那么“哪一种是更勇敢的?”这个问题就毫无意义，这是显而易见的。再者，“默然忍受”和“挺身反抗”都是勇敢的，“勇敢本身是高贵的，因而勇敢的目的也是高贵的”②。或者说，在他看来，这两种行为哪一种更勇敢都没有意义，因为归根结底，人都要死亡：“亚历山大死了，亚历山大埋葬了，亚历山大化为尘土；人们把尘土做成烂泥；那么为什么亚历山大所变成的烂泥，不会被人家拿来塞在啤酒桶的口上呢?”（V，I，202－206）恺撒生前是何等的英雄，但是恺撒死后，他尊贵的尸体同样变成泥巴，让人家拿来补填墙上的漏洞，替人挡风遮雨。（V，I，207－210）思考“being”等于思考“non－being”，“being”和“non－being”之间的关系是对立的，也是“becoming”，而“becoming”既可以说是“being”又可以说是“non－being”。由泥土构成本质的人，终了还是回归泥土。人和泥土既彼此区别，又互为他物，它们的进一步规定，是相互过渡到对方。除了我们无法绝对地确定事物是“存在”还是“不存在”之外，而且在一定意义上所谓的“to be”在另一种意义上可谓“not to be”。我们在讨论being的意义时，很容易从事实转向虚构，从想象转向现实，或者从真理转向谬误。无外乎汉姆莱特极尽一切所区分和确定的“to be”和“not to be”、“天神”与“丑怪”、“高山”和“泥沼”，被他母亲葛特露的性行为不加任何区别地混淆合一。汉姆莱特

---

① 柏拉图对being和becoming的区分，导致了我们判断事物时对理念世界和可感知世界、本质和存在、确定性和或然性以及必然性和偶然性的区分。亚里士多德说道，智者派认为偶然的事物与non－being相关，可以从存在的事物通过一个过程形成并消亡但偶然的事物并非如此这一事实得到证明。［Aristotle, *Metaphysics*, in Mortimer J. Adler (ed.), *Great Books of the Western World*, Vol. 7, 2nd ed (Chicago: Encyclopaedia Britannica, Inc., 1990), p. 593］

② Aristotle, *Nicomachean Ethics*, in Mortimer J. Adler (ed.), *Great Books of the Western World*, Vol. 7, 2nd ed (Chicago: Encyclopaedia Britannica, Inc., 1990), 361. 有意思的是，汉姆莱特的“默然忍受”和“挺身反抗”都是being的方式，但是“挺身反抗”的结果却是non－being。

已经认识到“being”和“non - being”之间的辩证关系，[①]在“默然忍受”和“挺身反抗”不能抉择。他把他的父亲比作一位天神，可是又说道：“the sun breed maggots in a dead dog, being a god kissing carrion”（要是太阳能在一条死狗尸体上孵育蛆虫，那么它就是一个亲吻臭肉的天神）（Ⅱ，ii，182）。甚至他在与奥菲利亚的对话里同样把两种对立的存在方式合二为一：“Get thee to a nunnery”（“进尼姑庵去吧”；Ⅲ，i，121，138）。“尼姑庵”是女性潜心修行、永葆童贞的地方，但是在莎士比亚时期的英语俚语中，“nunnery”又是“青楼”“妓院”之意，是女性淫乱放荡之所。尽管如此，汉姆莱特自我意识中决然难以接受自己的母亲用行为表现出的对立事物的相互过渡。由泥土构成的肉体已经无法化为一滴清露，母亲的行为，使他再次受到玷污。怨不得他有心“用一柄小小的刀子……清算自己的一生”（Ⅲ，i，75 - 76），[②] 只是疑惑的心理机制和探索疑惑的心理冲动，加上潜意识中生存的本能，使他不能这样轻率地了却此生。

然而，摸索难得心结开，汉姆莱特对于一柄刀子能否清算自己的一生也持有疑虑。至此，汉姆莱特的本体论探索变成了一个生与死的问题，而且思路从形而上学转到了伦理学。如果人死了之后“心头的创痛”以及

① 在柏拉图的《理想国》中，苏格拉底使格劳东承认：being 是知识（knowledge）的范围或对象，而知识就是对 being 的性质之认知。接着，苏格拉底又让格劳东认识到 being、non - being 和 becoming 与知识、无知和观点（opinion）的相互关系：“如果观点和知识是不同的能力，那么知识和观点的范围就不可能是同样的，观点的对象肯定是其他的什么。”观点的对象不可能是 non - being，因为“无知被认为是 not - being 之必然的相对物”。既然观点处于知识和无知之间而与 being 和 non - being 均不相干，苏格拉底因而得出结论：“如果任何事物同时既是又不是，那么这个事物也会出于纯粹的 being 和绝对的 not - being 之间。”而与之相关的能力“既不是知识又不是无知，而是它们之间的某物”。这“中间的变动”或曰“许多和变量的区域”，就是 becoming 的范围。[Plato, *The Republic*, in Mortimer J. Adler (ed), *Great Books of the Western World*, Vol. 6, 2nd ed (Chicago: Encyclopaedia Britannica, Inc. , 1990), p. 372] 亚里士多德在这一点上似乎同意柏拉图的观点。他说道，变化同样参与 being 的性质和 not - being 的性质。埃利亚学派（the Eleatic）认为，所形成的事物之形成，或者源自所是（what is）或者源自所不是（what is not），这是不可能的，原因是，所是不可能形成（因为它已经是了），自所不是不能形成任何事物。亚里士多德同意这种说法，但有一个条件，这就是：“being”和“not - being”被看作是没有规定性的。一旦“being”和“not - being”有了规定性，那么一个事物就可以自所不是形成。这一规定性就是亚里士多德所确立的 being 的两种方式——潜在性（potenciality）和实在性（actuality）。[Aristotle, *On Generation and Corruption*, in Mortimer J. Adler (ed), *Great Books of the Western World*, Vol. 7, 2nd ed (Chicago: Encyclopaedia Britannica, Inc. , 1990), p. 413 - 415]

② 记得加缪曾说过，只有一个问题是严肃的，那就是自杀。确定生命是不是值得活下去，就是探索最基本的哲学问题。

“其他无数血肉之躯所不能避免的打击”都可以消失殆尽，那真是求之不得的（Ⅲ，i，61－61）。可是，人死之后还会做梦，而且究竟会做些什么梦，这也是汉姆莱特的疑惑。① 真是欲登天兮云盘盘，欲御风兮无羽翰。他进行思索，他想获得对事物的知识，产生自己的观念，然而，人们之所以遭受折磨，是因为他们对事物的看法，而并不是因为事物自身：“世上的事情本来没有善恶，都是个人的思想把它们分别出来的。”（Ⅱ，ii，248－249）② 他所想到的彼岸的情状令他恐惧，他对死亡的思索的动因是对死亡的恐惧，③

---

① 把死亡比作睡着了，是西方的传统，例如《新约·约翰福音》记载，耶稣对门徒说，“我们的朋友拉撒路睡了”……耶稣这话是指着他死说的，他们却以为是照常睡了。耶稣就明白地告诉他们说：“拉撒路死了。”（11：11－15）把死后的生活比拟为做梦，在西方亦由来已久，苏格拉底、柏拉图、西塞罗、普鲁塔克均做此比拟。例如柏拉图说道：“倘若你认为（死亡里）没有意识，就像他睡着了甚至不被梦打扰的睡眠，那么死亡就是一个难以言表的收获。”［Plato, Apology, in Mortimer J. Adler (ed.), *Great Books of the Western World*, Vol. 6, 2nd ed (Chicago: Encyclopaedia Britannica, Inc., 1990), 211］莎士比亚的同时代人蒙田也说过类似的话，如果死亡“是一个人存在的最终结果，那么它也是……进入了一个漫长的、寂静的黑夜。如果是一个平静的休息、温柔的睡眠且不做梦，我们将发现在现实生活中没有任何事情如此甜美”［Montaigne, Essays, Book I, in Mortimer J. Adler (ed.), *Great Books of the Western World*, Vol. 23, 2nd ed (Chicago: Encyclopaedia Britannica, Inc., 1990), p. 553］。

② 汉姆莱特的话一定程度上背离了古希腊对 being 探讨的传统，而且还预示了17世纪思想家对 being 探讨的倾向性。17世纪的思想家主要关注的是人类知识的本源和认识的可能性。他们对传统的形而上学问题的思考，不是通过对事物的本质的分析，而是通过我们对事物的理念（idea）的分析。Berkeley 认为，在思维的事物之外没有存在的可能；John Locke 与 Berkeley 一样，尽管没有把 being 与思维等同视之，但是同样认为首先要做的是弄清楚人类大脑的知解力（understanding），弄清楚人类大脑认识事物的能力；Descartes 直截了当地把存在归诸人的思维：“我思故我在。”诚然，Kant 在 being 的现象界与本体界之间进行区分，认为形而上学不是为了探索 being，而是为了探索 God、Freedom 和 Immortality 这三个宏大理念，在一定意义上回归了柏拉图。

③ 汉姆莱特不会忘记他父亲的鬼魂向他说的话：“在晚上行游地上，白昼受尽火焰的烧灼。”（I，V，10－11）对死亡的恐惧以及死后恐怖的景象在莎士比亚之前多有描述，以下且举几例。《旧约·撒母耳记下》：“曾有死亡的波浪环绕我，匪类的激流使我惊惧，阴间的绳索缠绕我，死亡的网络临到我。”（22：5－6）《旧约·诗篇》：“我心在我里面甚是疼痛，［因为］死的惊惶临到我身。恐惧战兢归到我身，惊恐漫过了我。”（55：4－5）荷马在《奥德赛》对人死后的描写：“这时筋腱已不再连接肌肉和骨骼，炽烈的火焰的强大力量把它们制服，一旦人的生命离开白色的骨骼，魂灵也犹如梦幻一样飘忽飞离。”（王焕生译，人民文学出版社，1997，第226页）柏拉图说道：“当一个人想到自己不久要死的时候，就会有一种从来不曾有过的害怕缠住他。关于地狱的种种传说……以前听了当作无稽之谈，现在想起来开始感到不安了……不管是因为年老体弱，还是因为想到自己一步步逼近另一个世界了，他把这些事情都看到更加清楚了，满腹恐惧和疑虑。”（《理想国》，郭斌和、张竹明译，商务印书馆，1997，第5页）亚里士多德说道：“人们有时把恐惧规定（转下页注）

因此他把自己对死亡的恐惧演绎为一个普遍的原则："决心的赤热的光彩，被审慎的思维盖上了一层灰色，伟大的事业在这一种考虑之下，也会逆流而退，失去了行动的意义。"（Ⅲ，i，84－88）故而，他"甘心久困于患难之中……忍受人世的鞭挞和讥嘲，压迫着的凌辱，傲慢者的冷眼，被轻蔑的爱情的惨痛，法律的迁延，官吏的横暴……在烦劳的生命的压迫下呻吟流汗……宁愿忍受目前的折磨"，也不愿意向"不知道的痛苦飞去"（Ⅲ，i，70－82）。恐惧，源于怀疑和探索；忍受，是一位悲剧主人公在不堪负载的受难与打击时所表现的人的德性。亚里士多德在《尼各马可伦理学》中说道："尽管他也对那些超出人的承受能力的事物感到恐惧，他仍然能以正确的方式，按照逻各斯的要求并为着高尚之故，对待这些事物。这也就是德性的目的所在。"[①] 这也是悲剧所承载的重要意义。

（作者单位：北京第二外国语学院跨文化研究院）

（接上页注③）为对可怕事物的预感。诚然，我们对所有坏的事物都感到恐惧……而死就是所有事物中最可怕的事物。"（《尼各马可伦理学》，廖申白译，商务印书馆，2004，第77－78页）但丁在《神曲·地狱篇》对冥界的描述："这里喟叹，哀哭，和深沉的号泣/响彻了无星的天空……奇怪的语言，可怖的叫喊，/痛苦的言辞，愤怒的语调/低沉而喑哑的声音，还有掌击声/合成了一股喧嚣，无休无止地/在那永远漆黑的空中转动，/如同旋风中的飞沙走石一样。/于是，心中怀着恐怖……"（朱维基译，上海译文出版社，1984，第17页）蒙田阐发了奥维德"等待死亡比死亡造成更大的痛苦"这句话，认为恐惧死亡是恐惧死亡的想法："我凭经验发现，正是我们不能忍受死亡的想法使我们不能忍受死亡，而且，我们感觉痛苦加倍地痛苦，因为它用死亡威胁我们。但是，既然理性责备我们恐惧一件如此突然、如此不可避免、如此难以察觉的事情所表现的懦弱，那么我们就把它当作更为可宽恕的借口。"而且他认为，死亡的想法是"一个不能得到缓解的持续不断的痛苦折磨的来源"［Montaigne，Essays，Book I，in Mortimer J. Adler（ed），*Great Books of the Western World*，Vol. 23，2nd ed（Chicago：Encyclopaedia Britannica，Inc.，1990），72，pp. 84－85］。可见，汉姆莱特的潜意识领域甚至意识领域存在的对死亡的恐惧，至少是他这里的心理反应的动因之一。

① 亚里士多德：《尼各马可伦理学》，廖申白译，商务印书馆，2004，第79页。

柏拉图的神义论

——《理想国》376d5－383c7 中苏格拉底的荷马批评研究

崔　嵬

摘　要：柏拉图在《理想国》中记叙了苏格拉底对荷马的批评，值得后世学人深思。柏拉图以诗作批评的方式维护诸神的正义，显然不同于莱布尼茨用逻各斯证明神义论的做法，理据何在？不过，后者逻各斯化神义论的做法并不成功，遭到激烈批评。柏拉图叙述苏格拉底对荷马的批评，让后世读者认识到破坏神之正义的真正凶手是人们对自然的探究欲望（哲学）；同时，又借助苏格拉底对几位谈话者的引导，让我们更深入地理解了“神义”与众人灵魂的内在关系。最终我们发现，柏拉图的“神义论”叙事（诗）——苏格拉底的荷马批评，比莱布尼茨更好地维护了诸神的正义。

关键词：柏拉图；荷马批评；莱布尼茨；神义论

本文源起于一个质朴的问题：伟大的古希腊诗人——荷马（若真有其人的话），其作品名震古今，为何却遭遇了诸多批评？其中，最有名的批评出现在哲人柏拉图的笔下，他既提到荷马是第一位悲剧诗人，同时又记叙了苏格拉底对荷马的批评，这似乎给人留下言辞自相矛盾的印象。苏格拉底的所有荷马批评，尤以《理想国》卷二到卷三的内容至关紧要，[①] 它是后来讨论诗与哲学之争的基础。[②] 国内早有学者注意到，卷二至卷三的这段荷

① 篇幅所限，本研究只关注卷二 376d5－383c7 的内容。中译本参柏拉图《理想国》，王扬译注，华夏出版社，2012；另参柏拉图《理想国》，郭斌和、张竹明译，商务印书馆，1986；英译文参 Plato：*The Republic of Plato*，translated with notes and an interpretive essay by Allan Bloom，New York：Basic Books，1986。郭、张译文在国内学界影响较大，但意译成分较多，虽文句更美，却不若王扬译本更死守原文，也正是这一点使得王扬译文更与布鲁姆的英译文相符。本文采纳王扬译文。

② 参张文涛《哲学之诗——柏拉图〈王制〉卷十义疏》，华东师范大学出版社，2012。

马批评涉及教育问题，[1] 而本研究要接续这一研究方向，细致绎读该段文字，以寻找苏格拉底的荷马批评的立论依据。

一　古今神义论

苏格拉底的这段荷马批评，始终围绕着维护诸神正义一事，与德国哲学家、数学家莱布尼茨（Gottfried Wilhelm Leibniz）的《神义论》一书中从逻各斯角度证明诸神的正义殊途同归。莱布尼茨终身关注着神之正义的问题，以至于到1716年11月14日，莱布尼茨于汉诺威孤独离世之时，他所写《神义论》一书成为其生前出版过的唯一一部著作。也正是在这本书中，“神义论”（theodicy）一词才首次出现，该词由两个希腊语单词合成，theo出自希腊语Θεός，意指“神”；dicy即希腊语的δίκη，意指“正义、审判或辩护”。因此，“神义论”字面意指“神之正义”，或“为神辩护”，即面对人世间的各种罪恶、种种苦难，用各种方式证明神之正义。莱布尼茨关于神义论的想法出现的时间比较早，在1686年，40岁的莱布尼茨（生于1646年）在给恩斯特伯爵（Ernest，Landgrave of Hesse - Rheinfels）写信之时，就已经提到了“神义论”问题。他在信中介绍了自己的《论形而上学》（*Discours de metaphysique*），谈到了诸如上帝与世界的关系、恶之起源、灵魂不朽等此类哲学问题，《神义论》一书的主要线索就此出现。最初，莱布尼茨未将这些思想整理成书，直到1710年，他为了回应来自怀疑论者培尔（Pierre Bayle）的诘难，同时也为了纪念自己的好友夏洛特公主（Sophie Charlotte），才出版了该书。[2]

18世纪，随着《神义论》各译本相继问世，该书为莱布尼茨赢得了巨大声名的同时也引发了巨大争议。当年莱布尼茨与培尔的争论并没有完结。莱布尼茨以为，世上之恶并非现实的存在，而是创造物本身固有的缺失和缺陷。人本质上的有限性即属于这类缺陷，它决定了人的一切言行。人的有限性和一切创造物的不完美性成为形而上的恶，以解释苦难与罪的存

① 参王柯平《〈理想国〉的诗学研究》，北京大学出版社，2005，第64－93页。

② 参莱布尼茨《神义论》，朱雁冰译，生活·读书·新知三联书店，2007，第4－8页。莱布尼茨的详细生平事迹，可参安托内萨《莱布尼茨传》，宋斌译，中国人民大学出版社，2015。

在。[①] 人的罪与恶均存在于个体自由领域之内，而神的存在却高于这个领域。人世的恶无法为人的理智所解，这也恰好证实了神高于理智。不过，莱布尼茨的论述根本无法说服培尔，他早就知道这种“高于理智”与“有违理智”之间的区分。先验的（priori）区分无法回应后验的（posteriori）恶之现实，莱布尼茨这种论证，与活生生的经验难以相符，显得绵软乏力。[②] 据培尔所述，我们的理智使我们拥有次序的概念，此概念使我们认为任何自足、必然和永恒的事物都必须拥有所有可能的完美，包括至高的权能和至高的善，此即是培尔的先验理智；恶是一种现象，它被我们所经验，此即后验的理智。[③] 莱布尼茨以为，先验理智与后验理智之间的不合是由于先验理智无法体识超越于理智之上的事物，而这需要借助于启示。但启示又无法被人的理智所获知，因此只能借助于神圣的智识。据此，莱布尼茨对理智加以区分，他所理解的理智可以产生两种真理，即“混合的真理”和“纯粹的真理”。前者的实际内容由经验和传统所提供，其中的内在关系由理智负责处理；而后者的实际内容则由独立于经验的理智所提供，其中一切内容均属纯粹理智。莱布尼茨认为，人的自由意志的误用应该对尘世间的恶负责，并称言启示的真理高于理智。[④] 然而，莱布尼茨的神义论在面对尘世之恶，论证神之正义时，仍显得无力，其神义论仍然无法消解尘世之恶，毕竟是至高无上的神制作出了有能力为恶的人类理智。培尔的确抓住了莱布尼茨神义论的要害。

莱布尼茨神义论的失败并不意味着神义论本身的失败。古代哲人的神义论所取得的成功为启蒙哲人的风潮所淹没，渐次为后人所遗忘。与莱布尼茨所尝试的逻各斯化神义论的做法不同，柏拉图是以叙述苏格拉底对荷马进行批评的方式来维护“神之正义”的。换言之，柏拉图是以戏剧的方式，而非以逻各斯化的方式来维护希腊诸神的正义，以实现自己的神义论关怀的。不仅如此，柏拉图笔下的苏格拉底更是以批评荷马诗作的方式来维护诸神正义。可见，古代哲人的神义论绝非一套逻各斯化的理性论述。苏格拉底对荷马的批评是对“诗”的改进，而柏拉图“叙述”苏格拉底的言辞，

① 参 G. W. Leibnitz and A. E. Kroeger：“Leibnitz's Theodicy”，载 *The Journal of Speculative Philosophy*，Vol. 7，No. 4，1873，pp. 30－42。

② 参 Kristen Irwin：“Which ‘Reason’? Bayle on the Intractability of Evil”，载 Larry M. Jorgensen and Samuel Newlands 编，*New Essays On Leibniz's Theodicy*，Oxford University Press，2014，p. 43。

③ 参 Kristen Irwin：“Which ‘Reason’? Bayle on the Intractability of Evil”，前揭，第45页。

④ 参 Kristen Irwin：“Which ‘Reason’? Bayle on the Intractability of Evil”，前揭，第47－45页。

这一叙述本身同样是“诗”。古代哲人的神义论与“诗”的关系密不可分。

柏拉图叙述苏格拉底对荷马的批评，出现在《理想国》论述城邦卫士的教育的文段之中，显得意味深长。《理想国》记叙了苏格拉底与众人谈话的几段戏剧场景，组合而成一篇长篇对话。全书共分作十卷，美籍奥地利历史哲学家和政治哲学家沃格林（Eric Voegelin）则依据其内在逻辑将其划分为序言、导论、结论和尾声四个部分：序言引出了正义问题；导论则处理了城邦的起源及制度、理念的具体化以及城邦的堕落三个问题；结论则是正义好于不义；尾声主要用灵魂不朽继续为正义张目。[①] 全书均与城邦的政治生活相关，苏格拉底对荷马的批评正是在这样的语境之下提出来的。不仅如此，它还直接与保护城邦安全的卫士的教育直接相关。古代哲人维护诸神正义的语境是为城邦提供优秀的卫士。

本文所涉及的376d5－383c7属于导论部分，对话者在谈到建立城邦的问题时提到城邦需要城邦卫士。在讨论如何教育这些卫士时，苏格拉底引导阿德曼托斯（Ademantus）展开了对荷马诗作的批评。苏格拉底的这段荷马批评可分作三个层次，第一个部分（376d5－377e5）是引入，他先谈及了真实的故事与虚假的故事之间的区分；第二个部分（377e6－378e3）主要论述了赫西俄德与荷马两位诗人笔下诸神的混乱；第三个部分（378e5－383c5）所谈的内容较多，主要是苏格拉底引导阿德曼托斯承认，应该删除诗人笔下那些与神之至善形象不相符合的内容。借由这三个部分的谈话，苏格拉底成功地超越了现世的生活，把目光投向彼岸世界。问题是苏格拉底的这一神义论方法何以奏效，而莱布尼茨的神义论逻各斯论证之途又何以遭遇困境？对这一问题的回答必须要思考苏格拉底对荷马批评的细节及其根由。苏格拉底对荷马批评的前一段内容论述了神之正义走向式微的关键，即哲学探究所引发的诗文式微；后一段内容引导阿德曼托斯删除诗作中不符合神之正义的内容，实则隐晦地指出了人对神之正义的需求，对这种需求的保护才是苏格拉底维护神之正义成功的关键。

二　隐匿的哲学

苏格拉底首先与阿德曼托斯谈及关于宇宙起源的神话和诸神间的不和

---

① 沃格林：《〈王制〉义证》，载刘小枫编《〈王制〉要义》，华夏出版社，2006，第164－165页。

（377e6－378a6）：

> “首先，”我说，“最大的、有关宇宙中最重要的事物的那个谎言，说这故事的人并没有把它编造好，声称，乌拉诺斯干出了那种事情，如赫西俄德所说，接着，克罗诺斯反过来又如何惩罚了他。克罗诺斯的行为以及他后来从儿子那里受到的遭遇……”

苏格拉底所提到的“事情”属于古希腊神话中的伟大家族——提坦家族的故事。此处的提坦神指大地该亚和天神乌拉诺斯的孩子，名叫克罗诺斯，而克罗诺斯又生下了以宙斯为首的奥林波斯诸神。诗人赫西俄德的《神谱》详细记录了与提坦家族相关的神话，包括提坦的诞生（行133－138）、提坦与天神乌拉诺斯之争（行154－181）以及提坦的后代（行337－616），这些正属于赫西俄德《神谱》中的核心内容。[①] 诗人赫西俄德在古希腊不仅仅是诗人，他所讲的故事还影响着古希腊的基本宗教态度，同时还是后世研究古希腊宗教的依托。[②] 他和荷马共同塑造着古希腊的宗教世界，但两位诗人诗作的内在品质却迥然不同。佚名作者以《荷马与赫西俄德的竞赛》一文记叙了二人之间的比赛。其中，赫西俄德以关注普通人生活所需要的知识和技艺而获胜，荷马则因演述战争而败北。[③] 知识和技艺服务于生活，必以对自然世界的探究为基础；赫西俄德的诗作一方面关注知识和技艺，另一方面便会系统地呈现对诸神与人类宇宙存在和生成本质的研究。系统地呈现万物的本质属自然学研究，这成为赫西俄德诗作的宇宙视野基础。由于以自然学研究为根基，自然存在的虚空性和无目的性导致赫西俄德的宇宙学中不会包含目的论因素；所以，其故事中的诸神行为也并不指向最终之善，而是充斥着混乱。[④] 苏格拉底批评赫西俄德的故事，意在挑明

---

① 吴雅凌：《赫西俄德〈神谱〉中的提坦神族》，《思想战线》2009年第4期，第35卷，第110页。

② 伊利亚德对希腊宗教的叙述依托赫西俄德而非荷马，已俨然将赫西俄德当作希腊宗教思想研究的起点。参伊利亚德《宗教思想史》，晏可佳、吴晓群、姚蓓琴译，上海社会科学院出版社，2004，第209－220页。

③ 参无名氏《荷马与赫西俄德之间的辩论》，吴雅凌译，载刘小枫、陈少明编《经典与解释·康德与启蒙》，华夏出版社，2004，第294－305页。两位诗人在语言与思想的差别，以及关于两位诗人何人更古的争论，可参 Fritz Krafft：*Vergleichende Untersuchungen zu Homer und Hesiod*，Gottingen：Vandenhoeck und Ruprecht，1963。

④ 参 Jenny Strauss Clay：*Hesiod's Cosmos*，Cambridge University Press，2003，pp. 2，14。

这种混乱不符合城邦卫士教育的要求。自然宇宙学所发现的那个混乱的虚空与无意义，解构了荷马笔下的诸神之正义，会导致城邦卫士的教育失效。

赫西俄德诗作教育的失效如何产生？吴雅凌的研究揭示了赫西俄德笔下的英雄叙事更具人性色彩，[①] 其中普罗米修斯与厄庇米修斯的故事更是全面呈现了神人之分。[②] 在神人未分之际，人之存在的意义由诸神提供，个人的存在问题被诸神之义所掩盖；神人分离发生之后，个人需要寻找新的存在意义。神人之分让个人的自我意识凸显。赫西俄德在自己的作品中不断呈现个人自身的存在，[③] 会对城邦卫士形成不良的影响。城邦卫士的人生意义应当由城邦赋予，他们才能献身于拱卫城邦安全的志业中。赫西俄德诗作的自然哲学品质显然与此要求不符，苏格拉底批评赫西俄德的诗作，正是要去除自然哲学对城邦卫士的影响，让他们重新回到城邦的存在意义之中。

在古希腊，城邦的存在意义取决于古希腊宗教。那时，不仅盛行多神崇拜，而且神人同形，形态多样。[④] 这种多样化的形态为艺术家和诗人提供了广阔的创作空间。于是，古希腊宗教表现为从圣殿至祭仪，从祭仪到神话学的发展转变形态。[⑤] 由于祭仪与城邦的关联，[⑥] 诗人所制作的神话故事便会影响城邦的政治生活。诗人们制作关于过去的故事并非述史，反而具有浓厚的宗教色彩，要引导读者超越尘世的时间和空间，去认知不可知的美好。[⑦] 赫西俄德那基于自然哲学的诗作叙述，已让不可知的美好蒙上尘垢，让旧日众神的光芒不再闪耀。

苏格拉底对荷马的批评得到了柏拉图的理解和回应。既然关于可见宇宙的自然研究会造成个人的存在意义发生变化，所以柏拉图在叙述苏格拉底与

---

① 参吴雅凌《传统与创新——〈劳作与时日〉中的英雄叙事》，载《社会科学》2014 年第 7 期，第 183 - 191 页；文中对荷马诗作与赫西俄德诗作中的具体差异有细致分析。

② 吴雅凌：《厄庇米修斯的哲学——赫西俄德的人类起源叙事》，《现代哲学》2010 年第 4 期，第 99 页。

③ 吴雅凌：《赫西俄德诗歌中的自述问题》，《国外文学》2016 年第 1 期，第 58 - 67 页。

④ 参 Daniel Ogden: *A Companionto Greek Religion*, Hoboken: Wiley - Blackwell, 2007, pp. 41 - 42。

⑤ 参 Jan. N. Bremmer: *Greek Religion*, Oxford: Oxford University Press, 1994。

⑥ 参 Lewis Richard Farnell: *The Cults of the Greek States*, Cambridge: Cambridge University Press, 2010。

⑦ 参 Andrew Ford: *Homer: the Poetry of the Past*, Ithaca and London: Cornell University Press, 1994。

阿德曼托斯的交谈时全然不提可见的宇宙诸神（即日月星辰之类）。柏拉图显然对宇宙诸神同样具有广博的知识，他在《蒂迈欧篇》(*Timaeus*; 40d3－41a5）中就同时提到了两类神明。柏拉图对苏格拉底维护诸神正义的做法的理解是隐藏关于自然学的研究，凸显城邦政治的内容，让自然哲学成为隐秘的学说，而让政治教育成为显明的表述。①

苏格拉底的对话是柏拉图“制作”的故事，这种“制作”即是“将事迹整合到一起”（亚里士多德《诗学》1450a4－5），充分利用青年人的闲暇时光，抑制超越事物表面领会事物的强烈爱欲，然后对这样的青年人施加影响（《理想国》376d9）。② 在柏拉图的制作中，苏格拉底与阿德曼托斯谈论诗作，而非与格劳孔，主要在于格劳孔生性勇敢坚韧，而阿德曼托斯则生性喜好安逸快乐：

> 格劳孔勇敢，阿德曼托斯则节制；格劳孔转向自然，阿德曼托斯则转向意见；格劳孔注意他所看到的，阿德曼托斯则注意他所听到的。阿德曼托斯特别沉溺于诗歌。③

格劳孔勇猛精进并倾向于自然的学问，可能会视诗歌中所述的故事为虚假；阿德曼托斯的性情决定他会更亲近诗作，更注重维护习传的意见，他在潜意识中能把维护正义与追求智慧的爱欲相分离。④ 尽管追求智慧的爱欲与追求奢华的爱欲品质不同，但这两种追求均属于爱欲。奢华城邦的建立是基于人对不必要之物的爱欲，即那种对身体之善毫无作用之物的爱欲，而奢华城邦的极致状态就是人能够完全释放这种爱欲。⑤ 格劳孔的爱欲对于城邦的生活并不必要，反而激起了人内心的各式爱欲，引发人内心的不满与纷争，最终引发战争。由此，苏格拉底替换谈话对象，以隐藏格劳孔的爱欲，而张扬阿德曼托斯对诗的爱欲，最终格劳孔那种对自然宇宙探究的

---

① 参施特劳斯 *The City and Man*, Chicago and London: The University of Chicago Press, 1964, p. 98。

② 参戴维斯《哲学之诗——亚里士多德〈诗学〉解诂》，陈明珠译，华夏出版社，2012，第4页。

③ 篇幅所限，关于二人的性格分析主要参布鲁姆《人应该如何生活——柏拉图〈王制〉释义》，刘晨光译，华夏出版社，2009，第66页；另参尼柯尔斯著《苏格拉底与政治共同体——〈王制〉义疏：一场古老的论争》，华夏出版社，2007。

④ 参施特劳斯 *The City and Man*，前揭，第99页。

⑤ 参施特劳斯 *The City and Man*，前揭，第96页。

爱欲就被阿德曼托斯对美好事物（诗）的爱欲所替代了。苏格拉底对话者的转变不仅是他们从自然宇宙论到维护神之正义（即古代神义论）的转变，同时也意味着他们的谈话从追问诸神的真实到制作关于诸神的高贵谎言的转变。[①]

从苏格拉底的做法来看，他隐藏了哲学的诉求，而推崇关于诸神的高贵谎言。柏拉图继承苏格拉底的做法，以制作戏剧对话而非哲学论述的方式书写传世之作。因此，柏拉图所制作的苏格拉底言辞首重的是文学文本独特的品格，并在这样的品格之中深藏着思想意涵。后世学人重新重视柏拉图文本的文学特征，隐藏哲学诉求，传承了苏格拉底的做法。[②] 而若是有学者意图从文学文本之外构筑一套“学说”，将柏拉图作品的内在品质逻各斯化，恰恰与苏格拉底的做法不相符。[③] 毕竟，我们可以总结说，是关于美好事物的言说，而非关于真理的论说引导着城邦卫士的灵魂献身于城邦的功业之中。

苏格拉底对赫西俄德诗作核心内容的批评，实质上是否定了这类诗作对于城邦卫士的教育意义。隐藏哲学的论述是这一批评的标准所在。不过，与赫西俄德不同，荷马基于神性的诗艺超越了希腊各地方祭礼的地域性，具有泛希腊性质。这使荷马的诗作不同于其他战争传统，即荷马具有整合无序的政治生活、重塑政治共同体的整一性，这必然要求诗作的内容具有超越尘世的宗教色彩，以认识不可知的美好。荷马将曾经散乱的传统英雄故事整合起来，并以超越尘世的诸神为根基，重塑了泛希腊地区的政治生活。[④] 然而，荷马笔下的诸神还不够至善，苏格拉底说（378b7－378e3）：

> 所有这一切，说什么这帮天神如何与那帮天神竞争、耍阴谋、交战——因为这些都不真实——如果我们有必要让将来这批守护城邦的卫士认为相互之间轻易结仇是最羞耻的事——远没有什么必要对他们渲染基干忒斯战争，以及天神们和英雄们对自己的亲戚和家属所抱的

① 参施特劳斯 *The City and Man*，前揭，第98页。

② 参张文涛选编《戏剧诗人柏拉图》，刘麒麟、黄莎等译，华东师范大学出版社，2007。

③ 图宾根学派据此以为柏拉图另有一套秘传学说，然则从《斐德若》中苏格拉底对文字本身的问题的理解来看，图宾根学派的秘传说法未必可靠。相关问题参费勒《哲人的无知》，王师译，华夏出版社，2010。

④ 参伯吉斯《战争与史诗——荷马及英雄诗系中的特洛亚战争传统》，鲁宋玉译，华东师范大学出版社，2017。

> 各种各样的仇恨——相反……赫拉被她儿子捆住，赫菲斯托斯被他父亲抛弃，因为赫菲斯托斯想帮助挨打的母亲，以及荷马描述的天神之间的一系列斗争，这些一律都不可在城邦中流传，不管此类故事含有寓意或没有寓意。

与对赫西俄德的批评不同，苏格拉底的荷马批评并不涉及荷马作品的主干内容，即“阿喀琉斯的愤怒”与“奥德修斯的归航”。然而，荷马笔下的诸神还不够至善，显得有些混乱，而这种混乱已不同于宇宙神与城邦神的差异所造成的混乱了。[①] 苏格拉底对荷马诗作的修改，实质上是要借助荷马笔下的诸神，重新认识真正至善的诸神。他斩断了其笔下诸神混乱的本质，即诸神与尘世混乱之偶然的所有关系；若按其做法，荷马诗作中最纯粹的神性将得以保留，这也为后世发现荷马诗作之中蕴含的基督因素提供了契机。[②] 苏格拉底对荷马的批评显然不只是要隐藏哲学诉求，毕竟荷马诗作之中自然与哲学似乎从没有出现过，这一批评显得是要更好地维护至善诸神，以教育城邦卫士，引导他们的灵魂，献身于城邦的政治生活。为何城邦卫士的灵魂需要至善的诸神？

三 灵魂诗术

苏格拉底举了两个例子（基干忒斯之间的内战以及赫拉、赫菲斯托斯与宙斯之间的战争）来说明荷马不应该叙述诸神之间的混战。与此同时，苏格拉底先引导阿德曼托斯得出天神是一切美好事物的起源的结论，然后指出应该在荷马诗作中删除荷马关于天神对人类厄运的安排（379d1－379e2），而不应该描绘神与人间纷争的关联，也不应该描绘神之间的纷争（379e2－380a1），更不该把人间的重大灾难和混乱归咎于神（380a3－4），包括“尼奥蓓的命运”“佩洛普斯家族的命运”以及“特洛亚的命运”。苏格拉底的批评（主要涉及荷马，部分涉及埃斯库洛斯）开启了阿德曼托斯的神义论认知，即如何认识诸神。

苏格拉底对诗人的批评，实质上构筑了神法的两项内容。第一神法的

---

① 参 G. M. A. Grube：“The Gods of Homer”，*Phoenix*，Vol. 5，No. 3/4，1951，pp. 62－78。

② 参 Dennis Ronald MacDonald：*The Odyssey*，*Plato*，*and The Acts of Andrew*，New York：Oxford University Press，1994。

内容可总结如下：诸神作为超人类的存在，完美无缺。第二神法包含两条内容：其一，诸神不会随意改变他的样子或外形（eidos），也就是说神不会拥有多种形态，或改变样子；其二，诸神不会欺骗或撒谎。[①] 这两条神法的现场对话者是阿德曼托斯，苏格拉底一向以知人善辩著称，他并不随意与人交谈。而在此处，苏格拉底不仅与阿德曼托斯交谈，更与其共同总结了两条神法，那必定是阿德曼托斯自身的某种独特之处吸引了苏格拉底。[②] 我们借助人的言行和行动能认识一个人的性情，或称之为灵魂；我们唯有辨识出阿德曼托斯的灵魂，才能真正理解苏格拉底通过荷马批评而提出的两种神法的基本意义。然而，在《理想国》中，阿德曼托斯除了对诗极其热爱外，似乎并无太多其他明显的行动。但柏拉图为我们了解阿德曼托斯的灵魂提供了隐秘的线索。在 327c1 中，柏拉图安排苏格拉底叙述说：

> 没多久，珀勒马科斯来了，还有格劳孔的哥哥阿德曼托斯……以及其他一些人，显然都来自游行。

在 449b1 -7 中，苏格拉底叙述说：

> 珀勒马科斯——因为他坐得比阿德曼托斯稍微远一点——伸出手，抓住后者肩头上的衣服，一边把对方往后拉，一边自己凑上前去，俯身说了一阵，我们其他什么都没有听到……

阿德曼托斯总与珀勒马科斯形影不离，仿佛是柏拉图在写作中的刻意安排。从全文的情节来看，苏格拉底参与此次对话显然并非完全自愿，而迫使苏格拉底参与当晚对话的正是珀勒马科斯（Polemarchus）。他名字的希腊语意思是："军阀""好战者"或"战争之主"（the War Lord）。[③] 珀勒马科斯以人数上的压倒性优势强迫苏格拉底和格劳孔留在比雷埃夫斯港（Piraeus），而苏格拉底则回应珀勒马科斯应该用劝服而非强力；但苏格拉底能

---

① 参施特劳斯 *The City and Man*，前揭，第 99 页。

② 那拉辛格（Nalin Ranainghe）以为苏格拉底的灵魂比耶稣更坚定，毕竟耶稣在离世之时仍向主呼告，不如苏格拉底平静。参 Nalin Ranainghe：*The Soul of Socrates*，Ithaca and London：Cornell University Press，2000，preface。

③ 参 Leon Harold Craig：*The War Lover*：*a Study of Plato's* Republic，Toronto Buffalo London：University of Toronto Press，1996，p. 3。

言善辩，珀勒马科斯无法用言辞劝苏格拉底留下，所以珀勒马科斯说若听者拒绝聆听，劝服就丝毫无法起作用。局面僵持之际，阿德曼托斯开始诉诸劝服，他告知苏格拉底这里会有敬神的火炬比赛，劝苏格拉底留下一观。尽管阿德曼托斯的关注点是新奇的火炬表演和通宵达旦的狂欢所带来的享乐生活，不过他的确起到了劝服苏格拉底留下的作用（372c－328b）。可苏格拉底并没有像阿德曼托斯说的那样，在比雷埃夫斯港走向享乐的生活，而是与众人谈论究竟何为正义。正是在他们的言谈之中，我们见到阿德曼托斯与珀勒马科斯的个性互相映衬。

首先，珀勒马科斯和阿德曼托斯都不再相信父辈们执守的对诸神的虔敬。克法洛斯（Cephalus）的正义观以全知全能的诸神为根基，而珀勒马科斯把政治生活之中的正义理解为一种技艺，以正确地扶友损敌，就如同某种战争的技艺一样（332e4－6）。政治生活中正义概念的技艺化使得操控他人、占取利益的政治阴谋成为正确的方式，珀勒马科斯比色拉叙马霍斯（Thrasymachus）及格劳孔更明显地预示了马基雅维利主义的到来。[①] 苏格拉底接着引导珀勒马科斯把正义问题的理解引向和平时期，正义的扶友损敌就转变成了守卫财富、预防窃贼；正义之士需要懂得偷窃之术才能更好地保卫财富，故而正义的技艺等同于偷窃的技艺，而后者显然是不正义的（333e1－334a9）。珀勒马科斯没有预料到正义沦为技艺之后，由于技艺的非道德性，技艺同时具有的伤害（blaptein）能力会逐渐脱离道德的束缚。[②] 珀勒马科斯并不愿意追求非正义，而是意图超越道德的视域，这种超越从未发生在珀勒马科斯的父亲克法洛斯身上，因为他父亲的绝对正义是由全能的诸神所提供的。在过去，全能的诸神出现在荷马诗作之中，不过这类诗作已被视作“虚假的故事”（377d5）。荷马所撰写的诸神受到了质疑，使得诗作本身的神圣性退场，恰如克法洛斯的退场一样。所以，最终珀勒马科斯和阿德曼托斯均站到了反传统的立场之上。

其次，阿德曼托斯又不同于珀勒马科斯。珀勒马科斯拒绝劝服，显得比阿德曼托斯更有力量（327c10－12）。阿德曼托斯有对诗作的热爱，爱欲意味着某种欠缺和不完满，不完满显示的正是人生的脆弱。苏格拉底觉得

---

① 参 Waller R. Newell：*Tyranny A New Interpretation*，Cambridge：Cambridge University Press，2013，p. 131。

② 参 Andrew Jeffrey：“Polemarchus and Socrates on Justice and Harm”，载 *Phronesis*，Vol. 24，No. 1，1979，pp. 54－69。

知识应该为脆弱不堪的生命提供道德支撑，以托起虚弱无力的生命状态，“知识即德性”的古旧命题要战胜“知识与强力”之间的联姻。[1] 珀勒马科斯虽然强有力，但容易陷入不道德的困境；阿德曼托斯充满爱欲，需要超越人类的诸神存在，却也不得不面对“诸神并不真实”的挑战。苏格拉底用“知识即德性”的实践回应了珀勒马科斯和阿德曼托斯的双重困惑。苏格拉底主导着的关于正义的讨论，从下午一直持续到第二天早上，使大家完全忘记了最开始所提到的火炬奇观，甚至对晚餐也只字未提。苏格拉底虚构的城邦建造计划掩盖了众人自然的需求——苏格拉底制作的言辞（诗）战胜了自然，赢得了人心，使得身边人忘记了放纵爱欲式的生活。从《理想国》第五卷开始，讨论进入到最为核心的部分，也正是在这一部分，夜幕降临，来自太阳的自然光完全消失，而他们的讨论则是完全在人为的光照之中进行的。[2] 众人的谈话需要借助人为的灯光，隐喻着人本身不能直接暴露于真实的自然之中（哲学），必须借助人的制作技艺（诗）才能更好地生活。如同苏格拉底在前文对赫西俄德的批评一样，珀勒马科斯将正义等同于技艺是基于自然学的研究，正是自然学的研究促使技艺的发展，让珀勒马科斯领略了技艺的力量，所以他希望在关于正义的命题的讨论中能用“人为的”技艺替换“不真实的”传统诸神的影响力。人离不开技艺，研究自然学是为了更好地发展技艺，但正是由于人在天性上离不开技艺，所以人不能直接接受真实的自然。诸神的传统所具有的神圣性在自然学研究者看来不过是诗人制作的产物，然而诗人的制作正是政治生活不可或缺的内容。自然学的研究虽然推动了技艺的发展，但也破坏了诸神的神圣性，这种神圣性恰是人类生活所无法离开的事物。

为何人离不开这种神圣性？柏拉图用忒拉绪马霍斯（Thrasymachus）的行动来回答这个问题。苏格拉底让珀勒马科斯遭遇言辞失败，使其陷入正义即是不义的自我矛盾之中。面对言辞的困境，珀勒马科斯还没来得及做出反应，就引发了忒拉绪马霍斯的愤怒（336b1－6）：

> 那位忒拉绪马霍斯，当我们还在交谈的时候，他曾多次试图插话，但随即受到坐在他身边的那几个人的阻拦，因为他们想听完我们的争论。当我们停了一下，我把话刚说完，他再也忍不住沉默，只见他紧

---

① 参施特劳斯 *The City and Man*，前揭，p. 72。

② 参施特劳斯 *The City and Man*，前揭，p. 64。

缩一团，如同一头野兽，腾然向我们扑来，想把我们撕碎。

这让苏格拉底和珀勒马科斯均发起慌来（336b6），但苏格拉底似乎又迅速恢复了沉静，仿佛他对珀勒马科斯的行为早有预料（336d5 - 336e1）。接着，苏格拉底开始与这位坚持“正义即是强者的利益”的勇猛之士进行了一长段对话。珀勒马科斯没有料到他与苏格拉底的交谈会引发忒拉绪马霍斯这么大的愤怒。不过，读者却可借此知晓，苏格拉底的言辞诱发了忒拉绪马霍斯的行动。

珀勒马科斯把正义等同于人为之技艺，取消了政治生活不容置疑的神圣性。苏格拉底质疑珀勒马科斯的观念，从而引发忒拉绪马霍斯的强烈反应，这恰恰证实了忒拉绪马霍斯比珀勒马科斯更急迫地需要这种不容置疑的神圣性。作为父辈的克法洛斯的政治生活的神圣性由诸神提供，而自然哲学的研究让这种神圣性在现实生活中失去了原有的影响力。珀勒马科斯推崇技艺的观念恰是自然学取代荷马诗作影响的标志，而忒拉绪马霍斯所持有的观念，即正义是强者的利益又以珀勒马科斯的观念为基础——正义意味着某种善谋的技艺（真正的强者）。

苏格拉底对珀勒马科斯的质疑太过直接，引发了忒拉绪马霍斯的情绪化反应。忒拉绪马霍斯无法承受言辞上的失利，否定了珀勒马霍斯关于正义是一种技艺的讲法，这也会让忒拉绪马霍斯关于强者利益的说法失去根基。忒拉绪马霍斯的愤怒是忒拉绪马霍斯、珀勒马科斯和阿德曼托斯三人共同遭遇的困境：传统诸神信念失序后的政治生存问题。传统政治生活所遭遇的挑战来自自然哲学对真理的追求，而恰恰是基于言辞的失利从而引发的愤怒证明了政治的生活而非哲学的生活才是他们的必需——追求真理之人不会在意言辞上的失利，更不会因言辞而改变自己的行动。

忒拉绪马霍斯的愤怒证明，言辞无法真正解决他自身的存在问题，他需要“行动”。在亚里士多德那里，行动是动物的特有属性。人也属于动物，但人的行动不同于动物，就在于人具有政治属性。忒拉绪马霍斯的行动属于人的政治行动之一。人本然地就是政治的动物。[①] 然而，亚里士多德关于“人本然地就是政治的动物”的论述却有诸多含混，若仅从社会交往、

① 参程志敏《人是一种“政治的动物”？——亚里士多德〈政治学〉第一卷第二章释义》，载刘小枫，陈少明编《诗学解诂》，华夏出版社，2006，第138 - 153页。

安全需要等现实层面来思考亚里士多德的论述则会降低该论述的形而上品质，[①] 同时也无法理解苏格拉底引导阿德曼托斯删订荷马诗作的存在本质。亚里士多德对“运动”的存在性理解决定了他对政治的看法，人的存在并非基于肉身性的生命，而是基于某种“运动”：人的言辞和行动即是亚里士多德所理解的“运动”的重要组成部分。[②] 人的言行由个人灵魂中的爱欲所决定，从与苏格拉底对话者的言辞中可以清楚地看出他们对至善有不可或缺的“爱欲”，这种“爱欲”容不下质疑与否定，而恰恰是这种“爱欲”的存在证实了他们自身的欠缺，[③] 他们需要至善的诸神来弥补政治中存在的欠缺。自然哲人所追求的真实，不同于亚里士多德对运动的理解，当然他们也就无法理解政治生活对于人世的必要性，会破坏掉政治共同体存在的根基。[④] 与静观的沉思生活不同，政治生活要求人追求至善的行动，而言辞则是对这一追求的维护——苏格拉底之荷马批评的神学意蕴即在于此。苏格拉底要求删除荷马关于诸神的所有不恰当论述，而仅保留诸神的至善品质，这是对政治生活的维护。人离不开政治生活，城邦卫士需要捍卫这样的生活，他们不应该接受自然哲学对存在意义的腐蚀，而应在“诗”的呵护之下更好地献身于城邦。

结　语

据此，我们终于可以理解在《理想国》中，苏格拉底坚持对诗人的诗作，尤其是荷马的诗作进行修改，并非出于诗艺的考虑，也非哲学需要，而是为了维护众人共同需要的政治生活的神圣性，更是为了引导城邦卫士的灵魂不受自然哲学破坏。苏格拉底没有像后世的哲人，如莱布尼茨一样，将“神义”逻各斯化以转化为论述，而是采用“与人交谈”这种具有政治实践特色的做法维护神的正义。柏拉图制作关于“苏格拉底言行”的戏剧，

① 参 R. G. Mulgan，“Aristotle's Doctrine That Man Is a Political Animal”，载 *Hermes*，102. Bd.，H. 3，1974，pp. 438 - 445。

② 参李猛《亚里士多德的运动定义：一个存在的解释》，载《世界哲学》2011 年第 2 期，第 155 - 200 页。

③ 参施特劳斯，*The City and Man*，前揭，第 100 页。

④ 本宁顿（Bennington）对现代哲人关于政治问题的理解有较全面的概述，尤其论述了从霍布斯到海德格尔，再到德里达和利奥塔对该问题的理解。详参 Geoffrey Bennington “Political Animals”，载 *Diacritics*，Vol. 39，No. 2，*Negative Politics*，2009，pp. 21 - 26，28 - 35。

而非以论述的方式直陈哲学观念，目的同样是隐藏“求真”爱欲对政治生活的破坏，从而更好地引导后世的城邦卫士献身于共同体的政治生活。柏拉图的神义论是对苏格拉底言行的制作，是一种“诗”，这是柏拉图不同于莱布尼茨的地方，也是古代神义论的真正价值所在。

（作者为社会科学文献出版社博士后科研工作站与中国传媒大学博士后科研流动站联合培养博士后；北京第二外国语学院希腊研究中心研究人员）

后现代科学视域中“物的返魅”*

张 进 王晓婷

摘 要：前现代中万物“附魅”的观念随着现代科学的发展及工具理性对宗教、自然乃至世界的“祛魅”而消解。现代性科学二元论与机械论倾向将物置于实验室中进行切割与分解，对物进行“区分 - 隔离”式研究，物成为空洞的实在，人与物间的关系被割裂与“物化”。自20世纪60年代以来，随着后现代科学的发展以及人工智能、生物工程等技术的突破，“赛博格”的出现体现了物对人身体的“入侵”，人与物之间的亲密纠缠，引发了对“人 - 物”关系的重新思考。后现代科学观力图摆脱机械论、二元论的现代科学，凸显人与物之间的关联性，倡导对物的“关联 - 结合”式研究，物的世界开始“返魅”。物的“返魅”及其对人与物整体关联性的强调对当下的物质文化研究与物性诗学有着重要意义。

关键词：后现代科学；“返魅”；“人 - 物”关系；物性诗学

前现代时期的“物有灵论”体现了万物“附魅”（enchantment）的观念，随着“现代性科学”① 的发展，从前现代向现代的转变过程中，以伽利

* 本文系国家社科基金项目“物性诗学导论”（项目编号：15FZW027）的阶段性成果。

① 对于“现代科学”的划分，从编年史的意义上，西方语境中一般将16世纪以来笛卡尔、牛顿等人为代表的诸科学体系直至20世纪40年代（“二战”结束）都称为“modern”，“二战”之后则多用“contemporary”来表示。而国内一般将伽利略、培根等人开创的实验科学及至牛顿的经典力学视为“近代科学”，而将18世纪与19世纪的科学称为“自然科学”，对19世纪以来的科学称为“现代科学”。国内有学者指出如此划分的问题并尝试将16至19世纪的科学纳入现代视野，如炎冰提出“现代性科学”概念，他认为“自16世纪至19世纪（部分可延续至今），自然科学的形而上学基础、分析研究的科学方法论及其功效、价值取向等方面已经彰显出的某种总体特色，故笔者以‘现代性科学’冠名之。而对于20世纪初生发的相对论、量子力学以及生态学、系统论、混沌学等明显（转下页注）

略、霍布斯、笛卡尔、牛顿等人为代表的近现代科学对自然、宗教乃至世界“祛魅”(disenchantment)。近现代科学的机械论与二元论对物进行切割与分解，消解了物之“魅”，物成了空洞的实体，人与物以及物与物之间的关联被割裂，物被置于人的对立面，人与物的关系被“物化”(reification)。

自20世纪60年代以来，随着人工智能、生物工程等技术的突破，“赛博格”(cyborg)的出现体现了人与物之间界限的日益模糊，物“入侵”了人的身体，机器与有机体之间的“亲密缠绕”引发了对“人－物”关系的重新思考，物的世界开始“返魅”(reenchantment)。物的“返魅”在“后现代科学”①中一方面体现了对二元论与机械论的批判与超越，如布鲁诺·拉图尔的“拟客体”(quasi－object)与“杂合物”(hybrids)概念，另一方面也体现为对整体性与关联性的强调，强调整体与部分、主体与客体之间的内在关联，如大卫·格里芬的“有机整体观”、布鲁诺·拉图尔的“行动者网络理论”等。后现代科学面临现代性科学的危机，对现代科学的起源、本质等诸多方面进行反思与批判，重构了人与世界、人与自然以及人与物之间的关联，力图弥合“现代性科学”机械论与二元论带来的世界的“祛魅”，人与物、主体与客体以及身心的分裂与对立。在后现代科学视域下

(接上页注①)异质于现代性科学特色的新学科的发展，则视为科学的‘后现代转向期’”。本文延续了炎冰的观点，即将16世纪至“二战”前，以培根、伽利略、笛卡尔、牛顿等人为开端的近代科学纳入现代科学中，一方面符合西方对现代科学的划分，同时又为了将之与国内“现代科学”的概念相区别采用“现代性科学”的概念，而认为20世纪以来相对论与量子论等理论的发展及其带来的学科性质的深刻改变属于“后现代科学”。参见炎冰《“祛魅”与“返魅”——科学现代性的历史建构及后现代转向》，社会科学文献出版社，2009，第54页。

① 目前学界对于“后现代科学”的定义依然较为模糊，蔡仲在《什么叫后现代科学》一文中认为后现代科学有三种形态，即以大卫·格里芬等人为代表的“有机论的后现代科学”，以利奥塔、福柯以及科学知识社会学(SSK)为代表的“科学知识权力说”，德里达的“科学文本的解构主义”。而炎冰则提出了对“后现代科学”与“后现代科学观”之间的区分，他认为严格意义上的“后现代科学”指“一种由现代性科学内部裂变而生成的科学群”，而“后现代科学”则是“以后现代的理论视角与解析方法去窥探、分析和批判现代性科学的理论生成、静态解构、运行机制、形上基础和社会功效等内容形成的理论群”，根据他的观点，诸如相对论、量子力学、混沌学等都被认为是“后现代科学”，而科学知识社会学、知识权力理论、解构主义等则是“后现代科学观”。本文中所谈到的“后现代科学”主要指“后现代科学观”，即以后现代理论的角度去分析和批判现代科学的理论群，是广义上的“后现代科学”。参见蔡仲《什么叫后现代科学》，载《科学技术与辩证法》2002年第5期；炎冰《“祛魅”与“返魅”——科学现代性的历史建构及后现代转向》，社会科学文献出版社，2009，第64－67页。

物的“返魅”凸显了“人－物”整体的平等的连通性（connectivity），与当代物质文化研究以及物性诗学的发展联袂而行。

国内学者的研究从科学哲学与技术的角度关注到“返魅”的有炎冰的《“祛魅”与“返魅”——科学现代性的历史建构及后现代转向》，其中对“现代性科学”的“祛魅”与“后现代性科学观”的“返魅”追根溯源，对概念进行辨析并阐述了其历史建构。孙慕天的《释魅》从词源学角度分析了中西方语境下的“魅”及当代“返魅”的必要性。肖峰在《技术的返魅》一文中从“返魅”的角度出发把握当代技术，黄红生的《论信息技术对世界的祛魅与返魅》展现了信息技术对返魅的重要性。此外，也有学者从生态角度出发论述自然的返魅或是将返魅运用于生态批评中，如牛庆燕的《一种生态觉悟：从自然之“附魅”、“祛魅”到“返魅”》、雷鸣的《祛魅与返魅：新世纪生态小说的现代性反思》等等。在哲学与美学层面谈到“返魅”的如张法的《新世纪西方美学新潮对西方美学冲击和对中国美学的影响》与《西方哲学中 thing（事物）概念：起源，内蕴，演变》等。但系统地对“物的返魅”和“人－物”的活态关系进行论述的主要是我们在《活态文化与物性的诗学》《论物质性诗学》《通向一种物性诗学（笔谈）》《马克思主义视域中的物质文化研究》《论文学物性批评的关联向度》等著述中所做的一系列论述，其在全球化的语境下针对物质文化研究的现状与缺憾，从物性诗学的内涵、关联向度、发展、物性与人性以及物观念与人观念的关联等诸多方面进行了理论的建构与阐述，凸显了“物性关联”，强调建立“与物为春”的新型“人－物”关系，涉及物的返魅等问题。[①] 此外，刘洁在《物的返魅与文学物性批评》中对“附魅”“祛魅”“返魅”做了谱系梳理与研究，并将之与物性诗学相关联。[②] 总的来说，国内关于“物性诗学”的研究方兴未艾，而在后现代性科学视域下对物的“返魅”进行论述的成果较少。因而，本文主要立足于后现代科学，阐述二元论、机械论的现代性科学对物的“区分－隔离”式研究，对物之“魅”的消解以及对人与物、主体与客体关系的割裂。后现代性科学观则批判与反思了二元论与机械论，提倡对物的“关联－结合”式研究，强调人与物、人与世界

① 参见张进《活态文化与文学物性批评》，人民出版社，2014；张进《通向一种物性诗学》，载《兰州学刊》2016 年第 5 期；张进《文学物性批评的关联向度》，载《文艺理论研究》2015 年第 3 期。

② 参见刘洁《物的返魅与文学物性批评》，兰州大学硕士学位论文，2015 年。

以及主体与客体的连通性。因而，本文主要立足于后现代科学观的视域下，阐述后现代科学观如何推动物的“返魅”，并以大卫·格里芬的“有机整体观”与布鲁诺·拉图尔的“杂合物”和“行动者网络”为例具体阐述后现代科学观强调整体与部分、主体与客体、人与自然、人与物之间的平等的“同志式”的关联。同时，将“后现代性科学”视野中物的“返魅”与当代物质文化研究、物性诗学相联系，阐发其在当下的重要意义与启示。

本文主要分三个部分展开，第一部分首先从词源学角度对“附魅”“祛魅”与“返魅”进行简单的梳理，而后具体论述物的“返魅”的含义及其缘由。第二部分阐述则集中在后现代科学观下谈论物的“返魅”，以大卫·格里芬与布鲁诺·拉图尔的理论为例，尝试分析物的“返魅”的可能性与方式。第三部分则主要论述后现代科学视野下“物的返魅”和物质文化研究及物性诗学的契合之处，指出其在当下的重要意义。

一 物的祛魅与返魅

“返魅”（reenchantment）与“祛魅”（disenchantment）都是在“附魅”（enchantment）一词前加上词根“dis”或“re”复合而成。在陆谷孙主编的《英汉大词典》中，“enchant”有“对……用魔法、念咒语，使带上魔力（魅力），使陶醉”等含义，“enchantment”指“着魔，法术，陶醉、狂喜；魅力”等，而“disenchant”意指“不再着迷、不抱幻想、醒悟”。[①] 根据网上词源字典的查找，“enchantment”一词大致出现于14世纪，是从古法语“encantement”（魔法咒语，歌曲、音乐、合唱）一词演变而来，作为“魅力”的象征性意义出现于1670年左右。“enchanter”则来源于古拉丁文中的“incantāre”（念咒语，着迷），是词根“in”加上“cantare”（唱歌）复合而成[②]。在谢大任的《拉丁语汉语词典》中，“incantāre”的动词不定式为“incantō”，incantō由词根“in”和“cantō”组合而成，“cantō”有“唱、鸣、啼，拖长声调说话，念咒语，朗诵，歌颂，劝导”等含义，incantō是“念咒语”“施魔术于”和“唱”的意思。[③] 通过对词源的简单整理可以看出，“enchantment”最初的含义为“歌唱、念咒，施魔法”，而后衍生出了

① 陆谷孙主编《英汉大词典》，上海译文出版社，1989，第1038页。

② 参见 http://etymonline.com/index.php?allowed_in_frame=0&search=enchantment。

③ 谢大任主编《拉丁语汉语词典》，商务印书馆，1988，第80、276页。

“魅力、着迷、陶醉”的含义。此外，根据英语维基百科词条，“disenchantment”对应德文词“Entzauberung”，是马克斯·韦伯借用席勒的概念来描述现代西方社会官僚化、世俗化的特征。① 大卫·格里芬在《后现代科学》中也提到，“弗雷德里希·席勒比韦伯早一个世纪就谈到了自然的祛魅，他用的是 Entgotterung 一词，字面上的含义是自然的非神性化……韦伯在形容‘祛魅’时用的是 Entzauberung 一词，字面上的含义是‘驱逐魔力’。”② 孙慕天在《释魅》中指出“Entgotterung”的词源是“ent - gottert”，其中“Gott”即英语的“God”，即神，“ent”则是表示消退的词冠。③

由上述对词源的简单梳理可以看出，“enchantment”主要有“施魔法、歌唱、念咒”的含义，而后引申出了“陶醉、着迷”的含义，在这里译作“附魅”，主要是指在前现代时期的万物具有生命与神秘性，如爱德华·泰德提出的“万物有灵”。在前现代时期，“附魅”将物视为普遍有生命的，物是世界的中心，人对物充满恐惧与敬畏，人与物混同整一。④

“disenchantment”可追溯至席勒的著作，指自然的非神性化。马克斯·韦伯借用了席勒的概念，将之用于描述西方社会由前现代向现代社会转变的过程中，理性对宗教乃至“世界的祛魅”（the disenchantment of the world），即“任何时候，只要我们想了解，我们就能够了解；我们知道或者相信，在原则上，并没有任何神秘、不可测知的力量在发挥作用；我们知道或者相信，在原则上，通过计算（Berechnen），我们可以支配（Beherrschen）万物。但这一切所指唯一：世界的除魅（Entzauberung der Welt）”⑤。现代化的过程是人的自我发现与工具理性不断高涨的过程，工具

① https://en.wikipedia.org/wiki/Disenchantment

② 参见〔美〕大卫·格里芬《现代科学》，马季方译，中央编译出版社，1995，第3页。

③ 孙慕天：《释魅》，载《民主与科学》2009年第6期。

④ 爱德华·泰勒在《原始文化》中提出的“万物有灵”论，是指人们将物认为是有灵的，“人们把有灵性的生物的性命妄加到它们身上。人们不只是像想象的个人那样来讲述它们，而且把人格的活动也妄加到它们身上，甚至有时说它们曾经生活在地上”。袁珂在《中国神话史》中提到“神话思维”，认为，“这种思维活动的特征，乃是以好奇作基因，把外界的一切东西，不管是生活或无生物、自然力或自然现象，都看作是和自己相通的有生命、有意志的活物。而在物我之间，更有一种看不见的东西做自己和群体的连锁。这种物我混同的原始思维状态，法国学者列维 - 布留尔称之为原始思维”。“万物有灵论”“原始思维”或“神话思维”都是对万物“附魅”的以及人与物或人与世界混同整一的体现。参见〔英〕爱德华·泰勒《原始文化》，连树声译，上海文艺出版社，1992，第292页；袁珂《中国神话史》，上海文艺出版社，1988，第8页。

⑤ 〔德〕马克斯·韦伯：《学术与政治》，钱永祥等译，广西师范大学出版社，2004，第168页。

理性强调计算的原则，将世界视为机器，将自然视为空洞实体，认为理性能够支配与控制自然。“世界的祛魅”不仅体现为宗教的“祛魅”，同时也体现为自然的祛魅与社会层面中人的“物化”（reification）。

第一，格里芬认为，“自然的祛魅”主要指“否认自然具有任何主体性、经验和感觉。由于这种否认，自然被剥夺了其特性——否定自然具有任何特质；而离开了经验，特性又是不可想象的”。[①] 在“祛魅”的过程中，自然或物的神秘性与主体经验被消解与剥离，物不再如前现代时期一样被置于世界的中心为人敬畏与崇拜，而是被置于人的对立面，现代性科学以机械论与二元论的方式对物进行切割分解。具体来说，以伽利略、霍布斯、笛卡尔、牛顿、波义耳等人为代表的“现代性科学”重视对自然的控制、改造，侧重实验观察的方式，具有机械论与二元论的特征。如霍布斯在其理论中将世界与人都理解为机器，认为世界只有物体存在，哲学主要研究两类物体即自然物体与人工物体，人属于自然物体，“人是世界这架大机器中的精巧的小机器；人和钟表一样，心脏是发丝，神经是游丝，关节是齿轮，这些零件一个推动一个，造成人的生命运动”[②]。这种机械论的观点将客观世界与人都理解为机器，人的生命发展与机器的零件组装之间没有区别。笛卡尔提出的二元论则将物质与心灵做出彻底的区分，他认为物质与心灵都是实体，但二者之间不存在相互作用，自然完全外在于人，人与自然至此被彻底地割裂与分离。[③] 现代性科学的二元论与机械论体现为控制自然和操纵自然的欲望，侧重于实验的方式，对自然与物进行切割与分解，物成为单面和空洞的实体。张法在《西方哲学中thing（事物）概念：起源，内蕴，演变》一文中指出：“现代性的特征，从正面讲是科学化，首先是用经验态度和实验室方式来对事物，把任何东西都归纳为一个物，可以到实验室里进行解剖和分析；然后用理性态度（所谓科学逻辑）进行整体的归纳。从反面讲是去魅化，即从经验态度到实验方式到理性总结，都把与西

① 〔美〕大卫·格里芬：《后现代科学》，马季方译，中央编译出版社，1995，第2页。

② 赵敦华：《西方哲学简史》，人民出版社，2012，第208页。

③ 笛卡尔的自然哲学以“我思故我在”即自我的确立作为第一原则，确认了心灵与物质都是实体，而实体不需要任何东西而存在，我们是通过本质属性来认识实体。物质的本质属性是广延，而心灵的本质属性是思想，其二者之间没有共同之处，因而心灵和物质也是独立存在而不是相互作用的。参见赵敦华《西方哲学简史》，人民出版社，2012，第211－222页。

方型的科学－理性－逻辑相反的宗教、玄学以及一切怪力乱神全排斥出去。”① 西方的“thing”概念原本包含物与事两方面的内容，但在西方现代化与现代世界观兴起的过程中，事的一面被遮蔽而物的一面被凸显出来，在语言中需要使用事的概念时多用“event”或“affair”。现代性过程中科学的发展将“动态变成静态，虚体变成实体”，一切都被量化，物变成了单一的实体，而其丰富的内涵被遮蔽，自然与万物被“祛魅”，人也被量化为物。

第二，自然“祛魅”深入社会与文化层面中便造成人的“物化”。马克思、卢卡奇、霍克海默以及阿多诺等人都对此进行过深刻阐述。马克思的“商品拜物教”指出了商品交换过程中，物与物的关系取代了人与人之间的关系，卢卡奇在《历史与阶级意识》一书中阐述了从手工业到机器生产过程中，韦伯意义上的“合理性”尤其是量化与可计算性原则如何一步步消除人们之间的差别，将生产主体与产品之间割裂，最终导致了生产主体自身的分裂，人成为一个个孤立的原子。在《启蒙辩证法》中，霍克海默和阿多诺认为启蒙所带来的并非是预想中的光明，而恰恰相反，启蒙退化成了神话，而神话则成了启蒙，“被彻底启蒙的世界笼罩在一片因胜利而招致的灾难之中”②。导致这种现象的原因在于人类的启蒙本义是要根除泛灵论和神话，以理性唤醒世界，但神话中蕴含着的合理因素以及人们逐渐战胜自然走向逻辑的过程，都被启蒙一并抛弃和忽视了。抽象和数学等启蒙的工具利用知识对自然祛魅，把一切不可度量之物都摒除在外，使得现实中的一切都被等同了起来，人和物在这个过程中被量化。启蒙的过程是对泛灵论与神话的摒弃，同时也割裂了人与物之间的关系。

在世界的“祛魅”过程中，物成为外在于人的存在，其神秘性被抽离，自然、世界以及人被量化为物进行切割与分解，人成为机器世界中孤立的原子。一切不可量化之物都在此过程中被排斥出去，人与物动态的关联被割裂，人被“物化”。

在对世界“祛魅”的过程中，现代性科学起着重要的推动作用，哲学与科学在17世纪尚未明确区分，近代哲学家如培根、霍布斯、笛卡尔等人

---

① 张法：《西方哲学中thing（事物）概念：起源，内蕴，演变》，载《社会科学战线》2013年第3期。

② 〔德〕马克斯·霍克海默、西奥多·阿道尔诺：《启蒙辩证法》，渠敬东、曹卫东译，上海世纪出版集团，2006，第1页。

同时也是科学家。近代科学的兴起与工业时代的到来，催生了人理性的高扬，格里芬认为现代科学滋生了激进的个人主义、人类中心主义、父权制等，并带来了诸多的问题如生态危机与核危机，① “现代性及对现代性的不满皆来源于马克斯·韦伯称的‘世界的祛魅’（the disenchantment of the world）”②。此外，现代性科学在对世界的祛魅过程中，也造就了自身的“神话”，如培根所说的“知识就是力量”，科学与工具理性将世界万物量化，在熟悉万物的过程中统摄万物，一切不可被度量之物都被排除出去。

综上所述，现代性科学的发展推动了世界的祛魅，造成了现代性的各种危机与问题，而现代性科学自身却成为“神话”，或者如拉图尔所言的，成为“黑箱”（black box）。而“返魅”（reenchantment）与“祛魅”相对，是对现代“祛魅”的批判与逆转，对“现代性科学”二元论与机械论的反思与超越。就物的返魅而言，一方面，“返魅”要重新构建“物”概念的丰富性，重新理解物之“魅”，另一方面则关注“人 - 物”关系以及人与世界、物与物之间的关系，力图弥合人与物二元对立的分裂，强调整体与部分、主体与客体之间的内在关联，建构人与物之间平等的“同志”式的关联。

二 后现代科学与物的返魅

“后现代科学”一词最早见于 1966 年马特森（F. Matson）的《破碎的意象：人、科学和社会》一书，指一种宽泛意义上的科学文化现象。③ 20 世纪 70 年代中期，后现代主义向科学领域中渗透，利奥塔在 1979 年出版的《后现代状况》中阐述了现代科学的合法性问题，认为现代科学依靠元话语来使自身合法化，如精神辩证法、意义阐释学、财富的增长等大叙事，而“后现代”就是对这种“元叙事”（meta - narratives）的怀疑。后现代科学关注的是不可确定的现象、“碎片”、灾变等，“后现代科学将自己的发展变为一种关于不连续性、不可精确性、灾变和悖论的理论……它生产的不是

① 参见〔美〕大卫·格里芬编《后现代精神》，王成兵译，中央编译出版社，2012，第 23 - 29 页。

② 〔美〕大卫·格里芬：《后现代科学》，马季方译，中央编译出版社，1995，第 1 页。

③ 参见炎冰《“祛魅”与“返魅”——科学现代性的历史建构及后现代转向》，社会科学文献出版社，2009，第 64 页。

已知，而是未知”[①]。利奥塔从语用分析学的角度阐述了科学知识的合法性问题。而1988年，大卫·格里芬的“后现代科学”进一步催化了有关“后现代科学”问题讨论的进程，格里芬在《后现代科学》一书的序言中谈到，他所提出的“后现代主义”是一种建设性的后现代主义，亦即“通过修正现代前提和传统概念来建构一种后现代世界观。建设性或修正的后现代主义是一种科学的、道德的、美学的和宗教的直觉的新体系，它并不反对科学本身，而是反对那种允许现代自然科学数据单独参与建构我们世界观的科学主义。”[②] 20世纪70年代以来，后现代思潮在科学领域的渗透过程中出现了后现代理论家对科学的诸多误读，1996年的“索卡尔事件”以及随后的“科学大战”是科学家及实证主义立场的哲学家与后现代思想家之间进行的论战，[③] “索卡尔”事件引起了全球广泛批判后现代科学的思潮。学界目前对于“后现代科学”仍没有较为一致的定义，但都指出了后现代科学是对现代性宏大叙事与大理论的批判与反思。一方面，现代性科学引发的各种危机导致了现代科学的后现代转向；另一方面，诸如相对论、量子论等理论的发展引起了对科学的性质、起源的不同理解，引发了对科学的“祛魅”。

在“后现代科学观”的诸多理论中，蔡仲认为后现代科学主要有三种形态，即“有机论的后现代科学”“科学知识权力说”以及“科学文本的解构主义”。其中，大卫·格里芬是“建设性的后现代主义”及“有机论后现代科学”的代表学者，他在《后现代科学》一书中就后现代对科学认识的转变以及“后现代有机论”做出了阐述，指出了科学与“祛魅”之间的联系正在断裂，强调人与自然、人与世界之间存在着内在关联。“科学知识权力说”的代表是“科学知识社会学”（SSK），其内部包含以大卫·布鲁尔为代表的爱丁堡学派和以布鲁诺·拉图尔为代表的巴黎学派。爱丁堡学派强调“强纲领”（strong - program）的对称性原则，而拉图尔则认为爱丁堡

① 〔法〕让-弗朗索瓦·利奥塔尔：《后现代状态：关于知识的报告》，车槿山译，南京大学出版社，2011，第204页。

② 〔美〕大卫·格里芬，《后现代科学》，马季方译，中央编译出版社，1995，序言，第9页。

③ 艾伦·索卡尔（Alan Sokal）向著名的文化研究杂志《社会文本》提交了一篇诈文，作者有意识捏造了一些常识性的科学错误，表明现代哲学的进步已经被后现代科学所证明，但是却没有被编辑所发现，而后其诈文曝光，引起了学界的诸多争议，并最终引起了科学与人文之间的论战。参见〔美〕索卡尔《“索卡尔事件”与科学大战：后现代视野中的科学与人文冲突》，蔡仲、邢冬梅译，南京大学出版社，2002，编者前言，第1-8页。

学派的对称性原则名不副实，依然是用社会学来解释自然，因而其提出了“广义的对称性原则”，力图平等地看待自然与社会。拉图尔在《我们从未现代过》一书中对现代性与后现代性做出了批判，提出了“非现代性”(nonmodernity)，针对主客体二元论进的观点提出了“反哥白尼革命”，强调“转译”（translation）与“网络”（network）概念，打破了自然与社会、主体与客体之间的对立与分裂。

1. 大卫·格里芬与“有机整体观”

大卫·格里芬在《后现代科学》一书英文版的序言中提到了“后现代”一词具有多重理解的方式，既可以指特定的19世纪和20世纪初流行在艺术文学领域中的“反现代主义”，也可指哲学上“解构性的后现代主义”，如维特根斯坦、海德格尔、德里达等人。格里芬认为这种“解构性的后现代主义”以一种反世界观的方式消除了世界观中不可或缺的部分，并最终导致了相对主义甚至虚无主义。因此，格里芬提倡“建设性的后现代主义”，这种后现代主义是“一种科学的、道德的、美学的和宗教的直觉的新体系”。“建设性的后现代主义”是一种修正的后现代主义，它并不是返回到前现代之中，也不是对现代性科学视而不见，而是对二者的修正与超越。

在《后现代科学》一书中，格里芬首先指出，现代性的“祛魅”趋势遍及世界的时候，一种反向运动也在历史学、哲学、心理学等领域出现，科学和“祛魅”之间的联系正在被割裂，因而他从关于科学性质的新认识、关于现代科学起源的新认识、科学本身的发展以及心身问题的思考四个方面来阐述“祛魅”的逆转，论述了支撑着这个世界“祛魅”的基础正在动摇，而后提出了“有机论”的观点 。“有机整体论”是在怀特海的“有机论”的基础上发展而来，是后现代有机论与整体论的结合。

格里芬指出伽利略等二元论者从本体论的意义上划分出了两种完全不同的基本存在，相应的，科学也被一分为二，即只言及动力因的科学与只谈终极因的科学，并且二元论者通过动力因消除终极因而达到科学上的统一，如一种消极的唯物论认为身心是统一的并以外在的物质的方式来解读意识，因而所有的痛苦、情感等都以物理的方式呈现出来，愤怒是某种神经的燃烧等等。而格里芬首先指出了所有原初的个体都是有机体，都有其目的因，目的因或终极因是不可消除的。其次，也不存在本体论上的二分而只存在不同的组织形式，即原初的有机体可以被组合成“复合的个体”与“非个体化的客体”，科学的内部具有二元性，而非本体论上的二分。而后，格里芬在怀特海“有机论”的基础上，引入了时间性，指出以往的观点认为世界的终极个体是永恒的，个体从外部看是物质的而其内部是有意识的，因而终极因与动力因平行发展而难以联系到一起。但引入了时间性之后，即当我们将终极个体理解为瞬间的而非永恒的，理解为“瞬间活动在时间上的集合”时，永恒个体必然要受到以往活动的影响（动力因）而又依次做出了反应（终极因），因而动力因与终极因就必然发生关联。伽利略等二元论与机械还原论适用于原初的、非个体化的客体，因为在这些客体中终极因的影响十分有限，而当面对复合主体时，这种二元论就面临着困难。如果身心之间的二分面临悖论，在复合主体之中，终极因的影响会越来越突出也愈加难以预测并失去规律，因而不能用物理学的范式来解决。格里芬据此提出了科学的五项原则，强调了科学不应该仅仅是研究物质性与实体性的，不应该仅仅是研究规则，也应该涉及经验与目的，研究“法则”而非规则。

格里芬的“有机整体论”强调“有机”“整体”与“内在联系”，反对现代性科学的机械论、二元论。后现代的整体观强调宇宙是完整的整体，整体包含于每一部分中，而部分也展开为整体，亦即是说，整体与部分之间存在着内在的关联。这种“内在的相关性”是克服主体与客体二元论的重要条件。而后现代的有机论则强调每一事物都有其终极因，一切事物都是主体，都有其内在联系。“整体有机论强调有机、整体与内在联系，强调我们与世界是一个整体，我们不仅包含在他人中，而且包含在自然中。事实上可以说，世界若不包含于我们之中，我们便不完整；同样，我们若不包含于世界之中，世界也是不完整的。”①

在这种有机整体观的基础上，格里芬反对人类中心主义，反对将世界与人之间看作是分离的，或以一种科学的计算的方式来看待世界，而强调人与自然之间的关系，整体与部分之间的关联，整体不仅仅包含于部分之中，部分也展开为整体，整体与部分之间存在着内在的关联，人与自然之间也存在着内在的、本质的、构成性的关系。格里芬倡导将人类纳入自然中，期望重建人与自然、人与物之间的关联。

2. 拉图尔与“反哥白尼革命”

《我们从未现代过》出版于1991年，在其开篇中，拉图尔指出了今天

---

① 〔美〕大卫·格里芬：《后现代科学》，马季方译，中央编译出版社，1995，序言第5-6页。

我们在阅读报纸的过程中，会发现生物学、社会、自然、文化等都杂糅到了一起，出现了各种“杂合体”（hybrids）。“现代”或“现代性”指“两组完全不同的实践形式”，即“转译”（transaltion）与“纯化”（purification），“转译”将自然与文化混合起来，而“纯化”则区分了两种完全不同的本体论，即人类与非人类。前现代时期处于自然与社会、符号与事物杂合不分的状态，现代制度将自然与人类、转译与纯化割裂分离开并纯化，对杂合物视而不见。但拉图尔指出了现代性的幻象，转译与纯化不可割裂，没有了转译，纯化将是无效的，而没有了纯化，转译也将缩小其影响范围。[①] 现代人认为他们将自然与社会区分，将自然纯化，但事实上，这种纯化是建立在转译的基础上的。“他们的成功恰恰因为他们将更大量的人类和非人类混合起来，他们并没有搁置任何东西，也没有排除任何联合！在纯化的工作与转译的工作之间的联结导致现代人的诞生，但他们却仅仅将其成功归于前者。”自然与文化并非割裂，杂合物始终存在，“现代人越认为自然不是混合物，它们就越与其他事物掺杂在一起。科学越是绝然纯粹的，就越是与社会结构紧密地绑在一起。”[②] 现代人相信自然与社会的二分，相信人类与非人类的二分，不断强调纯化，忽视了大量的杂合物，但恰恰是在现代制度中杂合物不断繁殖。拉图尔指出了现代性的这种悖论与幻象，认为从现代制度的角度上我们从未现代过，而现代制度的这种悖论与幻象的基础就在于二元论，因而拉图尔强调“反哥白尼革命”（Copernican counter-revolution）。康德对现象与物自体做出区分，认为物自体是超验的，现象与物自体之间存在着鸿沟，并且试图用判断力作为连接二者的桥梁。康德哲学被称为是哥白尼式的革命，而拉图尔则认为康德哲学这种将客体与主体分为两极并从两极出发来分析杂合物，析出其何者来源于客体，何者来源于主体的方式，“总是从两极开始，然后向中间靠拢，这里既是当初的分割点又是后来相反资源的结合点……这样，中间地带被维持下去同时又被取消，被确认同时又被否认，被明确分析却又被迫失语”[③]。因而，拉图尔倡导“反向颠覆”（reversed reversal），即“在中心趋向与两极趋向之间的

① 〔法〕布鲁诺·拉图尔：《我们从未现代过——对称性人类学论集》，刘鹏、安涅思译，苏州大学出版社，2010，第12页。

② 〔法〕布鲁诺·拉图尔：《我们从未现代过——对称性人类学论集》，刘鹏、安涅思译，苏州大学出版社，2010，第50页。

③ 〔法〕布鲁诺·拉图尔：《我们从未现代过——对称性人类学论集》，刘鹏、安涅思译，苏州大学出版社，2010，第88页。

转向，这种运动能够使客体和主体围绕拟客体和转译的实践而旋转”①，这即是“反哥白尼革命”，其目的是将中间地带与拟客体作为核心，以中间地带来分析两极，自然和社会都围绕着中间地带或者说集体而旋转，自然和社会都是集体的附庸。

拉图尔对现代性、现代制度以及后现代性做出了批判，指出了其悖论在于二元论，认为从现代制度的层面“任何人都未曾现代过，现代性从未开始过，从未存在过任何一个现代世界”②。杂合物、拟客体始终存在，二元论的结构越将自然与科学纯化，杂合物却越加繁殖。针对二元论的悖论以及康德哲学对现象与物自体的区分，拉图尔倡导“反向颠覆”，以中间状态取代两极，解构二元论。

拉图尔除了对现代性与后现代性的批判之外，还提出了“广义对称性原则”（general symmetry principle），对爱丁堡学派的“强纲领”的对称性原则做出批判，强调自然与文化之间的平等以及“行动者网络理论”（actor-network-theory）。“行动者网络理论”中的“行动者”不仅仅指人（actors），也包括了非人的存在和力量（actants），指科学知识的建构过程中产生影响的因子，异质性是行动者的基本特性。“一个行动者能在自己的周围构建一个网络，使其他要素依赖着自己，并将其兴趣转译进自己的网络中。”③ 行动者网络的确立，也就意味着科学事实的成立，如《科学在行动》一书就是行动者网络理论的实践，通过跟随科学家的步伐，打开“黑箱”（black box），拉图尔指出了在科学知识的建构中，自然和社会的要素不加区分地参与其中。真正从事科学的人并不都坐在实验室里，相反的是，实验科学家的存在只是因为有更多的人在实验室以外的其他地方从事科学，打破了传统中科学与社会的二分。

“后现代科学观”涵盖的理论复杂多样，如“科学知识社会学”，其内部也有诸多的分歧，如巴黎学派与爱丁堡学派之间的论争，SSK 与后 SSK 之间的差异等。后现代科学观的理论虽然存在着诸多的差异与不同，但是也有共通之处，即对于现代性科学的反思、批判与重构。解构性或消极的

① 〔法〕布鲁诺·拉图尔：《我们从未现代过——对称性人类学论集》，刘鹏、安涅思译，苏州大学出版社，2010，第 54 页。

② 〔法〕布鲁诺·拉图尔：《我们从未现代过——对称性人类学论集》，刘鹏、安涅思译，苏州大学出版社，2010，第 54 页。

③ 郭明哲：《行动者网络理论（ANT）——布鲁诺·拉图尔科学哲学研》，复旦大学博士学位论文，2008。

后现代科学强调差别（difference）、解构（deconstruction），而建构性的后现代科学则强调整体（integration）、连通性（connectivity）、关系（relation），这种对于整体、关联的强调在格里芬与拉图尔的理论中也有所体现。格里芬的“有机整体论”强调人与自然的整体性，而拉图尔的“反哥白尼革命”对二元对立进行解构，在后现代科学的视域下，物的概念、人与世界、人与物的关系被重新审视，二元论与机械论对物的“区分－隔离”式研究被批判，整体性、有机论与连通性得到凸显。

三　物的“返魅”与物性诗学

近20年来文学批评领域出现了物质性转向，即从语言、言语、文本转向了物质性、生物性等内容。[①]“物性诗学”（poetics of thingness）主要从物性维度来阐发诗学问题，如我们指出：“20世纪以来试图从物质性角度阐释文学活动的各种理论流派，汇聚成一个物质性诗学的批评趋势，广泛涉及了文学的符号物质性、社会物质性、历史物质性、述行物质性和事件物质性等诗学问题，其中也融会了语言学、哲学和史学发展的深刻洞见。”[②]在《通向一种物性诗学》一文中，我们从四个层面对“物性诗学”进行分析，指出了“物性诗学”建立在物性本体论的基础上，体现了文学从“人性的表征”（reprensentation of humanity）到“物性的体现”（embodiment of thingness）的转型，文学文化研究的重心从“主体间性”（inter-subjectivity）到“事物间性”（inter-objectivity）的转移，以及“物性”与“诗性”的内在关系。[③]后现代科学视域下物的“返魅”，对于“物”的理解以及人与世界、人与自然和人与物连通性的强调与物质文化研究以及“物性诗学”联袂而行。

在物质文化研究领域中，正如鲍德里亚在《消费社会》的开头所谈到的：“今天，在我们的周围，存在着一种由不断增长的物、服务和物质财富所构成的惊人的消费和丰盛现象。它构成了人类自然环境中的一种根本变化。恰当地说，富裕的人们不再像过去那样受到人的包围，而是受到物的包围……我们生活在物的时代：我是说，我们根据它们的节奏和不断替代

① 参见张进《论物质性诗学》，载《文艺理论研究》2013年第4期；张进《文学物性批评的关联向度》，载《文艺理论研究》2015年第3期。

② 参见张进《论物质性诗学》，载《文艺理论研究》2013年第4期。

③ 参见张进《通向一种物性诗学》，载《兰州学刊》2016年第5期。

的现实而生活着。”[①] 物、物质性与物质文化研究都是当代学术研究的重点。“物质文化是一个激发新思考和促进新的对话的场所。若是一定要规定物质文化的定义，那么不如把它想象成一个谈话空间或论坛……不同学科领域的人聚集到这个空间，不是为了寻找结论，而是为了发现问题和寻求启示，以更深入更有效地理解和描述我们生存的世界。”[②] 在物质文化研究中，技术发展与物质文化的关系是物质文化研究领域中的重要维度。而随着后现代科学的发展以及生物技术、人工智能等技术的突破，诸如“赛博格”的出现造成了人与物界限的模糊。著名女性主义批评家哈拉维（Donna Jeanne Haraway）提出的“赛博格”（cyborg）体现了机器与肌体、有机的生命过程与无机的机械过程的互相重叠、互相合并。“赛博格”或者“电子人”“合成人”指“受控制的有机体，是社会的现实产物和虚构产物的杂交”[③]。以哈拉维的观点看，当今社会的我们都是电子人，随着医学的进步，义肢、植皮、整容以及试管婴儿等已经成为现实中普遍的现象，在生活中随时都能发现这种“电子人”的存在。“电子人”或“合成族”体现了人与物界限的不断模糊，因此哈拉维提出，我们应该摆脱传统中对于物、机器和技术发展的恐惧。传统中认为物是没有生命的，我们给物以生命、膜拜物或是被物所奴役、统治物的观点在哈拉维看来已经过时了，当代技术发展使得物成为我们不可分割的一部分，“机器就是我们，是我们的过程，是我们具体化的一个方面。我们可以对机器承担责任，他们不会统治或威胁我们。我们来制定界限，我们就是他们”[④]。“赛博格”等的出现模糊了“物”与“人”的界限，如何去定义人与物以及二者的关系是当代物质文化研究亟需回答的问题。而后现代性科学观视域下的物的“返魅”，希望对人与物、主体与客体的关联性的强调能够为与当代人与物之间的“亲密纠缠”带来新的启示。

在物性诗学领域中，我们认为，物性诗学建立在“物性本体论”的基础上，物性本体论是其区别于其他类型诗学的重要特征与维度，而拉图尔在海德格尔的基础上，强调“杂合物”“拟客体”与“中间状态”，号召“反哥白尼革命”。“这种‘革命’，并不是要从‘认识论’回归到‘本体论’，而是试图将包括‘语言论’在内的多种本体论思想成果会聚于‘物’，

① 〔法〕让·波德里亚：《消费社会》，刘成富、全志钢译，南京大学出版社，2001，第1-2页。
② 孟悦、罗钢主编《物质文化读本》，北京大学出版社，2006，第4-5页。
③ 孟悦、罗钢主编《物质文化读本》，北京大学出版社，2006，第392页。
④ 孟悦、罗钢主编《物质文化读本》，北京大学出版社，2006，第422页。

并从本体论的高度去把握‘物性’。”[①] 其理论对于物性本体论产生了深刻的影响，与物性诗学联袂而行。此外，张法指出，西方的“thing”概念有事与物的内涵，但是随着现代化潮流的进展，科学与理性的去魅化在语言上也引起了变动，“thing”概念中“物”的一面被凸显，而“事”的一面被遮蔽了，在中国语境中被翻译为了“物”。[②] 后现代科学观在对“现代性科学”的反思与批判中，力图重构人与物、人与世界之间平等的同志式的关系，与“thing”概念中“事”的内涵有相契合之处，对事物的实体性走向事物间性（inter-objectivity）起到了推动作用。事物间性不仅凸显了物质性，而且还强调了一种互动性与关联性，在物性诗学中就体现为人与物之间的亲密纠缠。而后现代性科学观强调连通性和内在关联，力图弥合人与物、人与自然的关系，这种对于关系性与关联性的强调，与物性诗学之间存在着相互契合之处。

20世纪60年代以来出现了诸多的“后范式”，如“后结构主义”“后马克思主义”“后人文主义”等，马尔库斯在《作为文化批评的人类学》中提出“表述的危机”（crisis of representation），认为后现代主义的突出特征在于对大理论与宏大叙事的反思与解构，当代充满了差异性，而当大理论无法解释这些变异性，无法应对当代的困境时，就出现了表述的危机。不论是哈拉维提出的“赛博格”或拉图尔的“杂合体”的概念，都体现出了后现代人与物、主体与客体之间的模糊性，物的观点受到了挑战，亟需新的理论范式与新的理论视野对“人－物”关系进行反思。

现代性科学与世界的“祛魅”联袂而行，以机械论与二元论对物进行了“区分－隔离式”研究。在这个过程中，物之“魅”被消解，物成了外在于人的空洞的实体，人与物的关系被割裂与物化。随着后现代科学与生物技术的发展，“后现代性科学观念”反思、批判与解构现代性科学对世界的“祛魅”，反对现代性科学的二元论与机械论，强调有机论、整体论与关联性，对物的研究转为“关联－结合”式，强调主体与客体、整体与部分之间的内在联系，力图重构人与物、物与物之间平等的关联性，弥合人与物之间的裂隙。

（作者单位：广东外语外贸大学外国文学文化研究中心；兰州大学文学院）

① 张进：《通向一种物性诗学》，载《兰州学刊》2016年第5期。

② 张法：《西方哲学中thing（事物）概念：起源，内蕴，演变》，载《社会科学战线》2013年第3期。

修辞和逻辑的张力

——保罗·德曼寓言式阅读理论略论

武淑冉

摘　要： 保罗·德曼以语言的修辞本质为立足点，展现出逻辑试图控制修辞、修辞时刻决裂逻辑的紧张关系，揭露了真理总在实施权威、言辞不懈颠覆真理的事实，并在此基础上建构起寓言式阅读理论，开启了修辞－言辞批评的锋芒。其目标在于颠覆神圣意义、打破逻各斯神话，从而将反深度进行到底，凸显“新智者”的修辞至上。值得注意的是，德曼的寓言式阅读理论揭示了语言的隐喻暴力，蕴含着隐蔽的政治诉求。他试图揭露出政治文本中的霸权策略及其内在运作机制，摧毁整个社会意识形态借以维持自己势力的逻辑，从而实现对意识形态的解构，并还原出真实的现实。

关键词： 修辞；逻辑；寓言式阅读；解构；政治性

保罗·德曼（Paul de Man）是当代美国理论界最重要的批评家之一，是“耶鲁学派”的代表性解构批评家。当他在二战期间撰写的具有反犹倾向的文章被发现后，他的学术批评受到了牵连和诋毁，他本人也被冠上了“恐怖分子”的恶名。但他在文学理论上的贡献不容磨灭，他深化并发展了德里达的解构主义，提出了寓言式阅读理论，并在《阅读的寓言》（*Allegories of Reading*）[①] 一书中对这一理论做了集中阐释。

一　“修辞”和“寓言”概念的界定

“修辞”（rhetoric）和“寓言”（allegory）是德曼寓言式阅读理论的两

① 〔美〕保罗·德曼：《阅读的寓言》，沈勇译，天津人民出版社，2008。

个核心概念。“文学语言的决定性特征事实上是比喻性的，即广义的修辞学。”① 语言的修辞性是德曼寓言式阅读或修辞化阅读的基础，德曼正是以此为立足点，建构起他的寓言式阅读理论。《牛津文学术语词典》② 对这两个概念的解释分别为：“修辞是对雄辩术的有意利用，其目的在于使发表于公众场合的演说或书写达到最佳说服效果。”③“寓言是隐藏在字面或明显意义下的故事或视觉形象，具有明显的第二种含义。”④ 词典中的定义勾勒出“修辞”和“寓言”的基本样态，但为了把握德曼寓言式阅读理论中“修辞”和“寓言”的确切含义，我们有必要对这两个概念的演变进行关注，对修辞史和寓言史进行梳理。

从“修辞”这个概念的古典渊源来看，在希腊文中，“rhetoric 的字根 rhe，意思是‘使用语言’，亦即‘说话’或‘讲话’；rhetor 则是‘使用语言的人’。但 rhe 所指的‘使用语言’与一般的说话有别，它意味着包括声调、表情、动作在内的‘全方位’的说话，与在公众场合中发表‘演说’意思相近”⑤。简言之，rhetoric 指的是使用语言的艺术或说话的艺术。它“在西方古典时期的原始意义包含两个主要因素：一是以‘可能性’（probability）为基础，另一是以‘说服’（persuasion）为目的”⑥。因为修辞是被用来作为增强辩论性、强化语言感染力的一种手段，所以它在逻辑上的真实性往往无法保证。这也正是修辞术遭到抨击的主要原因。到了亚里士多德那里，他反对将修辞看作欺诈术，而是将其界定为一种有体系、有规则、有逻辑的论证方式：“修辞术就像是论辩术的分支，也像是伦理学的分支，伦理学应当称为政治学，因此修辞学也就像是政治学。”⑦ 在运用得当的情况下，修辞术不仅不会造成危害，还会产生良好的修辞效果。到了中世纪，修辞的重点转移至对讲词风格和辞格的研究，其理论基础在于辞格、语言风格、说服技巧的层层推进。说服目的的达成，必须依赖作为技巧的辞格。由此，修辞完成了一次蜕变：纯粹的雄辩术取代了具有政治实践意义的说

---

① Paul de Man, *Blindness and Insight*, Minneapolis: University of Minnesota Press, 1983, p. 185.

② Chris Baldick, *Oxford Concise Dictionary of Literary Terms*, Oxford: Oxford University Press, 2000.

③ Chris Baldick, *Oxford Concise Dictionary of Literary Terms*, Oxford: Oxford University Press, 2000, p. 188.

④ Chris Baldick, *Oxford Concise Dictionary of Literary Terms*, Oxford: Oxford University Press, 2000, p. 5.

⑤ ［加拿大］高辛勇：《修辞学与文学阅读》，北京大学出版社，1997，第117页。

⑥ ［加拿大］高辛勇：《修辞学与文学阅读》，北京大学出版社，1997，第7页。

⑦ 罗念生：《罗念生全集》第一卷，上海人民出版社，2004，第133页。

服艺术。在亚里士多德那里已有所表现的“转义”与“说服”的区别，在中世纪时被较为明确地分离开来。到了20世纪，修辞学经历了一次复兴，直接原因是哲学领域内“语言学转向”的诱发。尼采将修辞视为语言的本质，认为“所谓可以用于指涉用途的、非修辞的‘自然’语言的事物，是根本不存在的。语言本身就是纯粹的修辞诡计所产生的结果。……语言就是修辞，因为，它的意图只是传达一种观点，而不是一个真理”①。真理只是“一支运动着的隐喻、转喻和拟人法的大军……是现在仅作为金属而不作为硬币来发挥作用的隐喻”②。这就是说，语言即修辞。

德曼完全认同尼采对语言修辞本质的洞见，将修辞界定为“转义和比喻的研究”（我们正是在这一意义上使用修辞这一术语的，它与评论、雄辩、劝服等衍生而来的含义无关）③。德曼将尼采“语言即修辞”的语言学理论直接植入文学批评中，并作为其阅读文本的立足点。与尼采的目的——借语言的修辞本质证明人类认识的不可能，从而消解传统形而上学所依赖的根基不同，德曼意在打破深度阅读和整体幻象，消解逻辑神话，颠覆神圣意义，从而将“新智者”修辞至上的理念推至顶点。

德曼关注的是词语的横向组合关系，考察的是语言形式的研究，即强调语言符号和现实的联系并非建立在某种本质的必然联系上，而仅仅是一种虚构性、任意性和非生命性的联系。这种分裂性质决定了一切文学文本的语言都带有与生俱来的隐喻义，即语言与生俱来的修辞性。另外，德曼还将修辞范围做了扩展：从语言内部延伸至语言行为。不仅语言内部存在大量比喻和转义，而且语言与实在分离，不仅不具有本体论权威，而且仅仅是一种机械性行为。简言之，语言行为亦是修辞的一种。正是因为语言的修辞本质，一切阅读都成为误读。“修辞是语言本身特有的、必不可少的本质。它的特性，就在于怀疑，它将永远面对无中心、无定义的文本，而修辞反复在其中造成‘多重模糊不确定意义的交汇’。”④ 修辞作为语言结构的另一个维度，与语法、逻辑并存。“修辞性作为语言的独特特征必然会对真理造成颠覆，而且开辟了令人眩晕的指涉性变异的可能性。”⑤ 修辞的存

---

① 尼采：《古修辞学描述》，屠友祥译，上海人民出版社，2001，第20页。

② Paul de Man, *Allegories of Reading*, New Haven London: Yale University Press, 1979, p. 110.

③ Paul de Man, *Allegories of Reading*, New Haven London: Yale University Press, 1979, p. 6.

④ 赵一凡：《西方文论关键词》，外语教学与研究出版社，2006，第267页。

⑤ Paul de Man, *Allegories of Reading*, New Haven London: Yale University Press, 1979, p. 10.

在打破了逻辑和语法所建构的稳定意义，颠覆了语义层面的整体化。

从“寓言”这个概念的古典渊源来看，在希腊文中，寓言（allegory）源自allos（other）和agoreuein（speaking），意即“另一种言说”。在古希腊时期，寓言的意义与词源上的意义高度贴合，是一种借助故事虚构来寓指某种哲理的文学体裁。公元前6世纪，前苏格拉底学派对荷马史诗的阐释可视为寓言思想的起源。他们在荷马史诗的字面意思之外洞察到幽微深意，剥离出宇宙与人的相互关联，寓言观念从此萌芽。尽管柏拉图严苛批判了荷马史诗，但他的很多哲学观点都凭借寓言故事阐发，其中最为典型的是“洞穴”寓言。除了自觉地运用寓言外，柏拉图还对寓言做了较早的理论论述：“它跟反映现实本质的思维方式相反，也就是说，它反映的不是，或者说基本上对立于感觉和理性所确认的论据。”① 寓言虚假的修辞性使柏拉图对寓言深为反感，但另一方面，寓言强大的阐释性又使其难以弃绝寓言。在整个古希腊时期，寓言仅局限于词源意义，是一种具有修辞性的文学体裁，并凭借自身的阐释优势起到教化民众的功用。

公元1世纪初，生活在亚历山大里亚的斐罗（Phiol）深受古希腊文化影响，率先把荷马史诗的寓言阐释挪用到对《圣经》的阐释上，这极大地影响了中世纪基督教的寓意解经。公元2至3世纪，基督教教父长老之一奥里根（Origen）把寓言阐释进一步推进，将其提升至理论化的高度。“正如人有肉体、灵魂和精神，上帝为拯救人类所设的经文亦如是。”② 奥里根器宇轩昂地宣告：“就全部《圣经》而言，我们的看法是全部经文都必有精神意义，但并非全部经文都有实体意义。事实上，有很多地方全然不可能有实体的意义。”③ 他以寓言的字面义和深层义之别为出发点，刻意忽略《圣经》的字面义，着重挖掘经文字面下的精神意义。这就为《圣经》的四重解经奠定了基础。托马斯·阿奎那认为，《圣经》中涉及的人和事既有真实的字面义，又包孕着深刻的精神寓意。其中，“精神义”包括“隐喻义”“道德义”和“神秘义”，这三者与“字面义”共同构成了《圣经》阐释的四重意义。而其中的三重精神义正是《圣经》神圣旨意之所在。而这些带有浓重道德伦理的教义正是基督徒从《圣经》中刻意引申或凭空添加而来

① Edwin Honing, *Dark Conceit: The Making of Allegory*, Oxford: Oxford University Press, 1996, p. 8.

② 赵一凡：《西方文论关键词》，外语教学与研究出版社，2006，第127页。

③ 赵一凡：《西方文论关键词》，外语教学与研究出版社，2006，第128页。

的，目的在于凭借“寓意解经”的话语权来掌控社会规约的制定权，从而牢牢把控住教化民众的政治权力。寓言在中世纪被用作解释上帝言辞的手段，成为一种权威的阐释方法。

在中世纪和新时代之交，但丁的寓言意义将“经文四义”拓展至诗学领域。在《致斯加拉大亲王书》中，但丁就《神曲》将诗的阐释分为四重意义：字面的、寓言的、道德的、奥秘的。但丁将超越字面意义的后三重意义界定为寓言义，并将之推崇为诗的真义所在。“仅从字面意义论，全部作品的主题是‘亡灵的境遇’，因为作品的整个发展都是围绕它而进行的。但是如果从寓言义看，则其主题是人，人们在运用其自由选择的意志时，由于他们的善行或恶行，会得到善报或恶报。”① 但丁将四重解经挪用到诗学领域，其寓言意义旨在援引宗教为诗辩护，从而抬高世俗文学的地位。

总而言之，中世纪的寓言以对上帝的膜拜为中心，其意义直观简单，便于人们寻求精神慰藉的需求。“所有中世纪意义上的现实主义都导致了一种神人同形同性论。它把实际存在归结为一种观念，人们总想目睹活生生的观念，这种效果只能通过拟人化来达到，由此产生寓言。”② 寓言承担了某种中介的职能，在深奥的教义和可感的形象之间建立起联系，将抽象的说教寓于形象的事物中，使人们从具体事物中领悟神的教诲，由此成为一种思想控制的策略。鲜明的宗教色彩、浓重的说教意味、强烈的政治内蕴成为中世纪寓言阐释的主要特点。

启蒙运动后，随着教会势力的衰微，整个欧洲滑向世俗化的深谷，基督教寓意解经的权威性遭到严重质疑。到了18世纪浪漫主义时期，象征作为与寓言相反的美学范畴受到浪漫主义诗人、评论家的推崇。歌德充分肯定了象征的价值，将寓言贬斥为概念的外壳：“诗人究竟是为一般而找特殊，还是在特殊中显出一般，这中间有一个很大的分别。由第一种程序产生出寓意诗，其中特殊只作为一个例证或典范才有价值。但是第二种程序才特别适宜于诗的本质，它表现出一种特殊，并不想到或明指到一般。”③ 歌德指出，寓言发挥作用所凭借的不是它自身的在场，而是借助与其他意义的关联。寓言与自身的分离使它沦为一个丧失生命力、缺乏有机性的概

① 伍蠡甫：《西方文论选》，人民文学出版社，1964，第159页。

② 〔荷〕约翰·赫伊津哈：《中世纪的衰落》，刘军等译，中国美术学院出版社，1997，第213页。

③ 朱光潜：《西方美学史》（下卷），人民文学出版社，1979，第416页。

念。而象征则是意象和概念本身的高度融合，是感性和理性的深度和谐，具有整体、统一、有机的形而上优势。经过歌德、席勒、谢林的探讨，美学领域形成了贬寓言扬象征的普遍共识。“象征的霸权被确认为表现了语言的表现功能和语言的语义功能的统一，而且这种观点成为文学鉴赏、文学批评和文学史共同的、普遍的基础。”① 他们认为，象征是具体形象和寄托意义的统一、主观和客观的契合、普遍性和特殊性的融合，是文学艺术的本质特征。而寓言因形式与内容的分离、僵化的教义载体而当被贬斥为说教、独断、抽象的劣等模式，被视作没有意义的外壳而备受贬抑，徘徊于美学领域的边缘。

象征的整体性美学倾向使得寓言一度遭受排挤，直到20世纪以本雅明为代表的重估逻各斯思潮的出现，寓言才得到正名和复兴，而这与现代社会易变性、错位性、断裂性的生存体验密切相关。寓言字面义和指涉义的非对应性恰好是现代社会变动丛生、差异流布的投射，寓言言意断裂的特征恰好映现了现代社会的复杂性，因此，寓言再次进入理论家的视野，并在不同视野下得到新的阐发。

伽达默尔在对象征和寓言进行了一番仔细比对后，拎出了象征所依赖的“形而上学”背景，还原了寓言的“配列”前提。他以两者发挥作用所凭据的条件为出发点，试图为寓言阐释的有效性正名。他指出，象征之所以能够被提升为某种神秘符号的哲学概念，“就是因为象征绝不是一种任意地选取或构造的符号，而是以可见事物和不可见事物之间的某种形而上学关系为前提”②。而“当譬喻（寓言——引者注）本来并非以那种象征所要求的形而上学的原始类似性为前提，而只是以某种由惯例和固定教条所造成的配列为前提时，譬喻概念的修辞学成分在这一点上对于这种意义的展开还是有效的。”③ 伽达默尔以象征和寓言发挥功效的前提为切入点，将两者进行分离，为寓言阐释的有效性正名，从而恢复寓言的应有地位。

本雅明在寓言概念中引入时间范畴，认为寓言具有否定之否定的本质，能够在断裂中反映整体，具有反整体性表达的特质。“寓言在思想领域就如

---

① Paul de Man, *Blindness and Insight*, Minneapolis: University of Minnesota Press, 1983, p. 189.

② 〔德〕汉斯-格奥尔格·伽达默尔：《真理与方法》（上卷），洪汉鼎译，上海译文出版社，1999，第94页。

③ 〔德〕汉斯-格奥尔格·伽达默尔：《真理与方法》（上卷），洪汉鼎译，上海译文出版社，1999，第95页。

同物质领域里的废墟"[1]，而只有这种思想的碎片"才有希望通过对它们保持绝对的沉默表示出真理和公平，突出它们在世俗时间内暂未得到挽救的痛苦和地位"[2]。本雅明以寓言的非对应性解释现实世界的断裂感，赋予寓言以具体的社会内涵，借此深刻批判资本主义造成的破碎、衰微、灾异和死亡的悲哀景象，吁求人们从碎片中寻找意义和归宿，"寓言"式地展现从碎片和衰败中升起的生命赎救，由此发展出救赎的寓言。

德曼以本雅明寓言理论中的虚构性和否定性为基础，将寓言放置于新的视角——语言学进行阐发，并将寓言发展为寓言式阅读的文学批评方法。他以语言的修辞性为切入点，以浪漫主义文学作品为考察对象，从修辞角度宣称阅读的不可能。"语言不是服务于精神的工具。驱力、替代、压制以及再现的整个建构出现的可能是语言的绝对任意性（背离、隐喻）的结果（相关物），先于任何的定型和意义。"[3] 语言的修辞性使其逃离了逻辑的控制范围，这就指向了阅读有效性的问题。正是在这个意义上，德曼"第一次把讽喻（寓言——引者注）转变为后结构主义的文本和阅读模式"[4]。德曼把寓言发展为一种指向主体的阅读行为、一种无休止地解构和建构文本的阅读行为。寓言式阅读意味着要对文本做修辞性阅读，以修辞意义颠覆逻辑意义，揭示隐藏意义，从而实现解构把控文本意义的作者权威性的意图，确立读者在文本意义建构上的主动性。

寓言先天带有符号和意义的分裂性特征，这意味着客体和指涉意义之间虚构的一致性遭到质疑。文学叙述凭借语言来表述，但语言的修辞性又在时刻解构着自身。"文学同时存在于谬误与真理模式中，它对自身赖以存在的模式既服从又反叛。"[5] 即文本阅读永远呈现为盲视与洞见并存的二律背反的尴尬局面，阅读即不可能，阅读即失败。"任何写出的东西都必须被阅读，而且任何阅读都容易接受合乎逻辑的确认，但是，使这种确认成为必要的逻辑本身确是无法证实的，所以它自称为真理其实也是没有根据的。"[6] 阅读的不可能指的是语言的指涉意义逃离了逻辑的控制，从而滋生出逻辑之外的意义。在修辞意义的压迫下，逻辑意义被解构得支离破碎，

① 〔德〕本雅明：《本雅明文选》，陈永国、马海良译，中国社会科学出版社，1999，第132页。

② 〔英〕伊格尔顿：《美学意识形态》，王杰等译，广西师范大学出版社，1997，第326页。

③ Paul de Man, *The Rhetoric of Romanticism*, New York: Columbia University Press, 1984, p. 299.

④ 谢少波：《抵抗的文化政治学》，中国社会科学出版社，1998，第16页。

⑤ Paul de Man, *Blindness and Insight*, Minneapolis: University of Minnesota Press, 1983, p. 163.

⑥ Paul de Man, *The Rhetoric of Romanticism*, New York: Columbia University Press, 1984, p. 202.

读者陷入阅读失败的困境。

另外，在德曼的寓言概念中，时间是其本源性构成范畴。时间性因素的存在打破了象征对统一性的欲求，突出了客体与本源的距离，并强调寓言是关于第二个时刻的阅读。关于寓言的时间性特征，《阅读的寓言》中有这样一段关键表述：

> （在寓言中）我们所拥有的仅仅是符号与符号之间的关系，其中，符号所指涉的意义已变得无足轻重，但是在符号与符号之间的关系中同样必然存在着一种构成性的时间性因素；它之所以是必然的，是因为只要有寓言，那么寓言符号所指的就必然是它前面那个符号，寓言符号所建构的意义仅仅存在于对前一个它永远不能与之达成融合的符号的重复之中，因为前一个符号的本质便在于其（时间上的）先在性。①

这段叙述表明：寓言是历时的，它指向符号之间的关系，叙述的是符号和本源的距离和差异。时间是寓言性符号的本质，它引领阅读者回归纯粹居先的先前符号。寓言“通过放弃怀旧之情与欲望达成一致，从而使得自我与非自我免于一种幻觉上的同一，现在，自我被完全然而痛苦地看作一个非自我”②。语言与其指涉事物的关联是同一性的幻觉，两者一致的愿望注定不可能，而是悲哀地呈现出“分离、疏远和二元主义的意识姿态”③。德曼通过揭示寓言的分离本质，呈现了符号与意义断裂的事实，从而颠覆了象征的统一性，将象征的同一性梦想还原为一个破败的乌托邦。同时，寓言式阅读并不会有一个封闭的、终极的阅读，而是不断被一种替补式的阅读所替代。时间因素的介入，引起了对解构文本的再次甚至无休止的解构。文本成为不受时间限制的解构过程，成为无休无止的游戏。

修辞的巨大破坏性颠覆了文本的逻各斯神话，而这正是德曼寓言式阅读产生的切入点。他正是从语言的修辞性角度切入文本，讲述阅读失败的故事。“寓言式阅读就是在文本的修辞性阅读中，解构文本指定的意义，揭

---

① Paul de Man, *The Rhetoric of Romanticism*, New York: Columbia University Press, 1984, p. 207.

② Paul de Man, *Blindness and Insight*, Minneapolis: University of Minnesota Press, 1983, p. 207.

③ 〔美〕弗兰克·伦特里奇亚：《新批评之后》，王丽明、王梦景、王翔敏、张卉译，南京大学出版社，2017，第370页。

示隐藏的意义，是对前阅读的一种否定行为。”[①] 文本的自我解构源于语言的修辞性，正是在这个意义上，德曼的寓言式阅读与语言的修辞性建立起根本联系。而德曼修辞化阅读或寓言式阅读的目标就在于颠覆神圣意义、消解逻各斯神话、模糊象征与寓言的区分，从而将反深度进行到底，凸显“新智者”的修辞至上。

二　理论架构及其张力

德曼指出，语言在本质上是修辞性的。从符号学角度对语言内部探微，可见出语言符号和现实关联的虚构性，这导致语言内部无可避免地出现大量比喻和转义。沿形而上学路径对语言外部进行审视，可见出语言背离形而上学的依据，而仅仅作为一种行为存在，这凸显了语言的任意性。语言的修辞性成为文本中巨大的不稳定因素，以此为支点，德曼撬动了整个文本的确定意义，解构了逻各斯神话，提出了独特的修辞化阅读——寓言式阅读。语言符号的虚构性和语言行为的任意性使文本中出现两个并存的矛盾文本：一个是依据逻辑顺理成章得出的逻辑文本，另一个是按照修辞曲折洞见的修辞文本。两个文本相互否定、彼此疏离，却又同时并存，由此引起逻辑和修辞的紧张关系。而对两个文本张力的审视度量又会得出一种新的解读，此时，第三个文本——寓言出现了：它揭示了被逻辑文本掩盖的修辞文本，打破了逻各斯神话，解构了作为整体的文本。

其一，德曼从符号学角度对语言内部探微，指证语言符号与现实关联的虚构性。语言符号和指称对象之间的联系并非是植根于具有同一性质上的必然联系，而是基于语言修辞性所造成的幻觉，即能指的任意性。能指仅仅是某种纯粹的声音、一个自由的能指，不含任何实质意义。由于能指的任意性，语词所指意义的抽空便具有了合法性。而词语一旦脱离了意义，就拥有了极大的自由。它成为一个纯粹的符号，成为一个无意义的声音，成为一个不负任何责任的形象。

语言符号的任意性导致语言内部比喻和转义丛生，固有的文本——语法文本中出现了与之并存的第二个文本——修辞文本。通过对两个矛盾文本的审视，即寓言的阅读，可以见出修辞和逻辑间的张力在两个文本抗衡、

① 罗良清：《保罗·德曼：阅读的寓言理论》，载《马克思主义美学研究》2006 年第 12 期，第 250 页。

缠夹、颠覆的紧张关系中被一步步推进：修辞悬置逻辑、语法意义对抗修辞意义、修辞意义颠覆语法意义。修辞强力打破了逻各斯所构筑的整体神话，逻辑在修辞的攻击下节节败退，不断消解，直至销声匿迹。

具体来说，面对两种结构并存的事实，我们凭借语言学手段无从确定哪种意义占据优势。于是，在无从选择的困境中，逻辑被修辞悬置起来，展现出令人眩晕的不确定性。另外，由于两种结构并存，语法意义和修辞意义就同时出现了。而这两种意义又必须以排斥和否定另一方意义的合理性为自己争取合法性，因为一种读解恰恰是为另一种读解所斥责、排挤和敌视的对象。因而，语法意义和修辞意义不得不正面挑衅，直接对抗。这两种读解互相取消、彼此对峙，将我们推向“无从确定”的两难之境。我们也因此陷入“无力认知”的疲弱状态。除此之外，由修辞结构产生的修辞意义因其身份的非法性而不被承认，长久地处于某种被抑制和忽视的境地。而能指的任意性为其正当出场提供了强有力的证据，它可以同语法结构所产生的权威语法意义分庭抗礼。语法意义受到修辞意义的冲击，变得含混不清，它原来凭借权威性所遮蔽的意义被修辞直接揭示出来。逻辑和修辞之间的张力得到无限拉伸，统一化的意义变得暧昧直至被摧毁。修辞意义消解了语法意义，语法意义取消了修辞意义，文本在两难的境地中自我解构。

其二，德曼沿形而上学路径对语言外部进行审视，揭示语言与实在的分离，取消了语言的本体论权威，将语言还原为一种机械性行为，由此揭示出语言的任意性，以及在此基础上所获得的认知的虚幻性。

语言在形而上学幻象的支持下构造了一个隐喻：语言与实在相一致。两者间一致性的推论所依赖的是替换两极之间的可靠联系，而发生交换的两个实体间的关系链条只是建立在某种偶然性上，不具有超自然意义上的必然性，仅仅是受形而上学本体论支配的人为设定。隐喻能够实现语言和现实、思想和存在的转换功能的基础是由偶然联想而建立起的组合结构。隐喻的审美力量来自形而上学系统中的本体论，它保证了整体化审美力量的神圣性。但语言“是根据一个主体——实体对于某一行为的事后构建而产生的，它自己本身就是一个隐喻活动，是一种提喻（synecdoche）”①。隐喻的统一性缺乏超自然意义上的换喻联系，而仅由纯粹人为设定的虚构联系所维系。

语言试图借助作为连贯中心主体的形而上学在思想和行为、语言和现

① 〔美〕弗兰克·伦特里奇亚：《新批评之后》，王丽明、王梦景、王翔敏、张卉译，南京大学出版社，2017，第395页。

实两两对称的极性间建构起本质联系的努力是失败的。语言后于行为发生，其诞生凭借的是机械的构建行为，因而其指向的意义必然不真实。这就决定了语言与现实的分离，因而借助语言通达认识成为不可能。语言被真实地还原为与认知无关的独立行为。

形而上学同一性的幻觉被打破，语言被还原为行为，其虚构性和机械性注定了语言所讲述的内容皆为虚假。语言行为勾连出修辞文本，得出“意见”；语言认识分析出逻辑文本，获得“知识”。这两个文本在形而上学幻觉的破碎中分离而出，彼此对峙，相互疏离。通过对两个矛盾文本的考量，可以见出寓言文本：“知识”再也无法取代“意见”。原本固定不变的意义变得丰富多变，隐匿于文本中的丰富性和复杂性被解放出来。融合了现象和本质、具体与普遍的统一化认知在修辞的干涉下被颠覆，内外应和的传统读解模式被破除。稳定意义的获取成为不可能，原有的整体化文本在逻辑和修辞的张力中被解构。

语言的修辞性成为文本逻辑破裂的巨大动因，而这正是寓言式阅读产生的契机。在修辞文本和逻辑文本的巨大张力间，修辞解构了逻辑，言辞颠覆了真理，阅读成为寓言：它打破了逻各斯神话，解构了作为整体的文本，揭示了逻辑掩盖下的真实。

逻辑试图控制修辞，修辞时刻决裂逻辑；真理总在实施权威，言辞不懈颠覆真理。以语言的修辞性为出发点，德曼对文本进行寓言式阅读，阅读逻辑意义之外的修辞意义，从而解构作者竭力试图说出的真理，挖掘出言辞之下隐藏的声音。最为典型的是对卢梭“忏悔”的寓言式解读：言辞总是将传记的真实化作谎言。

三　忏悔与辩护：语言的修辞游戏

德曼的修辞化阅读直接针对浪漫主义“文学整体”观，他洞察到浪漫主义对意识与自然和解的“天真和伤感的强烈愿望，以及为它自己勇敢发现了那种语言的喜悦。因为它无法夺回一个完整、直接的起源，所以也许可以在没有任何遗憾、不再回顾从前以及对自我没有任何怀疑的情况下，通过积极地实现这一立场纯粹的人类计划而合理地获得它的存在”[①]。德曼

① 〔美〕弗兰克·伦特里奇亚《新批评之后》，王丽明、王梦景、王翔敏、张卉译，南京大学出版社，2017，第361页。

犀利地指出意识和自然的原始分离，深刻地洞见建构于这一基础上语言的修辞性，借修辞进行文学批评，进而挖掘出潜藏在文本表层下的深层文本，从逻辑文本中揭示出修辞文本，而修辞文本正是写作者完全意识不到但自动删除的深层文本，正是“文学自身”。修辞化阅读带来的颠覆性后果是修辞和逻辑的紧张对立、尖锐争夺，以及由此引发的修辞对逻辑的颠覆——文本的自我解构。

德曼以寓言式阅读的方式对卢梭的《忏悔录》进行解读，以卢梭偷盗丝带并诬赖女仆玛丽永为考察基点，揭示出卢梭忏悔伪饰下的辩护真相。他从语言的修辞性出发，挖掘出潜藏的修辞文本，并将之与由语言认知功能分析出的逻辑文本并置，从而揭示出令人惊讶的事实：卢梭的忏悔是自我辩护。

卢梭在《忏悔录》中对自己的罪行忏悔如下：

> 在那残忍的时刻，我并没有害她之心。当我诬告那个可怜的姑娘时，我是出于对她的友情，这挺奇怪，但又确实如此。她的名字正萦绕在我的脑际，我随口说了出来，把责任推到了她的身上。我把自己想干的事嫁祸于她，说她把丝带送给了我，因为我是心里想送给她的。[①]

卢梭充分利用语言的认识功能，将其忏悔打造成一个合情合理的逻辑文本：在无恶意的爱欲驱使下，“我”说出了“玛丽永”，对此“我”十分悔恨。这使我们有足够的理由相信卢梭的言辞是对自己罪行的真诚忏悔。

第一，他取消了自己行为的恶意动机，而仅仅将其还原为一种无意的过失。之所以在特定场合下说出“玛丽永”这个名字，并非出自某种诬陷或转嫁的主观意图，而仅仅是不带任何意图的无心过错。第二，他将自己的行为归结于人之常情：偷窃丝带仅仅是在爱欲驱动下所做出的幼稚行为。它源于人内在的爱欲冲动，因而值得原谅。的确，对于年轻人出于爱情的冲动而犯下的过失，我们无法指责。于是，丝带变成了爱情的信物，偷窃这一卑劣行径转化为传达爱情的高尚行为。但这样的行为给玛丽永带来了灾难，对此，卢梭深表歉意，并真诚悔过。

但不容忽视的是，语言具有强大的修辞性，突出地体现为语言符号的任意性和语言行为的机械性。在语言的修辞性幻影下，可见出隐匿于逻辑

① 〔法〕卢梭：《忏悔录》，译林出版社，1995，第74页。

文本下的修辞文本：卢梭说出的“玛丽永”作为一个任意的声音，不负载任何意义，不过是在语言机械性推动下发生的一个语言行为。借此观照，可见出卢梭的陈词是对自己无辜的证明。

其一，语言具有虚构性。能指和所指天生带有分裂性，一切能指皆是任意的、偶然的、虚构的。因此，一切语言都是自由的符号。符号的意义被符号的能指化抽空，能指在不负任何责任的无意义中自由嬉戏，组成能指游戏的狂欢。能指甚至成为一连串坚硬的物质，以其顽固性抗拒着我们的理解。正如卢梭所言，“玛丽永”这个名字仅仅是作为一个无意义的词语萦绕在他的脑际，不含任何动机和实质意义。所以，卢梭虽然说出了“玛丽永”，但它只是一个自由的能指、一个任意的声音，不负载任何意义。能指的任意性使整个文本脱离了道德系统和认识论系统，在语言符号的修辞强力下，羞耻、罪恶、虚伪被彻底甩入一个与道德无关的语言修辞系统中。“玛丽永”这个词的无实指意义使卢梭的诬陷转变成语言学意义上的虚构。能指的虚构性使得陈词和现实的关联被切断，陈述行为和实指意义被割裂。语言符号的任意性为卢梭的无辜提供了强大的佐证。

其二，语言具有机械性，它独立于人的思维之外，带有客观能动性。这种能动性与机器类似：

> 当在玛丽永事件中被忏悔的罪行和由于说谎而犯下的罪行之间的不相称使情况增加了谵妄的成分时，说谎的文本的机械般的特征就显得更为突出。通过说明辩解不仅是一个虚构，而且是一种机器，人们增加了辩解所具有的指称分离、无缘无故的即兴发挥及不可改变地重复预先规定的方式的含义。①

语言的机械性使陈述行为和指称对象之间脱节，从而使得诸如说谎、开脱、忏悔等语言行为具有了逃逸道德系统的可能性与合法性，而仅仅成为一种言语行为上的过失。从语言的机械性来看，卢梭的“诬陷”确实如他所言，只是在语言机械性推动下所犯的某种语言行为过失罢了，并不涉及转嫁意图或诬陷动机，因而卢梭是无辜的。

此时，卢梭的陈词中出现了两个并存的文本：一是由语言认知功能分

---

① 〔美〕保罗·德曼：《阅读的寓言》，沈勇译，天津人民出版社，2008，第 312 页。

析出的逻辑文本——卢梭是有罪的，并因此真诚忏悔；二是由语言修辞特性挖掘出的修辞文本——卢梭是无辜的，无须为之忏悔。两个对立的文本并存于陈词中，呈现出矛盾的互动关系：忏悔这一比喻系统中包孕着对自身的解构，即辩护系统。原有的叙述被重新叠加，由此说明先前叙述的不可能。在这种互动关系中，寓言浮出：卢梭狡黠地利用了语言的修辞性，将修辞文本暗藏于逻辑文本中，以修辞文本证明自身的无辜，进而暗中消解自身的罪行。此时，我们得出一个惊人的事实：卢梭的真诚忏悔实际是狡黠的自我辩护托词。

德曼紧紧抓住语言的修辞性，在逻辑文本之外找出了修辞文本，通过揭示卢梭对修辞文本的有意利用，使其忏悔伪饰下的辩护昭然若揭，进而无情地解构了卢梭的忏悔，打破了“忏悔”这一整体化效果。

德曼的深刻性在于对语言修辞性的自觉把握和深刻洞见，以及在此基础上建构起的独特修辞化阅读——寓言的阅读。寓言式阅读揭示出修辞和逻辑之间深刻的不连续性，由此“提供了一条超越指涉性谬误（fallacy of referentiality）的途径，一条突破逻各斯中心的包围圈的方法”①。符号和意义的分裂引起了修辞和逻辑的张力，现象和本质的断裂造成了真理和谎言的对抗。寓言式阅读将潜藏的真实文本冷酷地揭露出来，其颠覆性令人大为震惊。

四 寓言式阅读的政治性

德曼对语言的自然状态进行观照，从修辞性出发，对文本进行寓言式阅读，切割开语言和意识的整体关联，揭示了所说的和所理解的永远不可能一致的窘迫事实，宣告了符号和意义断裂的危机，由此凸显了修辞——言辞批评的锋芒。值得注意的是，德曼的寓言式阅读揭示了语言的隐喻暴力，蕴含着秘而不宣的政治性，其寓言式阅读“终是一种政治实践，它试图摧毁一个特定的思想体系和它背后的整个政治结构和社会制度系统借以维持自己势力的逻辑”②。

德曼将阅读的文本从语言文本扩展至政治文本，以语言的修辞性为根本依据，揭示出被语言束缚的现实世界。社会现实具有与文本一样的修辞

① 〔美〕文森特·里奇：《20世纪30年代至80年代的美国文学批评》，王珠顺译，北京大学出版社，2013，第268页。

② 〔英〕伊格尔顿：《二十世纪西方文学理论》，陕西师范大学出版社，1986，第185页。

特性，“人类的政治命运结构与语言模式相同，并起源于语言模式，这个语言模式独立于自然，并独立于主体而存在”①。因而，对社会文本的审视需以寓言式的阅读进行，必须颠覆意识形态与真实世界一致的幻象，中断符号与意义的统一。唯有如此，方可剖析到真实的现实，从而打碎意识形态的屏障。由此观之，“德曼的阅读的寓言必然是意识形态的寓言，这种意识形态的寓言是以语言为中介的批判模式。语言是分析政治、经济、文化等社会现象的前提条件，只要有语言就有意识形态，这是德曼的意识形态批评策略”②。

“文字主义是对原始错误的一种带欺骗性的误导表征。概念化的语言是公民社会的基础，但也似乎是强加于错误之上的一个谎言。因此，我们几乎不能指望人文学科的认识论会有多么直截了当。”③ 在这段政治性鲜明的论断中，德曼以语言的修辞性为根据，剖析出概念的隐喻暴力，洞察到政治文本中潜藏的意识形态，揭露出政治文本中的霸权策略，从而凭借语言在文本和政治间建立起根本关联。政治文本和语言文本一样具有修辞性特征，“都在自身中包含了自我颠覆的因素，从而可以在寓言式阅读中批判统治阶级意识形态的虚假性表象”④，揭示其内在的运作机制，并实现对意识形态的解构。

德曼的寓言式阅读理论蕴含着隐蔽的政治诉求，其文本解构的有效性从语言文本扩展至政治文本，指向对社会意识形态的批判，直抵对意识形态自我解构本质的洞察，并还原出真实的现实。

与德里达以文字学为解构的知识来源不同，德曼将修辞学作为其解构批评的来源和批判媒介。他利用语言来穿透意识形态的幻象，由此直抵真实的现实。解构政治文本的前提条件是语言，语言与意识形态相伴相随，语言是德曼意识形态批评的根本武器。语言的修辞性强化了德曼的语言本体论观念，他以对语言的寓言式阅读来颠覆意识形态的虚假性的解构策略可谓独树一帜。另外，在德里达那里，解构是主体控制的有意识行为，而德曼的解构则是文本的自我解构，而且是无终结的自我解构。这源于语言修辞的本质属性和寓言的时间特性。文本的自我解构透露了一个极其危险的政治信号：意识形态具有自我解构的本质。

---

① Paul de Man, *The Rhetoric of Romanticism*, New York: Columbia University Press, 1984, p. 156.

② 罗良清：《保罗·德曼：阅读的寓言理论》，载《马克思主义美学研究》2006 年第 12 期，第 252 页。

③ Paul de Man, *The Rhetoric of Romanticism*, New York: Columbia University Press, 1984, p. 155.

④ 罗良清：《保罗·德曼：阅读的寓言理论》，载《马克思主义美学研究》2006 年第 12 期，第 254 页。

五 结 语

德曼的寓言式阅读把语言文本之外的社会、政治文本统统纳入阅读范围，以语言的修辞性揭露符号和意义的断裂，以寓言言此意彼的本质剥开表层义和深层义的面纱，意欲解构文本整体性的幻想，透视意识形态的虚假性，还原世界的面貌。值得注意的是，德曼并非耽于无聊的语言游戏，而是在语言的修辞性上异常清醒："把文本降低为语言的修辞形式、转义结构和比喻模式是不可能的，而且，一种简单的'修辞式阅读'实际上也是完全不够的，这个事实可能使那些阅读（或者没有阅读）过德曼的人深感惊讶。"① 这表明德曼的寓言式阅读不是在引导人们沉湎于语言游戏、醉心于挖掘牵强之义，而是在坚决地传达一种寓言式的思维方式，并试图将之作为审视世界的自觉方式。

参考文献

专著类：

伍蠡甫：《西方文论选》，人民文学出版社，1964。

朱光潜：《西方美学史》（下卷），人民文学出版社，1979。

〔法〕卢梭：《忏悔录》，译林出版社，1995。

〔荷〕约翰·赫伊津哈：《中世纪的衰落》，刘军等译，中国美术学院出版社，1997。

〔加拿大〕高辛勇：《修辞学与文学阅读》，北京大学出版社，1997。

〔英〕伊格尔顿：《美学意识形态》，王杰等译，广西师范大学出版社，1997。

谢少波：《抵抗的文化政治学》，中国社会科学出版社，1998。

〔德〕汉斯-格奥尔格·伽达默尔：《真理与方法》（上卷），洪汉鼎译，上海译文出版社，1999。

〔德〕本雅明：《本雅明文选》，陈永国、马海良译，中国社会科学出版社，1999。

罗念生：《罗念生全集》第一卷，上海人民出版社，2004。

〔德〕瓦尔特·本雅明：《德国悲剧的起源》，陈永国译，文化艺术出版社，2001。

〔德〕尼采：《古修辞学描述》，屠友祥译，上海人民出版社，2001。

〔美〕保罗·德曼：《阅读的寓言》，沈勇译，天津人民出版社，2008。

昂智慧：《文本与世界——保罗·德曼文学批评理论研究》，上海人民出版社，2009。

赵一凡：《西方文论关键词》，外语教学与研究出版社，2006。

---

① Paul de Man, *Aesthetic Ideology* , Minneapolis: University of Minnesota Press, 1996, p. 12.

〔美〕文森特·里奇：《20 世纪 30 年代至 80 年代的美国文学批评》，王珠顺译，北京大学出版社，2013。

〔美〕弗兰克·伦特里奇亚：《新批评之后》，王丽明、王梦景、王翔敏、张卉译，南京大学出版社，2017。

Paul de Man, *Allegories of Reading*, London: Yale University Press, 1979.

Paul de Man, *Blindness and Insight*, Minneapolis: University of Minnesota Press, 1983.

Paul de Man, *The Rhetoric of Romanticism*, New York: Columbia University Press, 1984.

Paul de Man, *AestheticIdeology*, Minneapolis: University of Minnesota Press, 1996.

Edwin Honing, *Dark Conceit: The Making of Allegory*, Oxford: Oxford University Press, 1996.

期刊类：

朱立元：《“寓言式批评”理论的创立与成熟——本雅明文艺美学思想探讨之一》，载《外国文学研究》1996 年第 2 期。

邓志勇：《西方“新修辞学”及其主要特点》，载《四川外语学院学报》2001 年第 1 期。

罗良清：《西方寓言理论的发展轨迹》，载《齐鲁学刊》2006 年第 4 期。

罗良清：《保罗·德曼：阅读的寓言理论》，载《马克思主义美学研究》2006 年第 12 期。

申屠云峰：《保罗·德曼的“语法”与“修辞”》，载《外国文学评论》2006 年第 11 期。

罗良清：《寓言和象征之比较》，载《中国文学研究》2009 年第 1 期。

学位论文：

周颖：《阅读之旅：从主体性到修辞性——论保罗·德曼的解构历程》，中国社会科学院研究生院博士学位论文，2003。

王云：《保罗·德曼的修辞阅读策略》，东北师范大学硕士学位论文，2004。

工具书：

Chris Baldick, *Oxford Concise Dictionary of Literary Terms*, Oxford: Oxford University Press, 2000.

（作者单位：北京第二外国语学院跨文化研究院）

论《芬尼根的觉醒》的媒介隐喻*

王　琦

摘　要：在媒介文化理论视野的关照下，《芬尼根的觉醒》可以被看作是媒介文化转型的隐喻。它一方面艺术地呈现了媒介及其技术变迁与人类“部落化”－“解部落化”－“再部落化”－“复归”的历史进程之间的隐喻关系，形象地表达了乔伊斯的循环历史观；另一方面又具象地展现了文学的“反环境”功能，指出了艺术家的创造性想象和媒介的增补功能，以及与此相关的文学的审美自律性限度。与此同时，它通过对原型和陈词相互转化规律的揭示，又形象地发展了文学创新的根本动力。《芬尼根的觉醒》的媒介隐喻含义实际上暗含着媒介变迁过程中人类艺术感知和理解方式上的变化，这为我们重新思考“文学终结论”提供了一个典范文本。

关键词：《芬尼根的觉醒》；隐喻；媒介；反环境；原型；文学终结论

詹姆斯·乔伊斯的小说《芬尼根的觉醒》①，自出版以来一直被视为“天书”“迷宫”“万花筒”“百科全书”，让不少评论者感到非常棘手。乔伊斯本人也曾放言，评论家要用300年的时间才能解开小说里的谜团。但无可否认的是，这部小说的美学价值已经得到越来越多的认同，② 其不确定的词语、风格化的叙述、文体的杂糅和狂欢使它被认为是“后现代文学的范

* 2014年教育部人文社会科学研究青年基金项目（编号：14YJC860012）阶段性成果。

① 本文所论《芬尼根的觉醒》系指爱尔兰作家詹姆斯·乔伊斯（James Joyce）的小说 Finnegans Wake。该小说目前所见有多种中文译名，如“芬尼根的守灵”“芬尼根的守灵夜”“芬尼根守夜人”“芬尼根们的苏醒”“芬尼根的觉醒”等。为了叙述的统一，本文采用的是何道宽译麦克卢汉作品中所采用的《芬尼根的觉醒》的译名。

② 〔美〕哈罗德·布鲁姆：《西方正典》，江宁康译，译林出版社，2005，第331页。

本"①，成为乔伊斯研究中一部无法回避的重要作品。然而，以往对《芬尼根的觉醒》的研究主要集中在以下几个方面：第一，解释其词语和情节的含义；② 第二，以精神分析法对梦与深层次欲望进行分析来解释其独特形式；③ 第三，以解构主义的视角阐述其不确定性与颠覆性的美学价值；④ 第四，以巴赫金的狂欢理论为其多声部语言和喜剧风格提供理论支持。⑤ 上述研究视角虽然都取得了较为丰硕的成果，但都相对忽视了理解《芬尼根的觉醒》的媒介视角及其理论意义。

实际上，在媒介文化理论视野的关照下，《芬尼根的觉醒》可以被看作是媒介文化转型的隐喻，涵盖了媒介时代意义的生产、隐喻的创造以及文化的前景等重大话题。一方面，它既艺术地呈现了媒介及其技术变迁与人类"部落化" - "解部落化" - "再部落化" - "复归"的历史进程之间的隐喻关系，形象地表达了乔伊斯的循环历史观；另一方面，它又具象地展现了文学的"反环境"（anti - environment）功能和艺术家的创造性想象力，以及与此相关的文学的审美自律性限度。一方面，通过对原型（archi-type）和陈词（cliché）相互转化规律的揭示，它形象地揭示了文学创造的

---

① Ihab Hassan, *Paracriticisms: Seven Speculations of the Times*, Urbana: University of Illinois Press, 1975, p. 183.

② 相关成果主要有：（1）RolandMcHugh, *Annotations to FinnegansWake*, Baltimore and London: The John Hopkins University Press, 1982；（2）Clive Hart& John Deedy, *A Concordance to Finnegans Wake*, New York: Paul P Appel, 1993；（3）Patrick A. McCarthy ed. , *Critical Essays on James Joyce's Finnegans Wake*, New York: G. K. Hall&Co. , 1992；（4）李维屏对《芬尼根的觉醒》后现代主义语言艺术的论述，戴从容对《芬尼根的觉醒》的词语解读；等等。

③ 相关成果主要有：（1）JamesS. Atherton, *The Books at the Wake: A Study of Literary Allusions in James Joyce's Finnegans Wake*, New York: Viking Press, 1974, p. 17；（2）Daniel Ferrer, "The Freudful Couchmare of Id: Joyce's Notes on Freud and the Composition of Chapter XVI of Finnegans Wake", in *James Joyce Quarterly*, 22（4）, pp. 367 - 382；（3）Ihab Hassan, *The Postmodern Turn: Essays in Postmodern Theory and Culture*, Horizon Media Co. , Ltd. ; 1987；（4）唐旭对《芬尼根的觉醒》的心理时间的阐释，冯建明对《芬尼根的觉醒》梦的变幻性和多元性特征的解读；等等。

④ 相关成果主要有：（1）Margot Norris, *The Decentered Universe of FinnegansWake: A Structuralist Analysis*, Baltimore: John Hopkins University Press, 1974, p. 99；（2）Derek Attridge, *Peculiar Language: Literature as Difference from the Renaissance to James Joyce*, London: Methuen & Co. Ltd. ; 1988；（3）李永毅对《芬尼根的觉醒》互文性和不确定性的分析，卞丽对《芬尼根的觉醒》废墟美学特征的阐发；等等。

⑤ 相关成果主要有：（1）Julia Kristeva, *Desire and Language: A Semiotic Approach to Literature and Art*, New York: Columbia University Press, 1980；（2）M. Keith Booker, *Joyce, Bakhtin, and the Literary Tradition: Toward a Comparative Cultural Poetics*, AnnArbor: The University of Michigan Press, 1995；（3）张璇对《芬尼根的觉醒》狂欢化特征的解读；等等。

根本动力；另一方面，作为媒介文化转型过程的隐喻，它又暗含着人们艺术感知和理解方式上的变化，为我们重新思考“文学终结论”提供了一个典范文本。

一 隐喻：以媒介看历史

麦克卢汉曾指出，作为工具的媒介既是信息，又是人的延伸，这是因为每种新媒介的出现都将影响和改变人类对世界的感知，并通过改变人们对世界的观念进而改变世界。而“任何观念变革，任何社会改造，甚或任何政治革命，如果不能在感觉的深层改变人与世界的关系，则不能算是真正的革命。”[①] 通过人的“观念”和“感觉的深层”的中介作用，麦克卢汉在媒介与历史之间建构起了深刻的逻辑关联和同构隐喻，这为我们理解《芬尼根的觉醒》打开了一个新的理论维度和研究视角。

在《机器新娘》中，麦克卢汉开篇便用诗意的文笔将《芬尼根的觉醒》与进入工业时代后的新闻业相提并论，并将之视为一种全球通用的新型艺术隐喻形式。他还断言，“书本”是人类创造视觉文化环境和开辟连续空间的重要手段，电讯时代的报纸成为手稿文化的残余，蕴含着听觉文化复兴的契机。[②] 这与美国学者J. 希利斯·米勒所描述的文学和神话“被带向终结”的趋势[③]有所不同。显然，麦克卢汉对文学和“书本”在电讯时代的命运充满乐观的估计，这可以从他在诠释其媒介思想时常常征用《芬尼根的觉醒》作为重要论据和参考的情形中窥见一斑。按照这个思路，如果用媒介文化的理论视野来关照《芬尼根的觉醒》，其最大的隐喻意义便在于：它艺术地呈现了媒介及其技术变迁与人类“部落化”－“解部落化”－“再部落化”－“复归”的历史进程之间的隐喻关系，形象地表达了乔伊斯的循环历史观。

《芬尼根的觉醒》曾被看作是最伟大的媒介指南，是研究媒介对人心理

① 金惠敏：《作为方法的美学——“麦克卢汉与美学研究”专题代序》，载《东岳论丛》2015年第6期。

② 〔加拿大〕马歇尔·麦克卢汉：《机器新娘》，何道宽译，中国人民大学出版社，2004，第4页。

③ J. 希利斯·米勒：《全球化时代文学研究还会继续存在吗?》，易晓明编《土著与数码冲浪者：米勒中国演讲集》，吉林人民出版社，2004，第92－105页。

和感官的影响的典范性文本，[①] 因为它通过对口传文化时代、文字书写时代和电子讯息时代的书写，深入探索了新媒介和新技术所造成的人类的“痛苦”和人类感知方式的更新。经由人的“观念”和“感知模式”的中介，媒介及其技术作为人的延伸，尤其是作为人的感官和感知模式的延伸，在人类发展的历史进程与媒介变迁之间建立了同构互联的内在逻辑。

无须辩驳的是，每一种技术都是我们身体的延伸。自从电能问世以来，人类社会的进化过程已经从生物学的进化过渡到技术的进化，每种媒介都产生人体新的感知、新的向外和向内的洞察。我们创造的每种技术，都产生新的人类环境，产生一套全新的人际关系；每种新技术都将改变我们的感知偏向，生成新的“感觉比率和感知模式”。因为“技术的影响不是发生在意见和观念的层面上，而是要坚定不移、不可抗拒地改变人的感觉比率和感知模式。”[②] 在具体的感知方式上，在口传时代，人的各种感觉是平衡的，人们的交流更多的是依靠听觉，它容许一切感官频繁地相互作用，是为“部落化时代”。

由于19世纪是分隔的、文字的、陈旧的、专门化的机器时代，这个时代的人是视觉的、疏离的、非参与性的，而嗅觉、听觉、触觉、动觉等感知方式作为视觉感知方式的对立面，被认为都是参与性的、非连续的、不连接的，人类因而成了与环境若即若离的生物。以文字为主要传播媒介的时代对人视觉功能的强调，实际上压抑了人的听觉价值，由此促成个体从部落中分离，走向独立，走向“解部落化”，由此产生主体的自我反思和自我对话。《芬尼根的觉醒》中对“书写者山姆”（Shem the Penman）的刻画，某种意义上说便是这个“解部落化”过程的象征和隐喻。作为《青年艺术家的肖像》和《尤利西斯》中的斯蒂芬的模仿者，“书写者山姆”的反抗行为也是对伟大革新时代之召唤的回响，试图带来一种针对情绪和感知的文明变革。由此，他被乔伊斯赋予了诸多普遍的意义。与斯蒂芬不同的是，“书写者山姆”作为文字书写时代的媒介化身，已不再将那个古希腊英雄的儿子解构为自以为是的青年知识分子，而是被赋予了诸多与众不同的特征：怯懦的、卑微的、常常醉酒的、自吹自擂的等。他对其所处时代的感知方式也是视觉的、疏离的、非介入的、旁观的、非参与性的，这些都构成了

① 〔加拿大〕马歇尔·麦克卢汉：《麦克卢汉如是说：理解我》，何道宽译，中国人民大学出版社，2006，第349页。

② 〔加拿大〕马歇尔·麦克卢汉：《理解媒介》，何道宽译，商务印书馆，2000，第46页。

对“部落化”口传时代英雄式人物和听觉化感知方式的一种“祛魅”和“解构”，如果从媒介变迁和人类进化的历史来看，他无疑是“解部落化”的代表。

当媒介过渡到由电报、报纸和电视营构的电讯环境的时代，人的视觉、嗅觉、听觉、触觉、动觉等感知方式才被理解为是人与环境充分的、完全的接触。报纸上的新闻报道契合了此种非连续性，它们都在同一报头之下，并不需要故事情节将其串联为一个整体。类似的，电视屏幕上的图像和光线穿透屏幕打在观众身上，引发的是一场从视觉、听觉到触觉、动觉等感知方式的全面变革，在这个意义上，乔伊斯把电视叫作“光屏障的轰击”。《芬尼根的觉醒》中“邮递员肖恩”（Shaun the Post）作为“持久不变的”“正义的”“空间的”象征，是其父亲汉弗利·钱普顿·壹耳微蚵（Humphrey Chimpden Earwicker，HCE）的真正继承者，并常常失去自我而变成“另一个父亲”（become another HCE），从而回返到其父亲那种“真正缺失”（the Real Absence）的状态，其感知方式也由“书写者山姆”式的注重个体感觉回归到注重整体的、连续的、一致的、总体的感觉方式，这意味着新的时代即“再部落化”时代的来临。由口传时代的听觉模式，到“书写者山姆”式的视觉模式，再到“邮递员肖恩”式的整体模式，经由人的“观念”和“感觉的深层”的中介——新媒体和新技术及其所带来的感知方式的变化，在逻辑上呼应了人类“部落化”-“解部落化”-“再部落化”的历史进程，体现了乔伊斯对媒介变迁与人类历史之间同构隐喻关系的深刻体察和认知。

更为深刻的是，乔伊斯在《芬尼根的觉醒》中不仅艺术地再现了媒介变迁与人类历史之间的这种同构互联的隐喻关系，而且借助意大利哲学家维科在《新科学》中提出的“历史循环论”思想，在媒介变迁和人类历史进程的链条上，加入了第四个环节，即“复归”，从而深化了《芬尼根的觉醒》的媒介隐喻内涵。乔伊斯曾言简意赅地表达了这个思想：“假如无形者不可征服，则有比邻者的生机。”（Yes，the viability of vincinals if invisible is invincible.）[①] 这里所谓的“比邻者”，即是指维科。在《新科学》中，维科论述了感知变化的原理，认为人类有史以来的一切新技术都是要产生变革的。从人类社会兴起、发展到鼎盛一直到衰亡阶段，技术的变革产生了

① James Joyce, *Finnegans Wake*. London: Penguin Books Ltd. (2000), p. 81. 可参阅詹姆斯·乔伊斯《芬尼根的守灵夜》第1卷，戴从容译，上海人民出版社，2012，第298页。

“神的时代”“英雄的时代”“人的时代”以及“复归时代”这四个时代，这四个时代周而复始、永恒循环。这是维科对人类社会发展过程和模式的最精辟的概括。

乔伊斯几乎完整地接受了维科的这一观念。从篇章结构来看，《芬尼根的觉醒》中的基本篇章“父母之书”“子辈之书”“人民之书”“复归”，便分别与维科《新科学》中的历史四阶段相对应，并循环往复。小说第一部共 8 篇，呼应着维科模式中的“神的时代”；第二、三部各 4 章，分别呼应着维科模式中的“英雄的时代”和“人的时代”；最后一部只有一章，呼应着维科所说的历史的“回归”。前三部的章节数目都是 4 或 4 的倍数，显示出各部书的内部同样呼应着维科的四阶段说。

在《芬尼根的觉醒》的开篇，乔伊斯写道：“riverrun, past Eve and Adam's, from swerve of shore to bend of bay, brings us by a commodious vicus of recirculation back to Howth Castle and Environs.”这句话被译为“河水奔流，流过亚当与夏娃之家，从起伏的海岸，到凹进的海湾，又沿着宽敞回环的维柯路，将我们带回到霍斯堡和郊外。”① 世界历史在乔伊斯的眼中不仅是利菲河奔流不息的河水（river run），也是那宽敞回环的维科路（commodious vicus of recirculation）。而小说的最后一句“Given! A way a lone a lastaloved a long the”也与开篇相呼应。因为该书的开篇是一句话的后半部分，所以它没有真正的开始；又由于小说的结尾是一句话的前半部分，所以它也没有正式的结尾。由此，《芬尼根的觉醒》看似无始无终，实际上在整体上形成了一个循环的结构。

不仅如此，乔伊斯还把维科的循环论框架扩大为世界历史的共性。在《芬尼根的觉醒》中，乔伊斯用 100 个字母组成的单词（bababadalgharaghtakamminarronnkonnbronntonnerronntuonnthunntrovarrhounawnskawntoohoohoordenenthurnuk!）来代表雷声，并在书中放置了 10 个。②（可以分辨出希腊语、拉丁语、法语、意大利语、德语、葡萄牙与、瑞典与、古罗马尼亚语、日语、当代爱尔兰语、兴都斯坦语、丹麦语的“雷”“打雷”）对雷声的重视，实际上也源于维科《新科学》的影响。维科认为，在人类早期，正是雷声使

① James Joyce, *Finnegans Wake*. London: Penguin Books Ltd.（2000）, p. 1. 詹姆斯·乔伊斯：《芬尼根的守灵夜》第 1 卷，戴从容译，上海人民出版社，2012，第 2 页。

② James Joyce, *Finnegans Wake*. London: Penguin Books Ltd.（2000）, p. 3. 可参阅詹姆斯·乔伊斯《芬尼根的守灵夜》第 1 卷，戴从容译，上海人民出版社，2012，第 6 页。

得野蛮状态下的人类心生畏惧，仿佛有天神约束着人类的行为。在这种原始崇拜下，产生了宗教，人类进入英雄时代。所以，雷声直接关系到人类文明的起源。不过，乔伊斯对这 10 次雷声的运用并不是简单的重复，也不仅仅指向人类文明的起源，而是通过改变每次组成这个单词的字母，使这 10 次雷声分别对应着人类历史发展的 10 个阶段。这 10 个阶段分别是：人类开始说话（口传与“部落化”时代）；视觉世界，包括社会组织和社会权利的产生；派系等级的形成；工业化和女性的卖淫（书写与“解部落化”时代）；电的使用；重建声音空间；无线电技术的运用（电讯与“再部落化”时代）；有声电影等视像和音像的结合；飞机和汽车的使用；电视的出现（“复归”时代）。在这里，10 次雷声不但将《芬尼根的觉醒》的各个部分联系起来，而且雷声本身也包含着新时代开始这一内涵，更使与它所联系的材料具有了历史发展的深刻意义。在这个意义上，也可以认为，乔伊斯发展了维科的历史循环论。①

上述对媒介变迁与人类历史进程的隐喻关系的揭示，以及对维柯“历史循环论”从篇章结构到具体语句的创造性运用，实际上也隐含着乔伊斯对西方文明发展及其危机的认识。由“部落化”到“复归”的过程，实际上也可以看作是西方文明和文化的发展过程，可以被描述为麦克卢汉所说的由“外向爆炸”（explosion）转向“内向爆炸”（implosion）的过程。② 在这个过程中，字母表和印刷术（即“书写”）使知识的传播成为可能，机械形式转向瞬息万里的电力形式，部落人身上的各种枷锁被粉碎，从而分裂为具有个性的个体（外向爆炸）。在电讯时代里，世界因内向爆炸而产生的能量与过去扩张的、传统的组织模式发生了冲突。电讯速度顷刻之间就将世界的信息流持续不断地倾泻在每个人的身上（内向爆炸）。电力媒介使人们的生活彼此纠绞，造成了极端的拥挤。于是，人再次成为部落人，人类大家庭再次聚结成为一个部落。在这一以媒介为主线重构的人类文化历史的宏大结构中，乔伊斯常常被当作媒介思想的源流，为媒介思想提供文学支撑和形象解释。《芬尼根的觉醒》的书名就是一个复义的双关语，表层上是西方人追随着“老芬尼根”足迹的故事，③ 实际上则隐喻了人再次回到部落化社会（或曰芬尼根）的过程。《芬尼根的觉醒》用媒介的变迁过程来述

---

① 戴从容：《乔伊斯与形式》，载《外国文学评论》2011 年第 7 期。

② 〔加拿大〕马歇尔·麦克卢汉：《理解媒介》，何道宽译，商务印书馆，2000，第 21 页。

③ Finn Mac Cool/Fionn Mac Cumhaill，凯尔特神话中芬尼亚战士的领袖。

说神的时代、英雄的时代、人的时代、复归时代这四个时代的循环，把神话改写为没有神秘韵味的世俗故事，正好对应了人类“部落化” - “解部落化” - “再部落化” - “复归”的历程。

可以再举一个例子。《芬尼根的觉醒》中，乔伊斯把字母表的 26 个字母从 A 到 Z 过了一遍，使之象征一个社会周期。到了 Z 的时候，这个周期又重新开始。他的意思是，字母表走完一个周期之后，我们就走出视觉空间，回到原始的浑然不分的听觉空间，回到“下流的卡罗尔”（Lewd's carol），[①] 也就是穿过艾丽斯的魔镜再一次回到非欧几里得的空间。[②] 这个从视觉空间回到听觉空间的过程，就是从“解部落化”发展到“再部落化”并进而“复归”的过程。不过，必须指出的是，乔伊斯的“复归”并不是指回到部落式的原始状态，而是包含了“部落化”“解部落化”“再部落化”各个时代所有积极元素的更高级、更文明的综合状态。

在对媒介变迁与人类历史进程隐喻关系的揭示，以及对维科历史循环论的创造性阐发中，《芬尼根的觉醒》在媒介文化的视野中营造了一个“语言的奇观”。乔伊斯之所以认为维科的《新科学》对他的语言探索很重要，那是因为维科首先指出，人类文化和感知的历史嵌入在语言结构形式的变化之中。文艺复兴时期具有印刷取向的人们，认为自己是一个被分割的实体；与此相反，电讯时代的人们，认为自己是涵盖全人类的部落成员。在无线电广播和电视快速信息运动的条件下，20 世纪 20 年代，世界迅速走向团体化和部落化。[③] 不过，20 年代的空间是视觉化的和欧几里得式的空间；比较而言，电视时代却是触觉式的和本体感受式的，它们指向的是听觉空间和人的参与性。为了表现这种团体化和部落化的人类组织形式，以及电视时代人类文化和感知方式的巨大变迁，《芬尼根的觉醒》除娴熟使用意识流的艺术手法外，还运用了大量紊乱的内心独白，在对生命、历史和神话的杂糅中，对媒介剧变进行了全景画式的描摹，实际上演绎出了在空间失序和意识迷乱背后更高程度的审美和谐，[④] 从而展示了“从媒介看历史”的深刻的隐喻意义。

---

① James Joyce, *Finnegans Wake*. London: Penguin Books Ltd.（2000）, p. 501.

② 〔加拿大〕莫利纳罗等编《麦克卢汉书简》，何道宽译，中国人民大学出版社，2005，第 342 页。

③ 〔加拿大〕莫利纳罗等编《麦克卢汉书简》，何道宽译，中国人民大学出版社，2005，第 428 页。

④ 胡继华：《媒介与解构双重视野下的〈尤利西斯〉》，载《文艺研究》2011 年第 7 期。

二 “反环境”：文学的审美自律性

从媒介环境学的角度看，《芬尼根的觉醒》体现了“反环境”（anti - environment）[①] 作为艺术家的创造性和媒介增补功能的独特意义及其限度，由于文学“场域”自身的审美规定性，这种“反环境”又必然具有文学的审美自律性特征。

媒介环境学认为，任何新媒介和技术的产生都将创造一个新环境，这个新环境相对于新技术产生以前的旧技术和旧环境来讲，在内容、功能、性质等方面都表现出了极大的异质性。《芬尼根的觉醒》中，壹耳微蚵的小酒馆、肖恩兄妹做游戏的街道、主人公的卧室、守灵夜的棺材等，与其说它们构成了一个不同于传统小说的新环境，不如说塑造了相对于传统小说而言的反环境（anti - environment）。由于这个“反环境”诞生在人感知和适应环境的方式之中，构成对以往感知和适应环境经验的某种“反动”，同时也孕育着生成新的（“反”）感知和适应环境的经验和方式的可能，因此，它能够唤醒人对环境及其意义的感知。换句话说，所谓“反环境”，实际上也就是媒介环境学意义上的“不变中的变化”。

所谓“不变”，即是对某种具体的情境或某种大的媒介语境的继承和保存，只不过这种继承和保存往往处在人的无意识之中，而不能为人有意识地感知到。正如麦克卢汉所说，“新技术以反环境的需求深深地扎根，就像梦境和睡眠一样。”[②] 由此，这些不变的元素逐渐积累成一种集体无意识，一种集体的社会事实的无意识凝结。

所谓“变化”，即是在“不变”的基础上，以作家的创造性想象或媒介及技术的某种增补功能带来新的元素，这些元素在内容、功能、性质等方面都构成了“不变”的某种反对、解构、创造、增补。因此，艺术也是在集体无意识的意义上创造了一种“反环境”，一种“不变中的变化”，因为所有的艺术在某种意义上都是因为“不满”而产生的。例如，在《芬尼根的觉醒》中，言语和衣服也是“反环境”，因为它们战胜了时间和气候；先

① 〔加拿大〕马歇尔·麦克卢汉著，秦格龙编《麦克卢汉精粹》，何道宽译，南京大学出版社，2001，第342页。

② 〔加拿大〕莫利纳罗等编《麦克卢汉书简》，何道宽译，中国人民大学出版社，2005，第362页。

是言语，接着是文字战胜了时间，衣服战胜了气候。小酒馆、棺材、卧室等各种“反环境”的创造和使用，强调的都是其“变化”的那些元素。

不过，在《芬尼根的觉醒》中，这种“反环境”除了上述的具体例证外，在具体的创造方法上依赖以下两种方式：一种方式是作家运用艺术想象的独创性，对已有文学经验和实践实施某种“反对”和“增补”。乔伊斯《芬尼根的觉醒》中壹耳微蚵被人当作死者而放入棺材、“书写者山姆”和“邮递员肖恩”两兄弟身份角色的互换、肖恩向其父亲身份的位移等，都是作家独立想象的创造性表达，生成了不同于以往文学经验的独特意义，这也就是“反环境”的意义。因为正是“想象”把我们阅读的所有因素都纳入一个“具体的宇宙”，从而把对当前语言的具体理解，转化为一个有意义的、在一定程度上相对统一的过程，这个转化就是“不变中的变化”的一种方式。

因此，艺术家都非常自觉地以创造“反环境”的方式教人学会如何去感知世界。正如康拉德所说，艺术超越了你目力所及的一切东西，艺术家不是用各种讯息模式表现自己，而是把感官和作品都转向对环境的探索。于是，训练对本来无法感知的环境的感知力，成了所谓现代艺术实验的基础。比如，象征派对原有的浪漫主义风景进行分割，借此探索都市环境。随后，他们又从表达外露的感情转向探索内心世界的奥妙，目的是探索和发现内心生活的轮廓线。进而，心理学开发了无意识领域，为艺术的发展提供了新的源泉和动力。但是，在对无意识的反复调查和不断洞悉中，人们很快就可能因为对无意识的认识和感知的不断累积而进到一个没有无意识的阶段。这就好像是做白日梦 - 人醒着做梦 - 人清醒地意识到自己的无意识。这便是乔伊斯《芬尼根的觉醒》预言的意义，尤其是他的部落人和现代人的思想：部落人做梦，现代人又“回到芬尼根”，回到部落里互相参与的人际关系之中，只不过这一次人是醒着的。

另一种方式，是艺术家以口传时代的媒介 - 文字书写时代的媒介 - 电讯时代的媒体几个阶段的媒介环境的变迁为依据，来实现对媒介功能的补救和增加。正如保罗·莱文森所指出的，由于任何媒介都不是完美的，都需要不断地补救，因此，一部媒介演进史就是一部媒介补救史。任何一种后继媒介都是一种补救（增补）措施，都是对过去某一媒介或媒介的某一种先天不足的功能的增加或补救。[①] 媒介的增补不仅仅针对媒介自身，也针对发

① 〔美〕保罗·莱文森：《思想无羁：技术时代的认识论》，何道宽译，南京大学出版社，2003，第38页。

明和利用媒介的人类，因为任何媒介的产生和消亡都是朝向更有利于配适人类生理特性和满足生活需求的人性化方向发展的，而且，媒介的补救是一个永远也不会终结的过程。以此来看艺术中的“反环境”，它的不断被生产的过程也是永远不会终结的增加和补救的过程，这个过程构成了“不变中的变化”的另一种方式。

在《芬尼根的觉醒》中，社会变革的一切后果——技术变革产生的一切动荡和变形——产生了宏大的“环境嘶鸣”和“雷声”[①]，只不过人们暂时还完全听不到罢了，就像人们暂时意识不到自己的无意识，也就像热量在有机体或其他系统中运行却不容易被感知一样。但是，倘若环境或变革过程与电子信息运动协调一致、继续不断地进行，人类对无意识——技术变革的后果（包括社会模式）——的感知就变得十分容易了。因为新媒介的不断出现“永不终结”地增补着媒介自身的功能和人类的感知方式。在前电力时代，模式是觉察不到的，因为变革的速度十分缓慢，几乎令人难以察觉。就好像浴缸里的水温每小时升高半度，我们如何知道何时该叫喊呢？慢速变化中不可能进行模式识别，但是同样的变化加速之后，模式识别就很容易了。[②] 在这个意义上，新媒介和新技术的发展恰恰提供了一种变化的加速动力，给了我们一种模式识别的重要手段，这种动力和手段便是艺术家对“反环境”的创造。“反环境”为我们感知和适应环境提供了新的手段，从艺术的角度补足了人的感知功能。

这种增补也可以理解为德里达对于原始生命“踪迹”的增补。德里达以“文字”与“言语”的关系为中心，以“妖泉”“药物”“替罪羊”“魔术师”等隐喻编织出能指的游戏之链，指向了对文字媒介的批判性反思。在他看来，文字媒介乃是一种“既－又”的两可现象（both-and phenomenon），或者说是一种对于“众多绝境”（aporias）的描述。[③] 文字对于言语，言语对于心灵，心灵对于理念，理念对于前世的记忆，都是增补——虽然这种增补既是补药又是毒药，既是良善又是邪恶，既是增益也是伤害，但其使命乃是松动“在场”对于意义的禁锢，对意义的生产和人对意义的感知进行重新界定，

① James Joyce, *Finnegans Wake*. London: Penguin Books Ltd. (2000), p. 3. 可参阅詹姆斯·乔伊斯《芬尼根的守灵夜》第1卷，戴从容译，上海人民出版社，2012，第6页。

② 马歇尔·麦克卢汉著，秦格龙编《麦克卢汉精粹》，何道宽译，南京大学出版社，2001，第490页。

③ 胡继华、贺宥姗：《精神药物学——德里达及其后学对于媒介批评的学理启示》，载《文学与文化》2017年第2期。

并以此确认了媒介在文化传承和境界开拓之中的自律地位。

这实际上揭示了“反环境”创造中的文学审美自律性问题。因为，不管是艺术家的独创性想象，还是媒介的持久性增补，具体到文学中来，都必然只能在文学这个“场域”中发生作用，而文学“场域”作为审美意识形态发生作用的“问题域”，有着自身独特自足的规定性，这些规定性一定程度上构成了艺术家独创性想象和媒介持久性增补的限度。对艺术家来说，他的想象不管多么独创，也必然不能逾越文学审美的界限而故意天马行空；对媒介来说，不管其对自身的功能性增补或者对人类生理特性和生活需求的“延伸”多么丰富，也必然不能逾越媒介自身的规定性和人类感知特性的限阈而超出人们的可接受范围。实际上，这些限度恰恰构成了对文学审美的自律性要求。也就是说，艺术/文学的“反环境”必然遵循着文学的审美自律性要求。也正因为如此，不管乔伊斯在《觉醒》中的想象和媒介隐喻如何惊世骇俗、挑战读者旧有的审美成规，带给读者的仍旧还是文学的审美愉悦，这也是乔伊斯的卓越识见。

由此，我们可以说，正是在文学审美自律性的限度以内，艺术家充分发挥其独创性艺术想象，不断借助媒介的增补功能，构成了新的媒介环境下文学创新的手段和动力之一。

三　原型与陈词的转换：文学创新动力

《芬尼根的觉醒》发展出了文学原型与陈词之间相互转换的关系，并以此作为文学创新的另一种主要手段和动力。

怀特海在《科学与近代世界》中提到，19 世纪的伟大发现是关于发现的技巧，发现或揭示都是一种重新取用（retrieval）的艺术。[①] 麦克卢汉借鉴了怀特海的“重新取用”的概念，在荣格“原型理论”的基础上，提出了原型与陈词相互转化的重要观点。在这种相互转化中，既包括对陈词（cliché）的重新取用，又包括对原型（archetype）的重新取用。

荣格曾经在《心灵与象征》中将“原型”看作是心灵结构的一个成分，它“代表或体现了朦胧、原始心灵中本能的数据：真实的、无影无形的意识之根”，“属于本能活动的范畴”，“被赋予了一些动态的属性”，即“自

① 〔英〕怀特海：《科学与近代世界》，何钦译，商务印书馆，2011，第 101 页。

主性”和“神秘性”①。荣格的这个观念“有一定的道理，因为它的基础是，原型广泛再现于人工制造物、文学、艺术等领域之中。不过，这是一个比较虚弱的科学基础”②。实际上，原型还建立在陈词的基础上。一方面，陈词作为人的知觉或意识的语言凝结物，它是人的一个单位延伸（a unit extension of man）；另一方面，原型作为构成神秘思想或主导表现的前形态（preformation），又是一个被引用的延伸、媒介、技术或环境（an archetype is a quoted extension，medium，technology，or environment）。③ 也就是说，原型和陈词在重新取用的意义上是同构的，反复出现的，并且是可以无限回溯的。当我们“重新取用”一种陈词的时候，我们就“重新取用”了包含在里面的原型；而当一种新的媒介或技术作为一种新的陈词渗入一种文化之后，它就把原有的、过时的陈词送进了文化的“垃圾堆”。

这实际上揭示了原型与陈词相互转化的基本原理。当陈词被重新取用时，它是作为原型意义上的怀旧形象给新的媒介和环境提供新的信息的；而当这些新的信息在历史的长河中逐渐凝结为新的陈词时，它又被转化为新的原型。就前者而言，刚开始的时候，任何一个陈词都是经验的新突破，但经验的不断累积又逐渐使陈词固化为原型。就后者而言，原型的不断累积又会由于文化的衰落或废弃成为危害陈词的怀旧情绪，从而将我们置入原型的“垃圾堆”，因为它们是在人的记忆中固定和加工的。当我们重新启用一些老的陈词时，这些陈词既是作为既有经验的累积原理，为我们新的环境提供着新的信息；同时，这些陈词又作为原型意义上的怀旧形象，在与我们新的环境的关系中发生着意义转换。所以，到了20世纪，当“创造性”已经成为新的原型时，19世纪发现的艺术、声觉和探索意识的艺术都变成了陈词，而且逐步累积为新的原型。

麦克卢汉在“媒介即信息”的逻辑原点上深化了对这种陈词与原型之间的相互转换关系的认识。他深刻地指出，今天我们正在回归史前人对陈词和原型的态度。即是说，今天我们的技术进步获得了一个更加优越的尺度，创造出了全新的环境，使我们能够给一切既有经验重新编制全新的程序，这些进步既使作为经验累积的陈词得以恢复，又使作为怀旧形象的原型受到召唤，在相互转化中原型逐步获得了压倒陈词的支配性地位。在这

① 〔瑞士〕卡尔·荣格等著《人类及其象征》，张举文等译，辽宁教育出版社，1988，第49页。

② Marshall Mcluhan, *From Cliché to Archetype*, Gingko Press, 2011, pp. 22 – 23.

③ Marshall Mcluhan, *From Cliché to Archetype*, Gingko Press, 2011, p. 23.

个意义上，《芬尼根的觉醒》表达了文学原型逐步取代技术陈词，并发展为文学创新手段的过程。

《芬尼根的觉醒》向我们揭示了，创造一个可供使用或探索的陈词，要经历这样一个过程：第一步是用比较小的东西，延伸它的作用，以包含全像（holos）。① 这既是陈词神圣而陈旧的特性，同时也是它枯燥无味的惯用方式。在《芬尼根的觉醒》中，乔伊斯以字母表（allforabit）为例揭示了我们在接受一种陈词或技术时，必然要付出代价、要给整体的全像造成损失的重要事实。字母最初的形态是象形符号，很容易让人想起卡德摩斯王及其“长成武士的龙牙”。这些“龙牙”很多都表现出与全像的关系，比如有名的短语“α 与犁头一样相像”。但很快，字母就使人类组织中的专业分工成为可能，使之从军事生活中分离出来。这种专业分工还产生了社会秩序或社会等级（比如短语“请曲身弯腰”），并以字母表作为其象征。字母表的使用意味着尊严的掉价，意味着失去古老仪式中口语无所不包的魔力。在许多意义上，可以说这是“屈尊以征服”。“屈尊”（stoop）就是“迈步”（step），就是控制和权力手段的某种位移。在这个过程中，字母表作为一种陈词或技术，在对它的接受的同时也意味着对某些东西的遮蔽和抹除。在这里，乔伊斯用风趣的口吻揭示了“字母表”对社会和心理（首先是人的尊严）的影响。通过这种揭示，乔伊斯要说的是，接受一种陈词或技术，没有不付出代价的，没有不给整体的全像造成损失的。

乔伊斯用整整一页的篇幅来追溯“蜿蜒曲折的古老故事”（meanderthalltale），追溯字母表技术迷宫一样的演变路径，把它作为一切陈词和技术突破的原型。比如“希望，希望”寓指另一个与“小豌豆”有关的主题，他与凯尔特语的“我是”（mishe）谐音，寓指狂热的爱尔兰人的部落身份，即所谓“豌豆泥和希望”。这段中间部分的问题“你为什么吃?”是“字母表”产生以后的一系列后果。字母表中的第 1 个字母 a 指的是 apple。“耕耘的地里长满刺”的形象，是对他啃字母表的惩罚——他在庭院里的耕耘搞得“一团糟”（mess）。一团糟模拟的是嘴里含着苹果时含混不清的发音，这个声音唤起的是堕落的亚当用兽皮遮羞的冲动：他不再摘树上的苹果，而是专门生产成堆的东西和各种食物。在这里，“筹码把字母颠来倒去”，

① 本节下文所分析内容，均引自 James Joyce，*Finnegans Wake*. London：Penguin Books Ltd.（2000），pp. 18 – 19. 可参阅詹姆斯·乔伊斯《芬尼根的守灵夜》第 1 卷，戴从容译，上海人民出版社，2012，第 70 – 76 页。

人成了生产者和消费者，组织贸易和市场，字母技术迷宫一样的演变路径由此隐喻了技术陈词逐步向原型转化的过程。

字母表所隐喻的这个过程的主要结果之一是，它不仅产生了“一堆东西”（hoard of objects），而且不断把这些东西扔进垃圾堆。由于新技术是废弃和拒斥以前文化的媒介，在生产和包装的过程（to con an we can）中它产生了大量的垃圾（liberorumqueue）。作为检索“古代情况”（ancientry）的手段，早在“大量的纸张”（lumped paper）问世之前，文字已经检索出庞大的弃而不用的数据堆。“废弃堆”的一个意义在于，它喻示着我们对新陈词新技术所造成的环境是视而不见的。解读和检索这些“废弃堆”常常使识文断字的人文主义者如痴如狂。

在原型与陈词相互转化的意义上，《芬尼根的觉醒》中所有的男性和女性人物几乎都根植于两个神话的抽象的原型式人物，即“他和她”（the he and the she）。“他”既是主人公壹耳微蚵，也是其两个儿子山姆和肖恩，又是圣·帕特里克、圣·凯文、奥康纳国王或中世纪骑士特里斯坦等神话或传奇故事中的男性人物。同样，“她”不仅代表壹耳微蚵的妻子安娜，而且也指他们的女儿伊茜、凤凰公园的妓女，或在街上跳舞的姑娘等等。壹耳微蚵在梦呓中不断地改换面具或变换角色，从耶稣、诺亚、以萨迦、克伦威尔、罗马教皇、俄国将军到一名水手和裁缝，继而又变成一条鲸鱼、一只昆虫、一头山羊和一棵大树。而他的妻子安娜则同样扮演了多种角色，包括夏娃、圣母马利亚、潘多拉、诺亚的妻子、拿破仑的妻子约瑟芬，继而又变为一只母鸡、一名妓女和一个水坑等等。在小说的人物设置上，乔伊斯继续发挥了原型与陈词相互转化的新的文学创作方法，人物与人物之间、人物与非人物之间都可以实现相互转化，这标志着英国小说人物的历史性嬗变和重大转型，显示了文学创造的新的可能。

对原型与陈词相互转化规律的揭示，使《芬尼根的觉醒》指向了一条解读叶芝所谓“心灵的污秽的废旧物品铺”① 的路径。这就是传统，个体的才能要从这个“心灵的污秽的废旧物品铺”里偷去这样那样的东西，以支撑自己的“废旧物品铺”。对乔伊斯而言，就像对叶芝一样，这个废旧物品铺搜集了一堆废弃的陈词。这些陈词是艺术家和全社会发明的探索，使艺术家在人类成就的阶梯上上下下，“请俯身”“俯身请”。正如上文所提及

① 〔爱尔兰〕叶芝：《叶芝诗集》，傅浩译，河北教育出版社，2003，第850页。

的，乔伊斯在创作《芬尼根的觉醒》时，接受了维科在《新科学》中所强调的，一切古代寓言和故事实际上都是技术突破时刻的记录，新技术不是被加之于文化的，而是要“毁灭”社会，把社会扔进垃圾堆，世世代代的人都要从这个“废弃堆”中去检索信息，并且不断给它提供新的材料。

因此，要进行文学创新，艺术家就需要通过日新月异的手段去探索经验，这就使他反反复复回到陈词的废旧物品铺里去探宝——原型。乔伊斯在这里给我们提供了一个陈词和原型相互转化的艺术明证，而这也正是《芬尼根的觉醒》的重要主题。

四 媒介变迁与文学的当代命运

在《芬尼根的觉醒》经受历险、体验受难、觉醒回归的情节模式中，我们可以解读出从口传媒介、文字书写媒介的衰落到听觉、视觉、触觉合一的电讯媒介的媒介转型过程，这个过程揭示了文学在电讯文化语境下的命运及其新生机缘。

在 1948 年与埃兹拉·庞德的通信中，麦克卢汉赞赏《芬尼根的觉醒》通过术语的换位、陈词的倒装，能够把“垃圾”涤荡干净，并认为如果说“《尤利西斯》是刺破欧洲脑袋上的脓疮的投枪”，那么《芬尼根的觉醒》就是用来涤荡这个脓疮的。[①] 他以譬喻式的语言肯定了乔伊斯在《芬尼根的觉醒》中所进行的语言创新和技巧探索。在以“媒介即是按摩”为题的演讲中，麦克卢汉区分了“媒介即按摩”与“媒介即讯息”的含义并揭示他的论点：媒介“不仅是讯息，更是按摩，它给我们沉重的打击，实际上它抓住所有的人，以野蛮的方式给我们大家按摩”[②]。施之于人身体的按摩，带来的是受按摩者在身体感性方面的感知和体验。也正是在感性感知方式的意义上，乔伊斯在《芬尼根的觉醒》中，用他那天书般的语言以“野蛮的方式”实施了此种“按摩”过程，预示着媒介转型中文学的命运，并呼唤生机。

在《芬尼根的觉醒》中，乔伊斯突出强调了他所谓“ABC 思维定式”

---

① 〔加拿大〕莫利纳罗等编《麦克卢汉书简》，何道宽译，中国人民大学出版社，2005，第 226 页。

② 〔加拿大〕马歇尔·麦克卢汉：《麦克卢汉如是说：理解我》，何道宽译，中国人民大学出版社，2006，第 76 页。

的主要变异。他用“言语－声像－视像”来表现“通宵的新闻纪录片”，强调戏剧化地表现传播媒介本身，把它既作为形式又作为人类文化流动的载体来表现。如果这样来看《芬尼根的觉醒》，阅读中的大多数困难就涣然冰释了。对现代传播变迁真正的了解，使乔伊斯在《芬尼根的觉醒》中以历险－受难－觉醒的模式，隐喻了媒介转型的漫长过程以及在这个过程中人的感知方式的变迁和增补，揭示了文学在电讯文化语境下的命运及其新生机缘。在媒介变迁的历史中，如果说手抄书的传统是古老的万事通（encyclopaedic）①，那么书籍文化便倾向于专门化。又由于受到大众报纸发展的影响，书籍的传播形式也发生着变化。到了电讯时代，媒介载体及其带来的艺术思维方式和接受方式的变革，使文学在经受“走向终结”的尖锐质疑时，也蕴藏着难能可贵的新生机缘。毕竟文学是感性的，任何新的感知方式的出现，都必然呼唤一种新的文学形式来加以强化和固化，使其得以不断创造从而萌生新机。

让我们再一次仔细审视报纸。在乔伊斯看来，“报纸”能够给人和物赋予另一种存在的形态，让一切存在都能够提升到科学或诗学的水平，并使之完美。他把报纸看成是终极的百科全书的最初级的形态，因为报纸几乎具有超人的意识范围，它只需要等待完全模拟意义上的精确安排，去完善并置条目和主题的情况。报纸的形态很像是一对蓄势待飞的翅膀，只需等待“展开的时机或振翅的节律”，就可以使我们摆脱所有鱼目混珠的“文学”。当把《尤利西斯》的结构当作报纸景观来看待时，我们会发现，乔伊斯实际上是以集体无意识为结构，用一小段时间来表示整个浓缩的空间的，因为《尤利西斯》中主要人物的活动仅仅集中在1904年6月16日这一天。《芬尼根的觉醒》也是一样，它把时间压缩成一小块空间，即“豪斯城堡和环境”。在上述过程中，媒介经历了从手抄书、印刷书籍、大众报纸到蕴藏多种可能性的电讯时代的变迁，并实现了感知方式和时空结构的多重转换。

《芬尼根的觉醒》的手法是将“远程动态式”的广播、电话、新闻纪录片和人物说话进行结合与转换，这种转换是《芬尼根的觉醒》中一以贯之的变形，往往表现为听觉向视觉的典型转换、音乐向颜色的典型转换、埃俄罗斯的竖琴向门农竖琴的转换、时间向空间的转换。这种转换重建了嵌入当前语词和手势的各个层次的文化和生存状态。研究乔伊斯的人都知道，

① 〔加拿大〕马歇尔·麦克卢汉著，秦格龙编《麦克卢汉精粹》，何道宽译，南京大学出版社，2001，第104页。

名叫贝琳达的母鸡（hen）和重言法（hendiadys）[①] 都广泛用于他的《芬尼根的觉醒》，以表现渗透力很强大的感知模式。阿德莱德·哈恩的重言法研究对乔伊斯影响极大，她通过简单的视觉方法暗喻间隙的世界即是重言法，纯粹是幻觉，“因而产生非逻辑的结果”。以视觉为取向的人总是寻找连接，而不是间隙。在他们看来，行动正是发生在间隙之中，连接却只能是暂停。关于哈恩（Hahn）这个名字，它在《芬尼根的觉醒》中扮演了重要的角色，因为其希腊语（hen）的意思是“唯一”。那只母鸡（hen）在粪堆里扒出了留给后世的信，对这封信的解读成为小说的主要内容。[②]

象征主义的代表马拉美宣告：“世界的存在终结于书本。”他的感知补足了古代和中世纪的自然之书的比喻，并使之逆转；他认为，在工业时代和电子时代，自然都被艺术取而代之。因此，书籍的未来简直就是超越自然的手段。物质世界将被包容在书中，书中的文字将有认识和创造一切存在的公式。这个观念也是乔伊斯的雄心，他的《芬尼根的觉醒》是一部象征派的大全，含有一切生灵。乔伊斯在他这部百科全书里拥抱艺术和人工制造物，使用了大量在乔伊斯的眼疾阴影笼罩下的词汇，如虹膜、视网膜、青光眼等，表达了他把握世界的渴求。在电讯媒介时代，实在的世界正在转换成科学幻想，由于这一难以把握的逆转，东方正走向西方，与此同时西方也在走向东方，乔伊斯用两句神秘的诗句“幸福将使东方惊醒，可你也会把晓间当作早晨”，书写了这一东西方相融合的过程。在这个意义上，乔伊斯的书写可以被理解为是靠语言这一媒介来完成演变使命的。

这样看来，《芬尼根的觉醒》隐喻了媒介转型的漫长过程以及在这个过程中人的感知方式的变迁和增补，揭示了文学在电讯文化语境下塑造“反环境”的功能与限度、原型与陈词相互转化的创造力，这显然可以从媒介历史变迁的角度对“文学终结论”的质疑进行回应。实际上在电讯时代，媒介载体及其带来的艺术思维方式和接受方式的变革，使文学不仅不会“走向终结”，反而获得了文学形态、存在方式、表达手法、美学意蕴等多方面的更新和生机。

---

① 重言法是修辞格的一种，是指用“and”连接两个独立的词以代替一个独立词加上其修饰词的惯用词组。这种结构是用来提高语言的表达效果的，它们表示的并不是并列关系，而是修饰和被修饰关系。

② 〔加拿大〕莫利纳罗等编《麦克卢汉书简》，何道宽译，中国人民大学出版社，2005，第462页。

正如有的论者在探究米勒“文学终结论”时所指出的，“网络文学传播具有人际传播的一些特点，传统的大众传播媒介限制了受众表达意愿的能力，而网络的出现使受众从被动的桎梏中解放了出来，文学的自由本性在网络中也得到了充分的彰显。然而，网络文学虽然在一定程度上将人们从创作到欣赏的诸多局限中解放了出来，改变了文学原有的制作与传播方式，但网络文学本身除去网络媒介的技术因素外，仍然遵循着文学自身的创作与发展规律。”[①] 也就是说，在媒介文化理论视野的观照下，由于文学对媒介变迁和人类历史进程的隐喻关系，由于文学塑造“反环境”的功能及其文学审美自律性限度，由于原型与陈词相互转化的文学创作新模式，文学并不会必然走向“终结”，反而会促生一些新的文学形态，网络文学、手机文学、多媒体文学等便是例证。

乔伊斯的《芬尼根的觉醒》犹如一间深不可测的地下密室，潜藏着人类精神的诸种“绝境”，揭示了媒介文化的进化及其现代剧变。乔伊斯追溯字母表演化进程，追溯神圣的原型，穿越媒介错综复杂的演变过程，讲述了媒介技术曲折发展的故事，把人们对媒介变化的感受融为一道语言变化的洪流。每一次媒介文化范式的转变，都意味着古老陈词和文学原型的相互转化；每次媒介文化的巨变，都以一种文体、风格、文学程式和习语的生成为标记，其中凝聚着新旧媒介之间的强大张力，映射出新旧环境之间的冲突。在这个意义上，对《芬尼根的觉醒》的解读呈现出了一种永恒回归的循环模式，甚至复活并重建了电讯媒介语境与文学命运之间的深度关联。

总而言之，《觉醒》一方面艺术地呈现了媒介及其技术变迁与人类“部落化”－“解部落化”－“再部落化”－“复归”的历史进程之间的隐喻关系，形象地表达了乔伊斯的循环历史观；另一方面又具象地展现了文学的“反环境”（anti-environment）功能，指出了艺术家的创造性想象和后继媒介的增补功能，以及与此相关的文学的审美自律性限度。与此同时，它通过原型（architype）和陈词（cliché）相互转化规律的揭示，形象地发展了文学创新的根本动力。《觉醒》的媒介隐喻含义实际上暗含着媒介变迁过程中人类艺术感知和理解方式的变化，为我们重新思考“文学终结论”提供了一个典范文本。

（作者单位：大连大学）

① 丁国旗：《对网络文学的传播学思考》，载《江苏行政学院学报》2008年第2期。

从荷马到但丁的欧洲文学之旅

——读《欧洲文学与拉丁中世纪》中译本

黄　荷

摘　要： 库尔提乌斯在《欧洲文学与拉丁中世纪》一书中告诉读者，发源自古希腊罗马文明的拉丁文学如何在中世纪经受住时间的考验，跨越西欧大陆，得以传播和延续，最终融入但丁和歌德这样伟大的近代作家笔下，构成西方文化传统的连续体。库氏在《欧拉》中所呼吁的“文学自主性”和文学作为“永恒的当下”在一代代作家笔下的传承，将文学的地位提升至与哲学和神学并肩的高度。

关键词：《欧洲文学与拉丁中世纪》；文学自主性；传统连续性

一　引　言

库尔提乌斯的《欧洲文学与拉丁中世纪》（以下简称《欧拉》）是20世纪40年代战后欧洲出现的重要文论之一，是德国罗曼语语文学的代表性研究成果，自问世半个多世纪以来，其经典的地位依然岿然屹立。在《欧拉》这部鸿篇巨制中，库氏通过纵观全局和细察入微的辩证史观，梳理了欧洲文学传统的统一性和持续性。其目的是呼吁对欧洲古典文化精神的传承：以文学为媒介，为战争阴霾下的欧洲政治危境寻求出路；以中世纪为切入点，思考现代欧洲思想和文化的去向。库氏的主要观点是，文学是西方文化思想和精神传统的结晶，而中世纪拉丁文学则是连接欧洲古代和近代的关键纽带。库氏在《欧拉》一书中告诉读者，发源自古希腊罗马文明的拉丁文学如何在中世纪经受住时间的考验，跨越西欧大陆，得以传播和延续，最终融入但丁和歌德这样伟大的近代作家笔下，构成西方文化传统的连续体。

二　作者其人与写作背景

《欧拉》的作者恩斯特·罗伯特·库尔提乌斯（Ernst Robert Curtius, 1886—1956）是著名的德国语文学家、罗曼语言与文学专家，早年在法国斯特拉斯堡大学师从古典语文学家格勒贝尔（Gustav Gröber），专研法国文学。其研究兴趣之广泛，跨越了古代和近代的法国文学与批评，求学期间也培养了对中世纪拉丁文学的浓厚兴趣。库氏在《欧拉》序言中提到，从导师格勒贝尔那里，他不仅树立了罗曼语文学的使命观，并且将中世纪拉丁文学视为罗曼文学的根基。库氏毕生的研究可分为两个阶段：早期研究聚焦在法兰西文学上，对巴尔扎克、普鲁士、纪德等法国作家有深入研究，同时也关注同时代英美作家，是德语世界中较早评论艾略特和乔伊斯的批评家之一。一战后，库氏从法兰西文学研究中抽身而出，转而研究中世纪拉丁文学，将其目光投向罗马，呼吁重建中世纪人文主义精神。库氏从1932年开始着手准备，投入毕生心血，历经15年，于1948年终于完成大作《欧拉》。

库尔提乌斯从法兰西文学研究转向中世纪拉丁文学研究是历史条件的产物。一战之后，短暂的魏玛共和国在希特勒及纳粹党1933年上台执政后宣告结束。伴随着教育野蛮化和极端民族主义狂热，德国的经济、文化和政治危机愈演愈烈，而库氏的《欧拉》正是脱胎于这样的历史背景。《欧拉》出版后，与库氏同时代的德国语文学家斯皮策（Leo Spitzer）批评该书为库氏逃避之举，指责库氏退缩到文学的地窖和历史的墓地。[①] 库氏指出，古往今来，史学研究往往都是形单影只的个人在社会和历史剧变的引导下反思当下，提出新问题，从撰写《伯罗奔尼撒战争史》的修昔底德到书写《西方的没落》的施宾格勒皆是如此。同样，在欧洲战争的阴霾和德国纳粹的极权统治下，库氏作为时代精英的一员也立志反思战争给欧洲带来的浩劫，思索战后欧洲的重建，这是库氏书写《欧拉》的深层动机。因此，倘若我们像斯皮策那样否定《欧拉》，未免有失偏颇。库氏坦言，其研究对象并非止于文学，而是“通过文学所反映的西方文化传统”[②]。库氏指出，曾

① Leo Spitzer, “Review of by *Europäische Literatur und lateinisches* Mittelalter Ernst Robert Curtius,” American Journal of Philology (1949), pp. 425 – 431.

② Ernst Robert Curtius, Foreword to *European Literature and the Latin Middle Ages*, trans. Willard R. Trask, Princeton and Oxford: Princeton University Press, 2013, xxiv.

地处罗马帝国版图的德国，与罗马之间存在着难以割舍的血亲关系。通过研究拉丁中世纪，库氏旨在挖掘出“一条碎石斑驳的罗马之路”①，以反思近代德国的文化和思维模式。

三　研究对象

在开篇前两章，库氏对《欧拉》的考察范围做了明确的界定。《欧拉》论述的核心不仅仅是中世纪时期的拉丁文学，更是拉丁中世纪与欧洲文学的关系。紧接着第三章则论述了中世纪时期文学在教育中的地位。通过追溯中世纪与古代作家，库氏强调了西方人文主义传统以文学为媒介，通过教育体系不断传承的方式。

（一）欧洲文学

在《欧拉》开篇，库尔提乌斯引述史学家汤因比（A. J. Toynbee）的观点，提出应从史学的角度来看待“欧洲”这一概念，呼吁研究“历史图景的欧洲化”。库氏指出，当下缺少对欧洲整体化和连续性的理解。以学校中欧洲史的课程设置为例，横向来说，欧洲被分割成地理碎片，欧洲的历史成了民族史和国家史的汇编，尤其针对昔日和当下的强国史。纵向来说，欧洲被划分成几个相继的历史时期，包括古典、中世纪和近代。库氏认为，无论是按国别还是按历史时期的划分来研究欧洲历史都有一定局限性，导致我们忽略了各个文化之间的关联和传承。因此，库氏提出一种超越国界、放眼古今的史学方法，即汤因比所提倡的比较文化形态学。汤氏认为，“古典希腊历史与现代欧洲历史，从两者的经历来看，是属于同一时代的，有着平行的轨迹，因此我们可以通过比较的方式来研究”②。汤氏越过以国家为单位的研究视角，将“文化”视为更为完整的历史实体作为其研究对象。以汤氏为代表的史学家，通过文化间的比较，发现从史前文化开始便贯穿于人类历史的神话原型，并视其为宇宙事件的象征。这种整体观有助于破除国别的中心论和单一历史线性发展的史观。除了汤氏的史学观，库氏还

① Ernst Robert Curtius, *European Literature and the Latin Middle Ages*, trans. Willard R. Trask, Princeton and Oxford: Princeton University Press, 2013, p. 19.

② A. J. Toynbee, *A Study of History* (The One – Volume Edition Illustrated), London: Thames and Hudson, 1972, p. 11.

引述了柏格森关于“虚构功能”的观点。文学作为媒介，传承了每个时代人类思想和文化发展的瑰宝，这是哲学和科学都无可取代的功能。

库氏认为，欧洲文学也应当从史学角度来研究。当下的文学研究按照国别和风格时期来进行，这种做法过于片面，而且忽略了西方文学的历史本源。库氏指出，欧洲是古代地中海文化和近代西方文化相互交织构成的深邃复杂的历史实体，莱茵河混合着台伯河之水，古代世界的方方面面都渗透在近代世界中。库氏对欧洲文学进行界说，将之视为一个上起荷马下至歌德、持续不断发展的传统，其时间跨度可达26个世纪。库氏批评了当下文学研究局限的视角和狭窄的范围，呼吁一种欧洲文学整体观：“当我们能自由出入从荷马到歌德的每个时期，才能真正俯瞰欧洲文学。这种能力无法从教材获得，即便有类似教材也不行。如果欧洲文学是个国家，那么我们只有在其各个省份长期居住，并到处参访熟悉后，才能获得畅通无阻的公民权利。一旦我们成了罗马公民，也便成了欧洲公民。”①

（二）拉丁中世纪

库氏认为，近代的欧洲文化成形于拉丁中世纪，欧洲是罗马化的欧洲。要寻找罗马文化的传承，就必须回到作为罗马世界延续的中世纪。库氏指出，“拉丁中世纪”指在查理曼大帝的法兰西王国统一西欧后形成的历史实体。它包含“与罗马有关、与罗马的国家观念有关、与罗马教会有关、与罗马文化有关的一切，即比单纯的拉丁语言与文学的复兴更有包容力的现象”②。而这条拉丁文学的线索还尚待全面深入地研究。

库氏没有遵循“古代－中世纪－近代”的传统划分，而是跨越了所谓中世纪的严格时间界限，回到了罗马帝国时代，即通常所说的古代晚期。在公元4世纪，北部的日耳曼民族入侵罗马帝国，日耳曼人的上装和裤子替代了古罗马人的宽袍，新兴的基督教接替了古罗马的诸神崇拜，日耳曼人还接受了罗马的语言，熟读拉丁语法，纵览拉丁诗歌。日耳曼民族受罗马的语言和宗教的同化，使古代为中世纪提供了“可以用来自我定位的可靠的传统标

---

① Ernst Robert Curtius, *European Literature and the Latin Middle Ages*, trans. Willard R. Trask, Princeton and Oxford: Princeton University Press, 2013, p. 12.

② Ernst Robert Curtius, *European Literature and the Latin Middle Ages*, trans. Willard R. Trask, Princeton and Oxford: Princeton University Press, 2013, p. 27.

杆”①。所以，我们必须追溯到希腊-罗马时代。同时，库氏的中世纪向下延伸至所谓的文艺复兴时期。许多学者往往认为，中世纪结束于15世纪民族国家的崛起和文艺复兴之前。而历史学家特里维廉（G. M. Trevelyan）却认为中世纪一直延续到18世纪，直至工业革命的到来。术语划分标准的不一导致我们无法从整体上来研究中世纪。此外，不同学科领域对中世纪历史的关注不同，而且相互缺少互动，也阻碍了对中世纪的整体研究。库氏强调，中世纪不是一个统一的时代，其间有黑暗也有光明阶段，但由规模庞大的拉丁文学大军构成的线索却能指引我们看到中世纪思想的传承。虽然之后日常交际的拉丁语与文学拉丁语逐渐分化，但拉丁语仍然贯穿了整个中世纪。通俗文学在12和13世纪的发展也并没有打败拉丁文学的传承，作为文学语言的拉丁语一直存活到中世纪末期。库氏强调，中世纪拉丁语在民族文学的形成与发展中起到重要作用。在维吉尔和但丁之间的13个世纪里，拉丁语一直是学者文人的语言。不了解这样的拉丁背景，便无法真正理解中世纪的民族文学。

四　研究主体

《欧拉》全书共十八章，包括前三章总论和最后一章后记，及由十四个章节构成的主体部分。其写作思路体现了库氏的宏图大略和博学多才。在第四章“修辞”中，库氏介绍了中世纪修辞是如何从古代借鉴并流传给近代文学的。古典的传统通过修辞研究得以传播和保留，而修辞体系中最为体现这种文学连续性的则是主题和隐喻的反复使用。库氏在接下来的六个章节中围绕着修辞的方方面面展开深入分析。第五章“主题学”可谓是《欧拉》全书的亮点之一。库氏旁征博引，考察了一系列反复出现在欧洲文学中的主题，如年迈的孩子、颠倒的世界等。库氏的“主题”概念与荣格的集体无意识中的原型有很大的关联，揭示的是人类灵魂深处的原始意象。在第六章“自然女神”中，库氏通过考察“自然女神”这一主题在拉丁中世纪文学中的传承和演变，进一步阐释了文学主题与古代精神，尤其是古代宇宙观和宗教的联系。在第七章“隐喻学”中，库氏考察了五种隐喻的修辞手法，即航海隐喻、人物隐喻、食物隐喻、身体隐喻和剧场隐喻。这些常见的隐喻在异教作家和基督教作家笔下不断地演变，大大丰富了中世

① Ernst Robert Curtius, *European Literature and the Latin Middle Ages*, trans. Willard R. Trask, Princeton and Oxford: Princeton University Press, 2013, p. 26.

纪的文学传统。在第八章“诗歌与修辞”中，库氏追溯了“文学”一词的起源，并继续考察主题在不同演说体裁中的实现，例如在讴歌人物的颂词中常见的“超越”主题。库氏指出，只有从修辞特征出发，分析诗人如何处理主题与风格，才能更好地理解中世纪诗歌。接下来，库氏在第九章“英雄与君主”和第十章“理想风景”中分别介绍了两类颂赞风格中最重要的主题。库氏以荷马和维吉尔为例对比了古代与中世纪英雄观的异同，考察了从史诗到散文叙事诗体裁上的演变和关于英雄的价值观转变。同对于理想人物类型的追求一样，古人对理想生存环境和风景的描绘也是通过文学代代相传，塑造了欧洲文学的连续性。

接下来是极具深度的两章。在第十一章“诗歌与哲学”中，库氏不仅探讨了诗歌与哲学之争这一古老话题，还梳理了诗歌与哲学间千丝万缕的联系。库氏追溯了“哲学”一词的含义从希腊文明的古典时代到罗马帝国时期的演变。库氏指出，我们习惯关注的欧洲哲学史一般是从柏拉图到奥古斯丁之间，以及经院哲学兴起之后的时间段，而对中间漫长的几百年则了解甚少。在第十二章“诗歌与神学”中，库氏以但丁为典范，指出诗歌、哲学与神学三者合而为一的观点在古代和中世纪的传承。库氏继而阐释了但丁同时代诗人穆萨托的观点，即诗歌是第二神学，以及《圣经》与希腊神话的类比关系。这集中体现在中世纪对《圣经》诗学的不断争论上。在第十三章“缪斯女神”中，库氏继续考察了另一个具体的欧洲文学表达常量。库氏指出，缪斯女神不仅是诗歌的守护神，而且是哲学与音乐的守护神。随着古代诸神崇拜的式微，缪斯女神也风光不再。但基督教并不是一味地反对缪斯，甚至从12世纪文艺复兴时期开始，古代的缪斯概念再次鲜活起来。库氏以比较的视角，介绍了缪斯主题在法国、意大利、英国和西班牙文学中的位置，高度肯定了近代英国的文学革命，即小说这一文学体裁的出现。

库氏继而分别用两章来探讨了两种文学的表现形式：古典主义和风格主义。第十四章“古典主义”中，库氏考察了从古代到近代的经典作家和经典作品的选择标准和传承，并探究了伴随古典主义的“古今之争”问题。我们所谓的“古典主义”一词的定义最早可追溯到罗马晚期作家格里乌斯，其含义不断随着时代的变迁而改变。中世纪风格的一大特点是异教与基督教的相互渗透和交叉，这也体现在正典的甄选问题上。库氏强调，虽然至今关于“古典主义”的理解仍然众说纷纭，但“古典”的概念对我们而言至关重要。古典主义对经典的维护是对传统和连续性的守护，因此，在遭受文化浩劫的当下欧洲呼吁古典主义不仅是文化的需求，更是政治上的紧急任务。与古典主义相辅相成的是风格主义，泛指与古典主义相对的一切文学倾向。在第十五章中，库氏着重探讨了古典晚期和中世纪修辞中所蕴藏的风格主义的种子，列举了诸如倒装、迂回表达、类语重叠等手法的反复出现。库氏还追溯了形式风格主义的七种主要变体，以及思想风格主义在讽刺短诗和讥诮话中的体现。第十六章“书籍的象征意义”是全书最长的章节，彰显了库氏纵观全局和细察入微的辩证史观。库氏回归了隐喻学的问题，梳理了从古希腊罗马到中世纪、文艺复兴至歌德以来，反复出现在西方和东方文学中的关于书籍的隐喻。书籍作为宗教隐喻象征，其神性的意义在基督教、伊斯兰教和犹太教中均有体现，而且可追溯到古代东方的近东地区和埃及。该章节引用之广度及分析之深度，堪称比较文学的经典范例。该章中专辟小节考察但丁笔下书籍的隐喻。库氏指出，但丁将书的象征体系推向了最神圣的高度。接下来，库氏在《欧拉》的最后一章中以“但丁”为题，深入分析《神曲》的文学价值以及但丁与拉丁中世纪的紧密关系。库氏不仅阐释了《神曲》的创作背景及接受情况，而且从数字象征意义的运用来分析《神曲》的艺术和宗教构想。库氏强调，但丁之所以能成为中世纪和文艺复兴之间伟大的诗人，在于从他的身上我们听到了“十个沉默世纪”的声音。

纵览全书之后，我们发现，《欧拉》的布局严谨，逻辑缜密。库氏从最宽泛的概念深入到具体问题，逐层分析：从修辞到主题，从主题到颂词主题，最终集中考察但丁笔下欧洲文学的表达常量。在《欧拉》的后记中，库氏解释了《欧拉》前后章节之间的主题连贯和相互交织的联系，并再一次重申了文学史研究整体观的重要性。

五　研究意义

自问世以来，《欧拉》蜚声内外，其接受情况却毁誉参半。然而，正如戈德曼（Peter Godman）所言，虽然不乏对《欧拉》的各种指责和质疑，但却没有一位批评家不认真对待库氏的研究和《欧拉》。[①] 库氏的学术成就和地位无可厚非，其毕生心血之作《欧拉》的重要意义也有目共睹。首先，

① 〔新西兰〕彼得·戈德曼：《库尔提乌斯的思想与〈欧洲文学与拉丁中世纪〉的诞生》，见于〔德〕恩斯特·罗伯特·库尔提乌斯《欧洲文学与拉丁中世纪》，林振华译，浙江大学出版社，2017，第599页。

《欧拉》的研究内容填补了文学史研究上的薄弱环节，是中世纪拉丁文学研究领域的拓荒者。《欧拉》中每个章节的主题都可以引出更深入的研究，并扩展成为一部独立的专著，开辟了中世纪文学的研究领域。其次，《欧拉》开创了一种研究方法。从宏观上，库氏赞同历史学家汤因比的“比较文化形态学”，将不同文化一视同仁，将过去视为现在的参照模式。这样可打破僵化的时代划分和国别文学的界限，践行歌德所呼吁的“世界文学”。从微观上，库氏强调，语文学是文学研究的基石。没有语文学的帮助，文学批评不过是纸上谈兵。因此，库氏声称，《欧拉》既是欧洲文学的航拍图片，也是精确细致的地图。库氏跨学科、跨国界的文学研究方法在比较文学领域得到热烈的响应，使《欧拉》也成为国外比较文学专业的必读经典。最后，库氏在《欧拉》中所呼吁的“文学自主性”和文学作为“永恒的当下”在一代代作家笔下的传承，将文学的地位提升至与哲学和神学并肩的高度，并激励后人探索文学的本质和文学传统中的连续性。库氏一再将文学与音乐、绘画等艺术形式进行类比。库氏认为，文学的学习和研究同音乐一样，也需要系统的训练，掌握其中的规则和原理。文学中的这些形式要素和技巧，包括文学体裁、韵律、诗节形式等等，代代相传，既有保留也有改变，而文学研究者的使命则是深入考察这些文学常量的发展和脉络。

六　结　语

《欧拉》最显著的特点是，从历史的角度入手，以语文学为工具对欧洲文学展开了追根溯源的考察，将目光集中在连接了日渐式微的古代与逐步成形的西方世界的桥梁，即中世纪拉丁文学的研究上。《欧拉》的优势在于，库氏能将如此宽广的视角与文本的精读和比较有效结合，使之成为龙虫并雕的经典著作。当然，要通读完《欧拉》这样百科全书式的大部头名著也并非易事，读者容易迷失在其中浩繁且来自多个不同语种的引述文献当中。所以，译者林振华将《欧拉》这座丰厚的宝库介绍给中国读者，无疑做了一件好事，方便汉语学术圈和文学爱好者与《欧拉》进行更直接的接触。可以说，《欧拉》中文首译本在 2017 年的出版，填补了我国西方文学批评译介史上的一页空白，势必为中国拉丁文学研究和比较文学研究注入新能量。

（作者单位：贵州大学外国语学院）

自重出互见的相似诗考论
——《西游记》《封神演义》二书之关系

康士林（Nicholas Koss）/文　董伯韬/译

摘　要： 本文通过考察晚明本《西游记》与《封神演义》中的二十三首重出互见的相似诗，得出以下结论：就这些诗在篇幅、韵律、平仄、用语、风格及内容诸方面的可能变异而言，《西游记》当成书于《封神演义》之前，并深刻影响了后者，《封神演义》中的重出互见诗即为明证。

关键词：《西游记》；《封神演义》；重出互见的相似诗；变异

《西游记》和《封神演义》现存明代诸本的结构、系年与相互间可能存在的影响，以及由此衍生的有关两书作者的推测等诸多问题都还尚无定论，言人人殊。现存明代诸本所提供的最有价值的材料令两书的印行时间及作者得以确定。现存百回本《西游记》（下文简称《西游》）的祖本可溯及万历壬辰年（1592）。[①] 毋庸置疑，彼时这部小说已成书印行。但是，该本自身的源流问题仍歧见纷呈，莫衷一是。杜德桥（Dudbridge）认为，“内文中尚未找到坚实证据以支持其定本时间上限”[②]。至于《封神演义》（下文简称《封神》），因为现存最早的定本中未曾系年，故而必须以其他方法推断其大致的定本时间。[③] 孙楷第最先考证出了明刊本《封神》，他注意到具名说部第二卷的刊刻者舒载阳这一名字也出现于泰昌庚申（1620—1621）版

① 杜德桥：《西游记祖本的再商榷》，载《新亚学报》1964 年第 6 期，第 497 - 518 页；Glen Dudbridge, “The Hundred - chapter Hsi - yu chi and Its Early Versions,” Asia Major, N. S. 14, Pt. 2（1968—1969）, 141 - 191. 下引作“Early Versions”。

② Dudbridge, “Early Versions,” p. 190.

③ 孙楷第：《中国通俗小说书目》，人民文学出版社，1957，第 172 页。

《唐传演义》中，因此提出《封神》问世梓行于万历（1573—1620）末年或泰昌（1620—1621）、天启（1621—1628）之际。[①] 针对同一问题，柳存仁则从另一角度论定：舒刻本的批阅者钟伯敬于天启癸亥（1623）年间受雇于书坊，所以该书之刊刻梓行则断不能早于彼时。[②] 因此，将舒刻本之成书问世定于天启（1621—1628）年间比较恰当。然而，鲁迅却发现在泰昌元年（1620—1621）本《三遂平妖传》序中已提及《封神》。[③] 这就使得《封神》的刊刻时间较柳存仁的论断提前了数年。而未见反证之前，视《封神》于泰昌元年梓行于世，庶几近是。

尽管明刻诸本显示《西游》与《封神》两书的百回本于1592年及1621—1628年刊刻，但现代学界借由对两书作者的研究已将《西游》与《封神》的实际成书时间大大提前。吴承恩（约1500—1583）为百回本《西游》作者这一观点已被多数学人接受，虽然杜德桥对此颇不以为然。[④] 一般而言，许仲琳常被视为《封神》可能的作者，因其曾以"编辑"（编者或作者）名义具名现存《封神》祖本的第二卷，但其生卒年却均不得而知。虽然承认许仲琳有可能是《封神》的编次者，柳存仁却另据清人所述及的其他一些材料而将说部作者论定为陆西牲。[⑤] 这一论点虽未获普遍认可，却也不乏响应者。[⑥] 由是，假如我们认可吴承恩、陆西牲分别为二书的作者，那么，《西游》《封神》则当成书于16世纪下半叶，但此说之证据并未坚确到足堪论定二书于当时既已定稿。

二书定本于何时既无从考定，其彼此间可能存在的影响的准确情形亦是众说纷纭。清代学人梁章钜（1775—1849）云《封神传》为明时一宿儒（其名未言）所撰，意欲与《西游》《三国演义》鼎立而三。[⑦] 鲁迅在所著《中国小说史略》一书中曾援引梁说，其后该说亦屡被征引，然却未有以笃论视之者。[⑧] 尽管如此，这则材料清楚表明，至少在梁章钜看来，《封神》是

① 孙楷第：《日本东京所见小说书目》，人民文学出版社，1953，第119页。

② Liu Ts'un-yan（柳存仁），Buddhist and Taoist Influences on Chinese Novels，Vol. 1：The Authorship of the Feng Shen Yen I（Wiesbaden：Harrassowitz，1962），pp. 76－77. 下引作"Buddhist and Taoist Influences"。

③ 鲁迅：《中国小说史略》，外文出版社，1959，第220页。

④ Dudbridge，*Early Versions*，pp. 187－190.

⑤ Liu Ts'un-yan，*Buddhist and Taoist Influences*，p. v.

⑥ 孙楷第：《中国通俗小说书目》，人民文学出版社，1957，第171页。

⑦ 梁章钜：《浪迹丛谈》（卷六），页2b，见《笔记续编》（卷三十七），匡文书局，1970。

⑧ 鲁迅：《中国小说史略》，外文出版社，1959，第220页。

步趋《西游》且深受其启迪的，但另一方面，柳存仁却在其考证《封神》作者问题的论著中，得出《西游》源出《封神》的结论。[①] 无独有偶，卫聚贤在讨论《封神》源流的著述中，亦声称《西游》的作者熟知《封神》[②]。

不过，一则新材料或许可以廓清歧见。为寻绎李天王现身《西游》的理由，笔者曾通读《封神》第十二至第十七回，因在这几回里涵盖了李天王的故事。诚如柳存仁所论，这些叙述以更简短的形式呈现于《西游》第八十三回中。而笔者的发现是：《封神》第十二回中的一首诗与《西游》第四回里的一首几无二致。随之，我细心阅读《西游》与《封神》两书中的诗词曲赋，辑得重出互见之相似诗有三十二首，其中不乏数行或几联诗句全然相同者。据此，考论中，笔者拟先概略研讨这些重出互见诗的不同之处，继而尝试指出：有证据显示这些重出互见诗是《封神》的作者（或编者）从《西游》中“借来的”和改写的。果如是，其对《西游》影响《封神》这一论点将有所裨益，并可进而论定《西游》成书于《封神》之前。概论之后，笔者将分析每组重出互见诗的不同之处。不过，这里尚有一版本问题需有所交代。现代各版《西游》与《封神》都收录了这三十二首诗。1592 年梓行的百回本《西游》也尽数收录了这些诗，但在一部看似晚明刊刻的《封神》中，却只收录了其中的二十三首。因此，在对勘之时，笔者首先将只探讨这二十三首。然后，再行讨论收录于《封神》1695 年刊本中的九首诗。

但在考察辨析这些诗之前，不妨简要回顾一下前贤时彦对《西游》与《封神》中诗词所做的赏鉴品评。近代批评家对《西游》中的诗词曲赋均颇为推许。夏志清认为这些诗“对仗雅切，叙情写景工致入微、诙谐百出（concretely and very often humorously descriptive）。而就这些数量浩繁的诗词而论，吴承恩允为整个中国文学传统当中最长于叙情写景的诗人”[③]。相较之下，柳存仁的称扬更为周备，他说：“一般而言，尽管说部中有些诗甚是俚俗，但仍有颇多诗词质量上乘，值得精研。”[④] 虽然激赏《西游》中的诗迥异于以往富于象征意蕴的抒情风格，而能激发出某种“力道十足的临即

① Liu Ts'un-yan, *Buddhist and Taoist Influences*, pp. 240 – 242.

② 卫聚贤：《封神榜故事探源》，作者自印，1960，2：207 – 209。

③ C. T. Hsia, *The Classic Chinese Novel: A Critical Introduction*, (New York: Columbia University Press, 1968), p. 120.

④ Liu Ts'un-yan, *Wu Ch'eng – en : His Life and Career* (Leiden: Brill, 1967), p. 68.

感，用以体验自然的饱满、繁复与多变”，但余国藩也一语道破（pinpointing）其弱点，指出，“吊诡的是，这些诗有时会泯除地方色彩从而不能给人留下印象”①。另一方面，《封神》中的诗却还未经学人认真研讨过。孟瑶尝言“这书的文学价值是谈不到的”，《封神》一直未曾得到评赏关注，这一今昔一贯的成见是为主因。② 《封神》中的诗在数量上远逊《西游》，其主要功能在于叙写斗法场面或刻画人物个性。《封神》每一回都必然以诗开头，叙述过程中也韵散夹杂，涵括大量缀满典故的诗行。正如我们即将看到的那样，《封神》中写得比较好的诗，譬如那些写景状物的诗，大多改写自《西游》。柳存仁考定《封神》中有十余首诗出自《列国志传》，而这一发现又进一步坐实了《封神》作者写诗时并不总是匠心独运。③ 若同一首诗重出互见于两部作品当中时，柳存仁对《封神》中的文本更为欣赏。而且，在《封神》中，某些诗章屡被征引，不经意间流露出作者或编者寻章摘句为每回凑齐足够诗篇的疲态。第二回《轰天炮响》一诗中的某些诗行就重复出现在第二十一回和第三十五回，而第二回《二将阵前交战》和《黄昏兵到》两诗也部分复见于第三十六回和第四十三回。其他重出叠见的例子还有分别出现在第十三回和第四十五回的《交光日月炼金英》以及首见于第十四回，后又在第四十九回和第六十一回中用以描绘不同人物的《双抓髻》。诚然，这一惯例并不仅见于《封神》，在《西游》中也有相似的诗句重出复现，只是没有如此频繁。

检视对《西游》诗的评点，可以看出其为多数人所推重，这与《封神》诗乏人问津的情形适成对照。为了深入探讨，且让我们先比勘两书中的那二十三首诗。我们要完成的第一个任务是，考察这些诗在《西游》和《封神》中的分布排列，冀图审滤出某种能显示出哪部书先成书定稿的模式。根据两书现存的祖本，两书刊刻时都是二十卷。假设两书现存祖本与借用这些诗章时所用之本相差无几，则若以《封神》为源，其模式当如下：

卷数	回数
1	1-5：
2	6-10：

① Anthony C. Yu, “Heroic Verse and Heroic Mission: Dimensions of the Epic in the Hsi-yu chi,” *Journal of Asian Studies*, 31 (1972), pp. 879-897.

② 孟瑶（杨宗珍）：《中国小说史》（卷三），传记文学出版社，1969，第347页。

③ Liu Ts'un-yan, *Buddhist and Taoist Influences*, pp. 76-103.

3	11－15：	12（4）
4	16－20：	
5	21－25：	
6	26－30：	
7	31－35：	
8	36－40：	37（1）
9	41－45：	45（5）
10	46－50：	49（17）
11	51－55：	52（18）；54（37）
12	56－60：	59（56）；58（66）
13	61－65：	61（1）；64（16）；64（41）；63（65）；62（84）；61（85）；62（86）；65（98）
14	66－70：	
15	71－75：	71（41）；71（98）
16	76－80：	78（7）
17	81－85：	83（42）
18	86－90：	88（48）
19	91－95：	
20	96－100：	

（括号里的数字为该诗在《西游》中的回数。本图表以柱形排列，以显示各“假定借用”群。每个“假定借用”群内按照在《西游》中所在回目的升幂排列。借用回目的升幂排列甫一中断，即行建立新的“假定借用”群。）

本图表应从上至下逐栏读。譬如，以第一栏为例，假设《西游》作者在第一回中借用了《封神》的两首诗，他须要首先找到《封神》的第八卷，在第三十七回觅得一首，再至第十三卷第六十一回寻出另一首。待到下一栏，我们看到，《西游》第四回里的一首诗取自《封神》第三卷第十二回，而假定有诗借自《封神》的《西游》各章莫不如此。

从图表中，我们还可观察到“假定借用”过程中的一些细节。《西游》的作者“借用”诗词往复《封神》各卷或至十八次之多。他有三次是从开卷首回里选的诗［61（1）、71（41）、71（98）］。在第四栏中，我们可以追溯《西游》第十七至第四十八回中借自《封神》的诗词。我们还发现了最长的一个“借用”序列。《封神》第十三卷俨然是《西游》三分之一以上“借用”诗句的源头。

现在假设以《西游》为源，则“借用”模式为：

卷数	回数				
1	1－5	4（12）			
		1（37）	1（61）		
		5（45）			
2	6－10				7（78）
3	11－15				
4	16－20	17（49）		16（64）	
		18（52）			
5	21－25				
6	26－30				
7	31－35				
8	36－40	37（54）			
9	41－45		41（64）	41（71）	42（83）
10	46－50				48（88）
					48（89）
11	51－55				
12	56－60	56（59）			
13	61－65		65（63）		
14	66－70	66（53）			
15	71－75				
16	76－80				
17	81－85	85（61）	84（62）		
18	86－90		86（62）		
19	91－95				
20	96－100			98（65）	
				98（71）	

（括号中数字是该诗在《封神》中的回数）

本表显示借用者在卷与卷之间往复了十七次（上表为十八次）。然后，有个囊括七首诗的序列（上表为八首），而且这些诗在《西游》和《封神》中的回数都以升幂排列。不过，本表与上表也有两方面不同。一是《封神》的作者有七次从开卷首回中选诗［66、56、1、86、16、41（64）、41（71）］（前表所示为三次）；二是《西游》第一卷中的诗词被借用的次数最多（竟达四次），可与《封神》第十三卷相提并论。

在分析这则材料以判定哪张表更有可能揭示实际的“借用”模式时，看似言之成理、持之有故的论点为：观察两书中从相继及按升幂排列的章回里借用诗词最长的序列，实际借用模式或即存焉。但正如我们所见，它们并无显著差异。然则，不妨关注一下第二张表第一栏的起始部分。从中可以看出，《封神》的作者为寻章摘句，首先按部就班地浏览了《西游》诸多回目。此外，若被问及为什么直至第十二回他才第一次借用了一首《西游》诗，又为什么要到第三十七回才有第二首取自《西游》的诗出现，则亦不无可说。上文业已提及，《封神》中一些诗词源出《列国志传》。这些诗散见于第六、第十一、十九、二十、二十四、二十九回。由此，可以说《封神》的作者是将《列国志传》中的诗词用于《封神》——第十二回例外，值得注意——前面的回目（1－30），而后面的回目其诗则源出《西游》。

从《西游》“借用”模式的《封神》回目中可以看出，取自《封神》第十三卷的诗最多，这一点颇耐人寻味。从中可见，《西游》作者对该卷诗词赏爱有加且反复寻绎。但至于其何以如此青睐这些诗，我们却不得而知。

《封神》“借用”模式的《西游》回目及其第一栏中的序列显示出《封神》取自《西游》的痕迹。七首诗选自卷首第一回这一现象意味深长。要择定某卷以选取合适的诗词时，首先从卷首第一回开始，并不足为奇。而无独有偶，从表 2 中，我们看出，借用时，首先选定的是《西游》的第一卷，从中共借用了四首诗词。而借用诗词若非随心所欲，则更有可能的是作者从第一卷而不是第十三卷开始。尽管如此，总的来说，虽予人以某种联想，但这一分析却只提供了唯一一种可能，即《封神》借自《西游》，而非相反。

比勘两部小说中的这些重出互见诗可以得出关于《封神》取资《西游》的更令人信服的证据，极具意味。以下将概论这些重出互见诗的变异类型及其之所以能够表明《西游》为《封神》成诗来源的原因。每首诗的详细解析将附于概论之后。在讨论单首诗时，笔者将以字母代码来指称它们。

各首重出诗在两个版本中的变异数量差异很大：有些诗几乎全无二致，而有些诗则天悬地隔。整体而言，这些差异关乎形式、风格和内容三个方面。与形式相关的差异包括下列三点：篇幅、韵律、平仄。首先，我们看篇幅上的差异：二十三首诗中，《西游》里有八首诗的篇幅长于《封神》中相应的重出诗，而《封神》中则只有三首诗比《西游》中的重出诗篇幅长，其余各诗篇幅相同。《封神》中篇幅长于《西游》版的三首重出诗——K诗多出两行，N诗多出六行，R诗多出五行——为适应小说的语境脉络有所拓展。K诗增添的内容——何时了王事，镇日醉呼卢——令整首诗与兵士羁旅于役的情境更相贴切；N诗扩展的部分——门人虽有/各自保守其躯/大将英雄/尽是獐跑鼠窜/正是灾来难避无情火/慌坏青鸾斗阙仙——铭刻了《封神》中西岐城焚毁的场面；R诗添加的元素—— 抛锣弃鼓各逃生/焦头烂额尸堆积/为国亡身一旦空/正是洪锦灾来难躲避/龙吉公主也遭凶——则提及了《封神》中的两个人物。但在《西游》中，只有两首重出诗是因为结尾的改变而增加了篇幅——M诗多了两行而P诗多出四行。两诗之所以有这样的变化似乎是因为刊落了含有不适于《封神》材料的尾联。《西游》中另外五首篇幅较长的重出诗——A诗长出十七行，F诗长出四行（这首诗的尾联在《封神》中也被删去了），G诗多两行，H诗多六行（诗中两个短句在《封神》中被合并为一个长句）——的中间部分在《封神》中被删掉了。而在改写借用的诗词时，作者更可能删减而不是添加诗行。诚如是，则表明《封神》的作者是从《西游》中借用了这些诗，因为这些诗在《封神》中都有所删节。

另一个有待考虑的形式因素为韵律。二十三首诗中约有三分之二是押韵的。B、J、K三诗在两书中的韵式相同。除去一处叶韵，两书中Q、S、U三诗的韵式也都相同。I诗在《封神》中的重出诗于韵式上有一处变化，但何以如此，却不甚了了。此外，其他重出诗中的韵律变化则似乎都表明《西游》诗的韵式为原初韵式。《封神》中O、V两诗较之《西游》版韵式有所改变。O诗似乎是因为平仄修订而使第二联的原韵无法保留。V诗第八行在《西游》版中的最后一个字“僧”没有在《封神》版的相应诗行出现，因其有佛教意涵。但“僧”字与第十行的“增”字押韵，为韵式的一部分。当某字因为上下文的原因被删去，而《封神》中又找不到同一韵部的字来替换，如是，该诗就要整个换韵。

如出一辙，在F、P两诗中，《西游》版中韵律井然的几节在《封神》版里却消隐于无形。进而，所有押韵的重出诗（C、F、G、H、M、O、R、T、W）在《西游》版中韵律都更圆熟、工稳，只有R诗例外。R诗在《封神》版中的重出诗添增了新的结尾且保持了原有的韵式。《西游》中的重出诗韵律更为圆熟，可以 C、M 两诗为例。C 诗共十行，在《西游》中，各联皆以 -IEH 为韵，首句入韵，一韵到底；反观《封神》，最后一联则出韵了。M 诗在《西游》中二十四行而在《封神》中则为二十二行。在《西游》中，M 诗各联皆以 -ANG 为韵，一韵到底，但在《封神》中，却只有七联用此韵。而这些韵式上的变化皆可作为《西游》沾溉《封神》的证明——改写时，删韵总比增韵方便，想来也更合理。

除了篇幅和韵式，根据这些重出诗在形式上的另一区别——平仄不同，也可得出《西游》成书于前的结论。两书中共计九首重出诗（D、G、H、I、L、M、N、U、W）中都有一两联平仄差异。而几乎在每一处不同中，《封神》版的平仄都更为谐洽工致。是《封神》作者觉得《西游》诗之平仄未尽惬当而修润之，还是《西游》作者以为《封神》诗之平仄过于工巧而淆乱之，两相比较，自是前者更有可能。

以下各例足资说明。如《西游》版 G 诗首联为：

巨镇东南 + +/- -
中天神岳 - -/- +

但《封神》版对其似有所修正，第二句有了两个仄声：

巨镇东南 + +/- -
中天胜岳 - -/+ +

由《西游》版 U 诗第十一、十二句组成的一联为：

条条金线穿成甲 - -/- +/- - +
点点装成彩玳瑁 + +/- -/+ + +

但在《封神》版中下句的最后一字为平声，以与上句最后一字的仄声相对：

条条金线穿成甲 - -/- +/- - +

点点装成玳瑁齐＋＋/－－/＋＋－

风格与内容方面的变化也支持《西游》成书于前这一论点。大致而言，风格上的变化主要关涉对仗与用字。A、B、H、I、P、U、W诸诗显示，《封神》版对仗更为精工。譬如，B诗在《西游》中的第十三、第十四句一联为：

时闻仙鹤唳
每见凤凰翔

《封神》中这一联则为：

时闻仙鹤唳
每见瑞鸾翔

两联含意相同，但以“瑞鸾”对“仙鹤”更为确当。由此可知，这一变化及上文提及的那些变化盖皆为《封神》作者潜心偶对、推敲锤炼的结晶。但在D、N两诗中却各有一例显示《西游》版对仗更佳，这也可以解释，就N诗而言，《封神》的语境要求诗中七八两句须有所变化，故而，无法保留这一对仗。

说到用字，《西游》版重出诗中偶有误用。姑引数例，以见一斑。《西游》中A、P两诗曾将意为“晃动”的“幌幌”与表示“耀眼”的“愰愰”张冠李戴，《封神》试图改正。《西游》里W诗的第三十二句出现“骨柮”一词，在《封神》中改正为“榾柮”。此外，《西游》诗中一些晦涩的表述，在《封神》中变得清朗了。这样的例子如《西游》G诗第二十一句“幽含”一词在《封神》中易为“幽鸟”；而《西游》O诗第十六句中“扳倒”一词在《封神》中替换成“倒泻”。以上两例中，《西游》的表达皆为越轨的笔致（an unusual compound）。

用语方面的其他变易则与其说关乎误用，毋宁说系乎个人偏好。在《西游》诗（H、I、L）中用以描绘山之崚嶒的“削”字，在《封神》中，无一例外，都易为“峭”字。显然，《封神》的作者不喜欢“削”的这一用法。用语方面的这些变化都可作为《西游》为《封神》诗出处这一论点的证据，因为，在借用时，作者更有可能的是改正错误、厘清晦涩，而不是相反。

与内容相关的变易分为两类。《西游》的重出诗囊括了大量佛教语词和典故，这些在《封神》中都消失不见了。继而，《西游》诗中有关历史人物或地点的典故，若与《封神》故事（约1125BC）同时或稍后，则亦在改易和删除之列。这两种类型的变易可为《西游》成书于前一辩，若认为《西游》源出《封神》则全无道理可言。

《西游》M诗中有十余个佛教语词，但它们在《封神》中却一个也找不到。考察这些变化，我们发现，在《封神》的重出诗中，为改变这些用语，它们所在的诗行被改写了，如在第二句中，《西游》诗中的“刹”在《封神》中替换为“界”，一个了无佛教意味的用语。又如，在七、八两句中，每句中最后一词“龙宫”与“沙界”都因其佛教含义而没有进入《封神》诗。《西游》书中F、O、P三诗也有其《封神》重出诗中无由获见的佛教用语。

但也有这样的情形，即《西游》诗中使用佛教用语，而《封神》诗中易为道家语词。譬如，《西游》中V诗的第八句：

山寺怎逢僧

在《封神》重出诗中则为：

仙观没人行

“山寺”为佛家用语，而仙观则为道家语词。显然，黄冠之言取代了释子之语。但，就不能以佛家之语更易道家之言吗？或可如此，但必戛戛乎难哉，因那样的变化还将牵涉韵式，须知“僧”在《西游》诗中为用韵处。

U、W两诗则提供了《西游》诗中典故在《封神》重出诗中被刊落的例证。文王（《封神》中人物）和曾元（孔子的弟子，生活年代远远晚于《封神》故事）这两个人物都出现在U诗的《西游》版中，但在其《封神》版中却不见踪影。同理，在W诗的《封神》版中，吴、楚作为汉代的诸侯国，连同许多生活于商朝之后的人物都被隐去了。而若是《西游》作者借用了《封神》中的诗，那么，他何以要将这些典故植入诗中，不免让人一头雾水。但因这些典故置于《封神》诗中，会发生年代错误，故而，《封神》作者在改写《西游》诗时就有理由将其尽数刊落。

这些诗在形式、风格与内容上的变化表明：《西游》是《封神》诗的出处和来源。这些诗将根据其内容而非其于说部中之次序分别布局。首先，为岩壑；其次，为气象；再次，为田园、为圣地、为火为焰；最后，为人物。

（作者单位：北京大学比较文学与比较文化研究所；译者单位：安澜文化创意公司）

文字和字母的跨文化观察

马庆株

摘　要：汉字是跨文化文字，拉丁字母和斯拉夫字母是跨文化、跨语系字母。字母可以增强语言文字的生命力，甚至可以使一种语言文字死而复生。跨文化字母有助于语言国际传播。汉字要走向世界就要抓住机遇，插上跨文化字母的翅膀，完善汉语拼音，实施“一语双文”，助推汉语文国际传播。

关键词：汉字；字母；跨文化交流；国际传播

语言文字承载着文化，体现着文化认同。文字记录语言，代表着文化。学习语言文字也是学习文化。语言和文字没有必然联系，一种文字可以记录不同语系、不同类型的语言。一种类型、一个语系的语言，可以用不同类型的文字来记录。本文着重说跨文化文字和跨文化字母，作为参照，也列举非跨文化的文字和字母。

一　跨文化文字

汉字是跨文化超方言文字，也是跨语系文字。它本来是记录汉语的符号系统，也称汉文，在世界上称为中文、华文。规范汉字是中国国家通用文字。汉字历史悠久，自甲骨文开始的传承未曾中断。公元前 7000 年，河南舞阳贾湖遗址甲骨陶石上出现契刻符号，公元前 5000 年，安徽蚌埠双墩文化陶器刻画符号类似甲骨文。公元前 2920 年，山东大汶口文化晚期（公元前 2920—前 2880 年）的陶文，是刻在陶尊上的单体、复体的象形符号，是后来古汉字形成的基础，但还不能证明它已经是记录语言的符号系统，因而还没有足够理由说它已经是文字。传说公元前 2697 年黄帝成为天子，黄帝在位时期，史官仓颉创造了文字。但是，现在能见到的我国最早的文字是商朝后期（也称殷商，或称殷朝、殷代）的文字。商朝后期开始于商王盘庚公元前1300年迁都到殷（现在的河南安阳）。金石学家王懿荣1899年发现的殷墟甲骨文，是商王武丁时期（始于公元前1250年，在位59年）及以后刻在龟甲兽骨上的古代汉字（archaic Chinese character）。甲骨文（Jiagu－character，inscriptions on bones or tortoise shells of the Shang Dynasty）已经是成熟的文字。西周（公元前1046—前770年）用金石文字包括金文（即钟鼎文）和石鼓文。甲骨文、金文的字形跟陶文很接近。东周（公元前770—前256年）用大篆即籀文。战国（公元前475—前221年）到汉朝（公元前206—公元220年）是汉字字体演变最快的时期，甲骨文和小篆是古文字。篆书变为隶书是汉字形体的最大一次演变，裘锡圭先生把隶书看作近代文字，公元前306年已经通行，但是秦朝（公元前221—前206年）简化大篆为小篆，用小篆实行了书同文。古隶在汉武帝（公元前141—前87年）时演变为今隶。东汉末期（公元160—170年）行书已经流行，隶书发展为现代汉字楷书（regular script），稳定至今。2世纪末更出现了擅长章草的书法家“草圣”张芝（卒于公元190—193年），至此，篆、隶、楷、行、草书各种主要书体已经齐备。因为汉朝是中国第一个持续时间较长的统一的中央集权制朝代，所以我们的文字称为汉字，汉字记录的语言称为汉语，中国主体民族称为汉族，中国主要代表性文化称为汉文化。经过整理简化的规范汉字是中国国家通用文字，汉字成了中华大地的跨文化文字。

政治、儒家文化和佛教决定了汉字在东亚的传播。公元前207年汉字传到越南，用作官方文字，2世纪末佛教传入越南，公元前111—公元39年、公元43—544年、公元603—939年越南三度北属，纳入中国版图，公元1010年越南传下来的最早文献是用汉文发布的迁都诏书。公元前194年汉字传到朝鲜半岛，用作官方文字，公元378年佛教传入朝鲜半岛。传说公元前7世纪日本建国，公元57年他们对汉朝贡，汉光武帝赐以“汉委奴国王”印，公元238年魏明帝封日本女王卑弥呼为“亲魏倭王”。公元285年汉字传到日本，公元478年南朝宋顺帝拜倭王为安东大将军。公元630—894年日本18次派遣唐使，公元753—754年鉴真和尚（公元688—763年）东渡日本，建招提寺。

东亚形成了儒家文化圈，也称汉字文化圈。从这个意义上说，汉字似乎算不上跨文化文字。但朝鲜文化、越南文化，特别是日本文化，还不能说就是中华文化，然而他们都用汉字创造了他们的古代文化，直到现在日本和韩国还仍然使用汉字，这样，汉字也就理所当然地成了东亚的跨文化文字。但后来越南改用拉丁字母，朝鲜改用本国字母，日本和韩国也基本用本国字母，现在的世界已经是字母世界，我们生活在汉字孤岛上。

二　进入博物馆的文字和字母

传说埃及公元前4241年开始有历法，公元前3500—250年使用象形字。两河流域（底格里斯河、幼发拉底河）南部约公元前3200—前2000年使用苏美尔楔形字。在公元前2000年至1世纪，阿卡德王国（约公元前2350—前2193年）使用阿卡德楔形字。公元前17世纪初出现线形文字泥版。公元前1595年赫梯灭巴比伦王国。公元前525年波斯帝国（公元前550—前330年）征服埃及，公元前6世纪波斯语用楔形文字，中东象形字基本消亡，基本改为拼音文字。

字母诞生于西亚，地中海东岸的腓尼基公元前15至前1世纪使用只有辅音字母的腓尼基（Finiki）字母（Phoenician alphabet）。在滨海的比布罗斯（Byblos，今属黎巴嫩）发现的公元前11世纪墓碑上由象形的埃及圣书字演变而来的腓尼基字母，是已经被识读的最古老的字母，这是世界大多数字母的始祖，已经进入博物馆。然而腓尼基字母衍生出来的希伯来字母、阿拉伯字母、希腊字母、拉丁字母、斯拉夫字母，它们都具有蓬勃的生命力。

表1　腓尼基字母和它衍生出来的字母（腓尼基字母 fnk，希伯来字母 iw，阿拉伯字母 arab，希腊字母 ell，拉丁字母 lat，斯拉夫字母 sla）

Fnk	名称	意义	读音	iw	arab	ell	lat	sla
𐤀	'āleph	牛		א aleph	ا alif	Αα ［alfa］	Aa	Aa ［a］ Яя ［ja］
𐤁	bēth	房子	b	ב bet	ب ba	Ββ ［beta］	Bb	Бб ［bɛ］ Вв ［vɛ］
𐤂	gīmāel	骆驼	g	ג gimel	ج jim	Γγ ［gamma］	Cc Gg	Гг ［gɛ］
𐤃	dāleth	门	d	ד dalet	د dal	Δδ ［delta］	Dd	Дд ［dɛ］

续表

Fnk	名称	意义	读音	iw	arab	ell	lat	sla
𐤄	hē	窗	h	ה he	ه ha	Εε [epsilon]	Ee	Ee [jɛ] Ёё [jo] Єє/Ээ [ɛ]
𐤅	wāw	钩	w	ו waw	و waw	Υυ [ypsilon]	YyVv U u W w	Уу [u]
𐤆	zayin	武器	z	ז zayin	ز zay	Ζζ [zeta]	Zz	Зз [zɛ] Жж [ʒɛ]
𐤇	ḥēth	栏杆	ḥ	ח ḥet	ح ħa	Ηη [eta]	H h	Ии [i] Йй [ikratkəje]
𐤈	ṭēth	轮	ṭ	ט ṭet	ط ta	Θθ [teta]		
𐤉	yōdh	手臂	y	י yod	ى ya	Ιι [iota]	I i J j	Ii, Її Ыы [ɨ], Jj
𐤊	kaph	手掌	k	כ kaph	ك kaf	Κκ [kappa]	K k	Кк [ka]
𐤋	lāmedh	赶牛棒	l	ל lamed	ل lam	Λλ [lambda]	L l	Лл [ɛl]
𐤌	mēm	水	m	מ mem	م mim	Μμ [my]	M m	Мм [ɛm]
𐤍	nun	鱼	n	נ nun	ن nun	Νν [ny]	N n	Нн [ɛn]
𐤎	sāmekh	柱子			خ xa	Ξξ [ksi]	X x	Хх [xa]
𐤏	ayin	眼睛		ע ayin	ع ʕain	Οο [omikron] Ωω [omega]	O o	Оо [o] Юю [ju]
𐤐	pē	嘴	p	פ pe	ف fa	Ππ [pi]	P p	Пп [pɛ]
𐤑	ṣādē	纸莎草			ص sad			Цц [ʦɛ] Чч [tʃʲɛ]
𐤒	qōph	猴儿			ق qaf	Φφ [fi]	F f Q q	Фф [ɛf]
𐤓	rēš	头	r	ר resh	ر ra	Ρρ [ro]	R r	Рр [ɛr]
𐤔	šin	牙齿	š	ש shin	س sin	Σσς [sigma]	S s	Сс [ɛs] Шш [ʃa] Щщ [ʃʲa < ʃta]
𐤕	tāw	记号	t	ת taw	ت ta	Ττ [tau]	T t	Жж [ʕɛ] Тт [tɛ]

三　现在仍在使用的记录一种文化的文字和字母

字母可以增强语言文字的生命力，甚至可以使一种语言文字死而复生。希伯来字母就奇迹般地使休眠了1600年的希伯来语死而复生。希伯来字母还用来记录犹太人的依地语。

腓尼基字母传到东南欧巴尔干半岛南端的希腊，希腊公元前1000年补充了元音，形成了第一个辅音、元音齐备的希腊字母表（Greek alphabet）。表中希腊字母名称按国际习惯读法标出，不是希腊本国当代的实际读法。希腊字母是罗马字母和斯拉夫字母两种跨文化字母之母。在希腊化时代（公元前336—前31年），《伊索寓言》成书，犹太教、基督教经典《圣经·旧约》也由希伯来文译成了希腊文，接着基督教经典《圣经·新约》公元前2世纪用希腊文写成。7世纪，希腊语成为东罗马拜占庭帝国的官方通用语言和生活语言。

1446年，朝鲜李朝世宗创造训民正音字母文字——谚文，虽然一个个都写成方块，但谚文字母不仅表示音素，甚至可以表示区别性特征，是科学性很强的字母文字，然而朝鲜文字母只限于朝鲜族使用，没有成为跨文化字母。

在汉字基础上，日本7世纪开始用音节字母假名，吉备真备（695—775年）利用汉字草书创平假名，空海法师（774—835年）利用简单汉字和汉字偏旁创片假名。1392年假名成熟，但仅限于日本使用。阿姆哈拉字母也是音节字母，被用作埃塞俄比亚一国的国语。

阿拉伯字母（Arabic alphabet）和阿拉伯文学语言在5世纪形成。610—632年穆罕默德（570—632年）著《古兰经》，622年创立伊斯兰教，伊斯兰纪元开始。699年、700年、705年阿拉伯帝国（632—1258年）颁布法令规定阿拉伯语为官方语言，推广阿拉伯语，实行阿拉伯化。在阿拉伯字母基础上，马来文7世纪、乌尔都文8世纪形成。伊斯兰教的传播和伊斯兰化推动了阿拉伯语和阿拉伯字母的传播，造成阿拉伯-伊斯兰文化圈。8—9世纪《一千零一夜》手抄本开始流传。12世纪，阿拉伯语取代科普特语成为埃及日常语言，信仰伊斯兰教各民族语言大都采用阿拉伯字母。波斯文32个字母中28个是阿拉伯字母，普什图语字母也是绝大部分采用阿拉伯字母。突厥语族语言民族信仰伊斯兰教，13世纪哈萨克语采用阿拉伯字母，乌兹别克文在1927年以前、土耳其文和土库曼文在1928年以前、鞑靼文在1929年以前一直用阿拉伯字母。跨文化有相对性，伊斯兰教文化圈下面，阿拉伯、土耳其、波斯、阿富汗、印度、巴基斯坦、马来西亚既有共同点，也有各不相同的语言地域特色。

公元前6世纪佛教创始人释迦牟尼（公元前565—前485年）创立佛教。公元前3—3世纪佛教经律论三藏经典逐渐齐备，3—4世纪印度史诗《罗摩衍那》写成。4世纪，印度教（新婆罗门教）形成。5世纪，斯里兰卡成为巴利语佛教的中心。414年，中国高僧法显到达爪哇。7世纪，梵文字母成熟。11世纪，孟加拉语形成，中南半岛随着佛教的传播纷纷采用印度系统的字母创造自己的民族字母。1058年，缅甸文字母以巴利文为基础创制。14世纪，泰国、柬埔寨、老挝定上座部佛教为国教，他们都采用来自梵文的字母，于是南亚印度文化圈便形成了。印度系统字母用于印度教、佛教地区，跨语系（印度语支梵文、印地文、孟加拉文、尼泊尔文、僧伽罗文、旁遮普文、古吉拉特文、奥里亚文、马拉提文，德拉维达语系泰米尔文、马拉雅拉姆文、坎那达文、泰卢固文，汉藏语系藏缅语族藏文、缅甸文，台语族泰文、老挝文，南亚语系孟高棉语族高棉文）跨亚文化（印度、斯里兰卡、缅甸、泰国、老挝、柬埔寨）。印度系统各种字母变异以后彼此差异很大，多半只用于记录一种语言文化。

7世纪，日本开始用音节字母假名，1392年假名成熟。1446年，朝鲜李朝世宗创造训民正音字母文字谚文。

此外，希伯来字母、格鲁吉亚字母、亚美尼亚字母、阿姆哈拉字母等也都只用于记录一种语言文化。

四　跨文化字母

跨文化字母相对容易学习，有助于语言的国际传播。

希腊字母传到亚平宁半岛，在希腊字母的影响下，公元前7世纪出现了拼写拉丁语的拉丁字母（Latin alphabet）。拉丁语是罗马帝国主要语言，拉丁字母也就称为罗马字母（Roman alphabet）。

罗马帝国皇帝313年的《米兰敕令》认可基督教传播，399年基督教成为罗马帝国国教。404年，《圣经》译成拉丁文。1054年，基督教会分裂为天主教和东正教，于是基督教文化圈分成拉丁基督教文化圈和希腊东方正教文化圈。阿拉伯、希腊典籍在11世纪末至13世纪末的翻译运动中译成了拉丁文。

拉丁字母随着基督教传播，信仰基督教的民族经常读《圣经》，因而《圣经》对信仰它的各民族语言的影响极为深刻。罗马帝国解体以后拉丁语方言分化为不同的语言，法文出现于法兰克王国（481—843年）末年842年，10—11世纪西班牙文出现，12世纪葡萄牙文出现，13世纪、14世纪之交意大利文出现，无文字到有文字，无所谓拉丁化。

日耳曼诸语言文字的拉丁化是第一波拉丁化。不列颠于公元43年被罗马征服，英国在约公元600年到12世纪用如讷字母，英格兰于1066年被法国诺曼底人征服，于是法语成为英国官方语言。12世纪英国在法文的影响下放弃了使用了500多年的如讷字母，改用了罗马字母，1382年，《圣经》初次译成英文。德语文献在8世纪中叶开始出现。丹麦、挪威、瑞典3至17世纪用如讷字母，850年，瑞典碑刻上有800个北欧古文字，11世纪，丹麦文形成，12世纪，荷兰文出现。1225年起，瑞典实现拉丁化，挪威文18世纪才得到官方承认。

15世纪末，新航路开通，殖民化时代开始，信仰基督教的老牌殖民主义国家西班牙、葡萄牙、荷兰、英国、法国、德国、意大利等都信仰基督教，采用拉丁字母，他们通过殖民活动把拉丁字母带到了世界大部分地区，使很多当地文字也改成了拉丁字母，这是第二波拉丁化。有些国家独立后以前宗主国语言为国语，大半个世界采用了拉丁字母，1748年，法文成为欧洲的主要文字。1651年，拉丁字母文字成为越南的辅助文字。

1919年的巴黎和会以法文和英文签《凡尔赛和约》，英文开始与法文平起平坐。20世纪民族独立时代是第三波拉丁化，许多非基督教文化民族语言如亚洲的马来语1904年、土耳其语1928年、菲律宾语1935年、越南1945年正式改用拉丁字母。美洲的克楚阿语1946改用拉丁字母。非洲的斯瓦希里语19世纪中叶、豪萨语19世纪末改用拉丁字母，坦桑尼亚1964年、肯尼亚1971年以斯瓦希里语为国语，乌干达1975年以斯瓦希里语为民族共同语；拉丁化的索马里文1973年成为索马里官方文字。1958年中国颁布的汉语拼音方案于1982年成为拼写汉语的国际标准。不同字母大致代表不同文化，拉丁字母成为跨语系跨文化的使用最为广泛的世界性字母。以致国际标准化组织为了国际交流的方便，规定世界实行单一罗马化，所有文字一律用罗马字母转写。

表 2　不同语种的拉丁字母名称

名称 ＼ 语种	Latino 拉丁语	Français 法语	Español 西班牙语	Português 葡萄牙语	Italiano 意大利语	Deutsch 德语	English 英语	Nederlands 荷兰语	Indonesia 印尼语	汉语拼音
A a	a	a	a	a	a	a	ei	a	a	a
B b	be	be	be	be	be	be:	bi	be	be	pe
C c	tse	se	θe	se	tʃ i	tse:	si	se	se	ts^{h}e
D d	de	de	de	de	di	de:	di	de	de	te
E e	e	ə	e	e	e	e:	i	e	e	ɤ
F f	ef	ɛf	efe	ɛfe	ɛfe	ɛf	ef	ef	ef	ɛf
G g	ge	ʒe	ge	ʒe	dʒi	ge:	dʒi	xe	ge	ke
H h	ha	aʃ	atʃ e	aga	akka	ha:	eitʃ	ha	ha	xa
I i	i	i	i	i	i	i:	ai	i	i	i
J j	jɔta	ʒi	xota	ʒota	i lunga	jɔt	dʒei	je	je	tɕiᴇ
K k	ka	ka	ka	ka	kappa	ka:	kei	ka	ka	k^{h}e
L l	el	ɛl	ele	ɛle	ɛlle	ɛl	el	ɛl	el	ɛl
M m	em	ɛm	eme	eme	ɛmme	ɛm	em	ɛm	em	ɛm
N n	en	ɛn	ene	ene	ɛnne	ɛn	en	ɛn	en	ne
O o	o	o	o	o	o	o:	ou	o	o	o
P p	pe	pe	pe	pe	pi	pe:	pi	pe	pe	p^{h}e
Q q	ku	ky	ku	ke	ku	ku:	kju	ku:		tɕ^{h}iou
R r	er	ɛ: r	ere	erre	ɛrre	ɛr	ar	ɛr	er	ar
S s	es	ɛs	ese	ese	ɛsse	ɛs	es	ɛs	es	ɛs
T t	te	te	te	te	ti	te:	ti	te	te	t^{h}e
U u	u	y	u	u	u	u:	ju	y	u	u
V v	ve	ve	ve	ve	vi	fau	vi	ve		ve
W w		dubləve	uvedoble		doppia vu	ve	dblju	ue	we	wa
X x	iks	iks	ekis	ʃiʃ	iks	iks	eks	iks		ɕi
Y y	ipsilon	igrɛk	i grig	ipsilõ	ipsilon	ypsilɔn	wai	ɛi		ja
Z z	zeta	zɛd	θeta	ze	zɛta	tsɛt	zed	zɛt	zet	tse

基里尔 863 年在希腊字母的基础上创制教会斯拉夫字母。保加利亚、塞尔维亚 865 年接受东正教。基辅罗斯（882—1242 年）大公于 988 年皈依东

正教，以东正教为国教。信仰东正教的各民族语言都采用斯拉夫字母。随着东正教的传播，南斯拉夫语支分化，保加利亚文 9 世纪、塞尔维亚文和马其顿文 12 世纪形成；东斯拉夫语支分化，古俄罗斯文 10 世纪末、乌克兰文 11 世纪、白俄罗斯文 13 世纪形成，于是希腊东正教文化圈形成。

苏联信仰伊斯兰教的加盟共和国哈萨克语、乌兹别克语、吉尔吉斯语、土库曼语、塔吉克语、阿塞拜疆语和自治共和国的鞑靼语以及蒙古采用斯拉夫字母，使斯拉夫字母成为跨语系跨文化字母。

五　汉字应该插上跨文化字母的翅膀

现在的世界是字母世界，绝大多数文字都是字母文字。朝鲜和越南先后停用汉字，韩国和日本大大减少了汉字的使用，总而言之，汉字圈缩小了。

最容易学的汉语却配上了最难学的汉字，造成汉语难学的天大误会，这大大妨碍了汉语汉字走向世界，可以说我们现在几乎是生活在汉字的孤岛上。

要让汉语、汉字迅速走出孤岛，走向世界，就要放眼全球，使我们的教学语种多样化，自觉适应多极化世界格局的发展大势，给汉字插上跨文化字母的翅膀，用各国人民熟悉的拉丁字母帮助他们学习汉语、汉字、汉文化，促进汉语文的规范化、信息化和国际化，自觉降低汉语文的学习难度，增强汉语文在境外的生存能力和国际传播力，提高在国际上的使用度和国际地位，这无疑是现实的最佳选择。1991 年苏联解体，两极格局结束，世界走向多极化，这给汉语的国际传播提供了难得的机遇，实施“一语双文”正逢其时。现在亟须坚持并完善汉语拼音，在现有汉语拼音基础上补充区分同音词的办法和外来词转写法。区分同音词要在《汉语拼音方案》基础上吸纳不与《汉语拼音方案》冲突的其他方案的拼式，使之尽量成系统，使拼式由汉语拼音的 400 多个增加到 2000 个以内，使 1200 个口语基本音节增加不超过 800 个音节拼写形式。还要好学好记，特别要跟汉字字形保持对应关系，以利于汉字学习，成为汉字的更好助手。汉字谐声偏旁其实往往是本字，而形声字往往是后起字，声旁反映古音和方音，可以类推，据以规定特殊拼法，有利于方言区人们和汉字文化圈的各国人学习。赵元任先生的《通字方案》通古今、通四方，是相当理想的设计，本可以成为跨时代跨地域跨文化的文字，但是因为它建立在《国语罗马字》基础上而不是建立在《汉语拼音方案》的基础上，因而推行起来难度很大。为了降低学习难度，我们把拼写的基础转移到汉语拼音上来，决不与汉语拼音冲突，一定与汉语拼音兼容，目标也不再定为能读出各主要方言的音，而定为只要求讲出标准的普通话来。利用方音和古音只是为了区分同音词。虽然经过了简化，只是局部与古音对应，仍然可以拼写文言成分、成语，拼式与汉字有了更为密切的关系，可以成为汉字的好助手。声旁有一定的表意作用，声旁的利用造成同音异拼，因声旁不同而不同，增加了拼写文本的表意性。

参考文献

陆丙甫、谢天蔚：《对外汉语教学中的文本多元化》，载《世界汉语教学》2014 年第 1 期。

马庆株：《整合创新，促进中国语文现代化》，载《中国语文》2014 年第 6 期。

王均主编《当代中国的文字改革》，当代中国出版社，1995。

〔俄〕B. A. 伊斯特林：《文字的产生和发展》，北京大学出版社，1987。

俞久洪主编《外国文化史》，天津社会科学院出版社，1997。

周有光：《世界文字发展史》，《周有光文集》第 4 卷，中央编译出版社，2013。

周有光：《比较文字学初探》，《周有光文集》第 7 卷，中央编译出版社，2013。

（作者单位：南开大学文学院）

本雅明、现代性与历史唯物主义

胡康佳 等　编译

摘　要： 本雅明发展的历史唯物主义理论为批判现代性提供了一个关键的视野。从这个视野出发，尼采的学说、媒介文化、生命哲学、现代主义辩证意象均可得以合理阐释，同时将当代争论带向更广阔的历史哲学语境中。

关键词： 本雅明；历史唯物主义；现代性；媒介文化

尼采的哲学：本雅明历史唯物主义中游荡的幽灵

（Nietzsche's Nihilism in Walter Benjamin, ed. Palgrave Macmillan：2017）

本书聚焦于探讨本雅明的唯物主义是否受到了尼采虚无主义的影响。基于此，在交代本雅明现代性分析的思想特点后，作者选取了两个切入点：首先，作者在本雅明“现代性是一场永恒的大灾难”的表述中，折回本雅明哲学论述的奇怪路径，试图通过“脆弱的”救世主的希望这个概念来“克服”尼采的虚无主义；与此同时，研究尼采的思想在艺术理论上的功能，特别是在本雅明一再提及并认可的先锋派艺术理论上的功能。所以本文主要讲述的内容大致可以分为三个方面。第一，作者阐述了本雅明在现代性研究中的两点独特之处，交代了本书的写作背景。与此同时，作者还指出，尼采的虚无主义对本雅明的影响是深深隐藏在本雅明思想深处的，而文学批评界对这方面的研究却少之又少，所以作者撰写此书，意在做个系统的梳理。第二，尼采思想所具有的独特之处。第三，尼采的虚无主义对本雅明思想的实际影响。

作者莫罗·庞兹（Mauro Ponzi）从神学政治学的角度出发，指出本雅明的现代性分析具备两个特点，其一是把资本主义视作一种宗教，其二是认为政治所表现出来的现行秩序仅仅是悲观主义的组织化。毫无疑问，本雅明对现代性的讨论，保留了他历史唯物主义视野中那种隐而不显的神学特征。这样就使得我们对虚无缥缈的救世主的等待又抱有希望。所谓的救世主，就是政治上允许我们谈论“此时此地”的世俗价值、命令、秩序的自由。如果历史是一堆碎片，是一场永恒的大灾难，那政治所表现的现行体制仅仅是悲观主义的组织化。问题在于，无论是虚无的历史时期，还是创造和预示的历史阶段，都不曾到来。现行体制中，救赎的存在是被组织化了的一种可能性，尽管它是短暂的和灾难式的前景，仅仅在创造和预示之间才具有政治上的可能性。

在对本雅明进行现代性的分析并提出其与尼采的虚无主义的关系后，莫罗·庞兹认为尼采的思想对本雅明的影响是复杂的，很难一言以概之。若是想要发现两位哲学家的思想渊源，我们不妨采用两个步骤：首先，必须对尼采的思想有一个特定的理解；然后，再来分析尼采思想对本雅明的影响。因为这两个思想家的哲学思想都具有模糊和矛盾的特性，尤其是尼采的思想，更是存在多种不同的理解，有些理解甚至截然相反或相互矛盾。作者认为，必须在明确尼采思想的前提下，去分析他的思想对本雅明的影响，这样才具有科学性。一方面，作者提出尼采思想的模糊性，首先来自于对他著作的翻译问题。这一点，本雅明自身也深有体会，作者提出本雅明总是在处理尼采作品译本存在的问题，他完全了解尼采的复杂和模棱两可的思想会遭遇误解。本雅明认为问题在于翻译一个哲学文本的难度和尼采哲学中一些关键词的基本概念，具有很明显的自相矛盾性。因为尼采在使用德语和德语之外的其他语言时，喜欢“误用”，这种“误用”是尼采有意为之的，这就给翻译他的作品增加了很大的难度，甚至不同的翻译会造成截然不同的理解。

> 当尼采出色地误用德国语言时，他是想反驳除从事文学研究的小部分人以外的，那些认为德国语言没有传统的人，他对德国语言两种意义随心所欲的使用，正好讽刺了这种论调的信奉者。但是，尼采的这种误用，并没有在德国发展成为一种成熟的评论文体，又如何能准

确地翻译成另一种语言呢?①

本雅明得出一个结论，翻译同时也是一种评论，一种理解。尼采通过“强制”德国语言将一些概念激进化，而且还使用需要读者去破译的想象、隐喻、符号。因此，翻译尼采作品的关键概念，也就意味着对其思想做出阐释。事实上，尼采思想中的形象有着错综复杂的意义。

以 Ubermensch 为例，这个德语词意指一个脱离于常规或超越常规的人。这个词在语义学范畴上的确有“克服”或“脱离”两种意思。然而，这种不一致和模糊，却在我们翻译这个术语为“超人”或“局外人”时表现出清晰度差异。

再以 Rausch 为例，尼采用该词表示酒神精神，本雅明也在他的写作中经常使用它。在德语中，Rausch 一词的意义，复杂且宽泛，同时有“酒醉”“陶醉”“精神欢快”和“极度欢喜”四种意思。如果我们翻译为“酒醉/陶醉”，则意味着尼采哲学的写作或思考是被白酒、苦艾酒或毒品所引起的。如果我们翻译为“精神狂欢/极度欢喜”，我们的目的则是强调尼采思想中的酒神精神、哲学的自我破坏和创造性的方面。

尼采使用德语外的其他语言时也有这种情况，这就意味着我们必须做出一个抉择：抛弃一些语义学的价值，仅仅着重强调这些术语的原始含义中的一种或两种情况。在《单行道》(*One Way Street*)中的“去/到天文馆”这个章节，本雅明写道：

> 与现代不同，古人与宇宙交流的状态是狂喜到出神入迷的状态(the ecstatic trance)(Rausch)。单独就体验来说，我们能感知到的，就是对象距离我们的远和近，永远都不会超过这个。然而，这意味着人类在与宇宙狂喜的接触中，只能作为一种空间上的区域性的存在。现代人认为这个体验不重要，甚至对个人而言，它也只是在布满星星的夜空下一种诗歌式的精神狂喜，这其实是一个致命的错误。②

① Walter Benjamin, Selected Writings, ed. by Michael W. Jennings, Howard Eiland, and Gary Smith, Harvard University Press, Cambridge Mass. London: 1999 - 2003, p. 3250.

② Walter Benjamin, Selected Writings, ed. by Michael W. Jennings, Howard Eiland, and Gary Smith, Harvard University Press, Cambridge Mass. London: 1999 - 2003, p. 1486.

在一般的英文译本中，“Rausch”被翻译为“狂喜的、入迷的恍惚”和“极度欢喜”。然而，在本雅明写的一些其他论文中和文学批评术语中，“Rausch”被翻译为“陶醉”，关于这个词的两种翻译暗示着对尼采和本雅明思想的两种不同的理解，尼采思想的矛盾性和模棱两可使人们对他的哲学有着差异很大的不同理解和态度。他已经被认为要么是纳粹主义的教父，要么是被误解和操纵的受害者。

因此，作者认为尼采的思想一直以来都是可以被误解的。因为可以被误解，所以它本身是怎样的就不被重视了，而这恰恰是我们应该关注的。在这样的情况下，尼采的虚无主义似乎真的成了“世界政治”。作者在此发出呐喊，是时候用另一种方式重新思考本雅明以及努力尝试给现行秩序重新下定义的可能性了。毕竟，我们必须重新思考他的一些历史概念，无论它能为我们解读最近发生的事情提供一种方式，还是它可能包含诸多元素去帮我们构成一个理论系统，用这种理论系统，我们去理解和陈述这个传统不再被需要的日新月异的“世界”。

尼采思想对本雅明的影响，主要集中在神学政治学方面。神学政治学思想正是本雅明解读现代性的思想背景。尼采的虚无主义将本雅明的唯物主义引向了现实，引向了现代性政治和精神困境。作者主要从本雅明思想之现代性的解读视角、解读概念和解读思维的鉴定这三个方面阐释了尼采虚无主义对本雅明唯物主义的实际影响。

第一，本雅明在他的理论著作中引用了包括波德莱尔在内的一系列具有讽喻意义的人物去解释现代性。莫罗·庞兹指出，本雅明在他的书《拱廊街计划》（*Arcades Project*）中，使用了一些名人（波德莱尔、马克思、普鲁斯特、布朗基等等）作为一种讽喻去解释现代性。《拱廊街计划》这本书是以这些讽喻的人物构成的，目的在于既要阐释本雅明关于巴黎的理解，又要解释在他理解的原则下现代性的主要趋势。本雅明使用波德莱尔作为一个范式去分析批评的现代性，或者说，是着重强调现代纪元中一些黑暗的方面，或在他内里的一些消极的维度。他把波德莱尔看作他那个时代的一个关键性人物，因为法国诗人有意识地通过现代性的巨大改变去生活，而且波德莱尔还用诗歌表达了被这种巨大转变所引起的个人不安焦虑的情绪。在引用这些讽喻人物去解释现代性的一些转变和阴暗消极的一面时，本雅明又提出了“梦”的空间的概念。本雅明指出，波德莱尔很明确地提出了一个问题，即现代诗歌的观众都把诗歌韵文视作一种商品。他意识到诗歌的社会功能已经经历了一个转变。本雅明想去写一下“现代性的前历史”，因为他想研究现代性的源头，来帮我们去理解在这种想象扮演重要角色的信仰中，现代性关于幸福的虚伪承诺。通过把一些令人满意的目标推断为一种充满讽喻情感的意义，本雅明想要去写这些梦想的历史，也就是说，他想要确定这些梦想的源头。事实上，他们得到了一些想象者过去生活的经历和一些想象的空间，而这些空间来源于一些很受欢迎的广告、喜剧和集体共同的想象中。在这个过程中，他非常明确地提出了这个“梦”的过程，使用了与弗洛伊德非常相似的技术。现代纪元中的交流图像是关于肢体空间的想象：他们是一种潜意识的表达方式，是肢体经历、本能天性、记忆痕迹组合而成的集体图像的呈现。这些“梦”的语言已经被破译和解释，就像读一本书一样。在现代，想象空间中的地形与大都市呈现出来的地形相似，都是由我们记忆的再定义组合而成的。这讽喻所表达的就是激进主义和破坏性的本性，这种破坏性的本性就是本雅明所谈论的，关于一种同样被现代性释放出来的富有成效的冲动。这个不断屈从刺激的过程，就直接与激进主义、破坏天性这些意味深长的概念产生了关联。

第二，本雅明严厉批评了人类学领域对现代神话学概念的鉴定，而且他坚决反对在概念的层次上对现代神话学进行解释。当他继续进入这个领域的隐藏地带，进入那些神秘的、不可思议的、充满魔力的和神圣的宗教空间时，本雅明精确又荒谬地践行了他的“政治”行动：他侵入这些有政治文化价值的领土，跟那些把现代性现象视为不可理解的人做斗争。作为超现实主义者，在他驻留阿拉贡时写的散文中，更主要的是在他的《拱廊街计划》中，可以看出，本雅明拒绝了通过神话来解释当代的可能性。根据他的理论，神话学不足以成为一个解释的核心，因为他与“梦”的元素有联系，而且神话也不能够解释当前社会中一些显而易见的现象。

即使本雅明的人类学写作仍然是碎片化的，却已显露出一个非常清晰的概念性的策略。对这个地下世界，大都市地下隐藏领域的接近，是从希腊神话中牵扯出来的。这也就是说古代被毁灭的城市的踪迹又被比喻性地建立起来了，地下的现代大都市，那些层状的踪迹、原型、梦、原始人和古人的痛苦以及心灵的创伤都在人类的灵魂中被建立起来了。精神分析法依赖的是对神话的图解。迷宫般的错综复杂的偶像，显而易见的是来自于一些比喻、肖像。本雅明的观点强调灵巧性，即有必要冒险进入这个迷宫而且在不用尝试去建立“现代的神话”前提下，就设法获得这个“梦”的本质。神话的原理是为建立人类学原型服务的，正如巴霍芬（Bachofen）声称，他们象征性的表达并没有前历史性的真实。本雅明想要制造一个由理性耕种的“领域”，他想“消除”神话思维的“原始森林”，直到现在，只有疯狂，用理性的利斧统治着那里。

第三，本雅明尝试去确定“批评思维”和“神话思维”之间的差异。他反对说“现代神话”的思想来自于神话和有犹太传统特征的宗教思维的相互斗争中。然而本雅明批评思维的最重要的特征是由他的选择构成的，这些选择想要获得一些政治上的价值。他并没有授予尼采的虚无主义一个“自然的”或哲学的意义。然而，他提到的这个“虚无的生命”，相比上帝王国的永恒性来说，是暂时的、瞬间的。在众多提到原型和神学秩序的命名、需要克服神学政治学装置的杰出人物中，尼采是其中的一位。在关于这个主题的公开辩论中，本雅明引领了整个历史寓言的规划。

作者发现本雅明思想的源头有尼采虚无主义的影子，而这一点很少为哲学研究者和文学批评家所关注，作者在本书中将尼采思想与本雅明思想之间复杂的关联挑了出来，进行了系统的梳理和必要的阐述，这对正确理解和研究本雅明关于现代性的一些哲学思想和方法有着不可估量的作用和意义。

（胡康佳，北京第二外国语学院 2015 级比较文学与世界文学研究生）

现代主义与历史再现方式

——读 S. 雷蒙《不可思议的现代主义：T. S. 艾略特、瓦尔特·本雅明与历史理性批判》

（***Impossible Modernism*, ed. Robert S. Lehman, California：Stanford University Press**）

《不可思议的现代主义：T. S. 艾略特、瓦尔特·本雅明与历史理性批判》（下文简称《不可思议的现代主义》）一书，从艾略特与本雅明作品的文学手法出发，分别讨论了两人对历史再现方式的探索，对历史理性进行了批判。简言之，作者在书中讨论了三个话题，分别是历史与现实的关系、历史与过去的关系，以及现代主义对于历史的意义。

一 历史与现实：驻扎现实，超越时空

艾略特与历史的较量主要表现在1910年至1920年间，或者说从《普鲁弗洛克的情歌》到《小老头》的创作期间。在艾略特早期的作品当中，抒情（Lyric）是其中的一个重要因素，它成为掌管内容充盈的过去的一种重要手段。传统文学创作是，诗人在文学史中遗忘自己、牺牲自己，不去叙述自己的历史而去叙述更具普遍性的文学史，诗人的头脑成了催化文学史的容器。艾略特在他的第一本论文集《传统与个人才能》中的一文里讲道："诗不是放纵情感，而是避却情感，诗不是表达个性，而是避却个性"[①]，认为诗歌不是自我的主观表现。而雷蒙认为，艾略特的诗歌，其实在叙述文学史的同时，也在讲述诗人自己的历史，以至整个欧洲的历史。而当艾略特从抒情模式转换为史诗模式时，当他从《小老头》的创作转变到《荒原》的创作时，他也就打破了自己的"意识"模型。社会现实成了艾略特诗歌的重要描述对象。

在《荒原》里，"讽刺"（Satire）作为针对现实进行批判的文学手法，有其重要意义。在《火戒》（*The Fire Sermon*）一章中，艾略特对亚历山大·波普《夺锁记》（*Rape of the Lock*）一诗进行了拙劣的模仿。在艾略特笔下，"讽刺"成了在审美判断方面应对现代主义危机（当时的现实状况）的一种手段：长诗当中，"荒原"象征战后的欧洲文明；"荒原人"象征的是现代人；"水"象征着生命又象征着灾难；"枯骨"象征着死亡……《荒原》里的"讽刺"，暗示了西方文明衰退的历史趋势。雷蒙认为，艾略特试图通过把诗歌放置在"讽刺"的旗帜之下，辨明其长诗之《荒原》与历史之"荒原"。在《荒原》的最后一个版本中，艾略特听从庞德的建议，删除了诗歌中具有讽刺意味的部分。而所谓的"神话方式"取代了艾略特早期的嘲讽方式，这反映了"讽刺"没有完成它的历史任务。

艾略特通过划分转而把"神话方式"作为文学创作的一种策略。在从乔叟到惠特曼的诗歌历史上，《荒原》具有划时代意义。艾略特转向神话（myth），不是为了与某种事物作时空上的联系，而是为了使其诗歌脱离过

---

① T. S. 艾略特：《传统与个人才能》，卞之琳译，载《二十世纪西方美学经典文本》（第一卷），复旦大学出版社，2000，第518页。

去的文学史。神话领域脱离了《荒原》中“历史无限循环”的主题而存在。艾略特试图在神话领域中发挥诗人的创造性行为。在《荒原》中，历史（文学史）依然是生产的领域，只不过其产物已经衰落，而神话仍然是脱离历史、没有任何事情发生的领域——没有历史发生，当然也没有文学史发生。艾略特试图在《荒原》中肯定历史与神话这两者，也就是试图肯定已经破碎不堪的、走向衰败的现实，又尝试用神话的方式造出一个理想的秩序或者理想的世界，去寻找西方文明的出路，但效果并不明显。

二　历史与过去：超越时间的线性结构

本雅明在《拱廊街计划》（*The Arcades Project*）以及相关作品中对于“轶事”（anecdote）有着“零散”的记载，不过，这些生活中的“碎片”以及作品中的“零散”实质上却不可思议地有着系统性、整体性。“轶事”是本雅明眼中可提供历史视角的批评模型。这一模型避免了过去理性主义（以黑格尔为例）与经验主义（以兰克为例）的缺陷，具有十分重要的意义。在本雅明晚期的作品中，这一重要的“轶事”历史视角模型具体化了，具体化成赌徒、漫游者、忧郁症患者以及其他一些现代形象。这些人物形象以及他们多样化的生活方式为历史提供了“标准”。而这一标准正是本雅明所寻求的。比如，漫游者的漫游瓦解了城市公共空间的固有秩序，消解了时间的传统形象——碎片化的地理空间被串联起来，时间在漫游者身上显得缓慢且充裕。漫游者实际上就是“拾荒者”，就是“垃圾”的捡拾者，——而这里的垃圾，指的是“过去”所留下来的东西，即废墟。漫游者把“过去”留下来的“废墟”修补成整体。

本雅明试图通过“寓言”（allegory）来描述历史，寓言废墟的生成来自于历史的衰败。本雅明试图通过寓言描述历史，主要是因为，“本雅明强调的是一个结构性的时间和历史概念，即现在和过去并非一种时间上的串联关系，而是一种空间上的并置关系”[①]，用与历史一样具有“废墟”特征的“寓言”描述历史，更能体现出这个历史概念。

“本雅明多次强调，卡夫卡既不是一个预言家，也不是一个宗教的创始者，而是一个寓言的创始者，他把最大的神秘和最大的简洁有机地结合在

① 汪民安：《福柯、本雅明与阿甘本：什么是当代》，载《马克思主义与现实》2013 年第 6 期，第 13 页。

一起。本雅明欣赏卡夫卡的澄澈和纯净，他指出，卡夫卡的世界既不是神话的世界，也不是预言的世界，而是回到了古老的史前世界，那里充满了通话和民谣，孩童、动物、精灵在那里和谐、欢乐地生活在一起。这个古老的史前世界是在与现实世界的对照中呈现出来的。现实世界是一个'沼泽世界'，人被一张无形的权力之网束缚着、人与外界、人与他人之间存在'最大程度的异化'。"① 本雅明对卡夫卡的批评见解，在一定程度上体现了他自身的"寓言"思想。本雅明在自己的作品当中也试图通过寓言将"最大的神秘与最大的简洁"有机地结合在一起。

在《德国悲苦剧的起源》对波德莱尔的研究中，以及其最后作品《历史哲学论纲》中，本雅明阐释了他的"寓言"思想。他将寓言与象征进行了对比，并且得出了寓言的四个特点：真实性、碎片性、废墟性以及忧郁性。真实性是指寓言冷漠而真实地表现世界的黑暗面；碎片性是指寓言打破了外在世界虚伪的总体性，体现的是主体的直观体验；废墟性是指历史存在于荒凉、衰败与灾难之中，战争中的世界是废墟化的，战后的世界亦还是废墟化的，而寓言在思想领域就如同物质领域的废墟；忧郁性是指寓言就是寓言家忧郁、痛苦地沉思现实的碎片。在《历史哲学论纲》中，本雅明对"寓言"阐释得极为深入。本雅明用"新天使"这一"寓言"描述一个没有时间的历史景象，一个事件之间没有时间连续性的历史景象。在这个不可思议的景象中，本雅明称之为"寓意"的重要力量产生了。其实，"新天使"就是前文提到的"漫游者""拾荒者"。

三　历史与现代主义：再现性与表现性同在

雷蒙指出，哲学史上与文学史上，有关文学与历史形式关系有三个重要时期。第一个时期是公元前 4 世纪。亚里士多德的《诗学》最早尝试给予诗歌的结构与影响以系统的定义。这是后来诗篇危机的源头。第二个时期以马克思的《十八世纪路易斯·波拿巴的雾月革命》（*The Eighteenth Brumaire of Louis Bonaparte*）为标志。该书实际是马克思在其自身的历史方法出现危机时，在诗学方面做出的反应。第三个阶段出现在尼采早期作品当中。尼采的早期作品批判了 19 世纪的历史科学，并明显表露出诗化历史的要求。

① 〔德〕瓦尔特·本雅明著，陈永国、马海良编《本雅明文选》，中国社会科学出版社，1999，第 17 页。

雷蒙强调，介绍前人对文学与历史形式关系的探索，目的并不在于给出一条研究脉络，而在于构建出一个历史语境来呈现出艾略特与本雅明作品的意义，即启迪人们探索出历史再现新方式的意义。

艾略特从抒情到讽刺、从讽刺再到神话，在对历史的描述中，扎根于现实，又超越了现实，用过去的艺术经典构建出理想的秩序，将现实与理想融为一体。本雅明从秩序到轶事、从轶事到寓言，在对历史的理解中，超越了时间的线性结构，将过去、现在与未来并置于空间。简而言之，在对历史进行理解和思考的时候，艾略特侧重于回顾过去的辉煌，思考“当下”的出路；而本雅明侧重于对“过去”进行反思，思考“当下”的意义。不过，两位学者皆认为，历史的走向是逐渐衰败，这与传统的进步论相反。究其原因，莫过于19世纪末20世纪初欧洲的极速现代化（尤其是机械化）使得人们出现了精神危机，消极悲观。另外，神话与寓言的运用明显表明了艾略特与本雅明都对历史理想主义指导下的历史叙述的批评与反叛。

雷蒙认为，历史本身就是由超验的体系与实证的事件构成，缺一不可，是再现性与表现性的统一，所以，历史理性具有片面性，人们应该尝试用文学修辞手法来探索历史叙述方式，而现代主义作家艾略特与本雅明作品中的文学手法为人们提供了看待历史的新视野与历史再现的新方式。

雷蒙与当今现代主义的绝大多数批评家不同，他不是以历史眼光来看现代主义，而是独创新意，以现代主义来理解历史，从现代主义文学作品出发，为我们展示了一种更具丰富性与多样性的、理解历史的方式。因为，雷蒙认为，对历史进行批评，首先得注意到，历史本身就是一个盲区，这里的历史不是指历史事件，而是指历史观，一直决定人们如何再现过去的历史观。所以，人们首先得反思传统的历史观，重新思考历史再现的方式。而历史体系的建构实质上是文学性的，是通过文学方式的现代化实现的。这种建构的影响不仅体现在了传统的历史作品的，而且体现在了许多有关过去的现代主义作品中，体现在了艾略特与本雅明的作品中。而当我们愿意去学习的时候，这些现代主义作品能够指导我们以不同的方式思考历史。因此，雷蒙将现代主义与历史联系起来，以现代主义去思考历史。

（彭展丹，北京第二外国语学院2016级比较文学与世界文学研究生）

革命性的忧郁——论本雅明的历史哲学思想

（Fire Alarm: Reading Walter Benjamin's "On the Concept of History", ed. Michael Lowy, Translated by Chris Turner: Press Universitaires de France, Paris, 2001）

迈克尔·罗伊（Michael Lowy）是法国国家科学研究中心（French National Center of Scientific Research）的社会学研究负责人。在他2016年发表的最新著作《火警警报——读本雅明〈历史哲学论纲〉》中，罗伊将本雅明的《历史哲学论纲》视为自马克思对费尔巴哈的研究中最重要的、最具革命性的思考结晶。

一　独具一格的现代批判

迈克尔·罗伊认为，本雅明的思想具有鲜明的个人风格：碎片化，无止境，时而封闭，时常不入潮流却又总能反映当下时代。其作品占据了20世纪思想与政治领域独具一格的甚至可以说是唯一的地位。本雅明的读者，尤其是在法国，主要是从审美的角度来解读他的作品，并且已经开始倾向于将他视为一个文化历史学家。如今，若想做到不忽视本雅明作品的这一方面，我们必须承认他的思想具有更广阔的视野，即旨在借此重新理解人类历史。只有采用这种整体性的视角，我们才能一窥本雅明关于艺术和文学的研究文献。他的思想形成了一个整体，其中艺术、历史、文化、政治、文学和宗教神学思想等诸方面是不可分割的。

因此，试图将本雅明归入现代主义或后现代主义这其中任何一个阵营，都是徒劳的。就现代主义而言，哈贝马斯对此的态度似乎颇为暧昧。他谴责本雅明1966年所写的反对历史唯物主义的文章中有关反进化论的思想，在其《现代性的哲学话语》中宣称本雅明反对历史唯物主义“平稳的社会演变”是直接对抗“现代性的时间意识的退化”，因此试图重建这种意识。然而，他并没有将之成功融入他的“现代性的哲学话语”中。例如，本雅明将“此在”（now - time）阐释为“真正扰乱历史延续性的时刻”，这似乎是他受到超现实主义经验和犹太神秘主义影响的混合产物。

与此同时，将本雅明转换为一位后现代主义者同样也是个不可能完成的任务。他对西方现代性的有违常理的宏大叙事，他对进步话语的解构和对历史非延续性观点的辩护与后现代主义者们看待当今社会的分离式的眼光相差甚远，他们将社会展现为：宏大叙事成为过去并被“多变的竞争性的语言游戏”所取代的世界。本雅明的历史观念不是后现代主义的，远非是“凌驾于所有叙事方式之上”的——假定存在这样一种叙事，它形成了叙事的解放的悖论形式：从马克思主义和弥赛亚中获得灵感来源，它利用对过去的怀旧作为一种批判当下的革新方式。

二　历史哲学构架：三种思想基础上的诗化创造

本雅明的历史哲学受到三种思潮的影响，即德国浪漫主义，犹太弥赛亚主义和马克思主义。但我们不是要以组合或一种折中的视角来看待历史哲学，而是要看成在这三种思想基础之上的一个全新、深刻且独到的思想创造。换言之，他所引用的风格迥异的作家以及他的朋友们的作品，如此多的素材使得本雅明支撑起他自己的思想构架，而这些因素乃是他能够练就哲学思想的必备法宝。

作者指出，解读本雅明存在着两大误区。其一是将本雅明早期的唯心论、神学论作品同他成熟期的唯物主义革新论作品相分离，造成前后时期本氏思想认识论的断裂。第二种则是将本雅明的作品看成前后一致的整体，忽视了20世纪20年代中期他的马克思主义思想转折。若想了解他的思想路径，我们必须既看到其本质思想的统一连贯性，又看到标志他政治轨迹转折的几个重要节点。

（一）浪漫主义并不仅仅是19世纪早期的文学或艺术流派，更是关于当时世界的一种真实愿景，一种思维方式，一种对在文化生活各个领域都得以展现的感受力的建构。在19世纪晚期的德国，浪漫主义（有时被称为“新浪漫主义”）乃是文学和人文科学领域的主要文化形态；它通过不同形式为世界“施展魔法”来展现自我，“回归到宗教因素”则在其中扮演着不可多得的角色。本雅明与浪漫主义的关系几乎并非通过他对《早期浪漫主义》的兴趣体现，也不是在对这些晚期浪漫主义名家的兴趣中体现，如霍夫曼、弗兰兹·巴德尔、弗朗茨·约瑟夫·莫利托以及巴霍芬，或者相反地，如波德莱尔以及超现实主义的作家们，则是一直以来都蕴藏在其自身的美学、神学以及历史思辨思想当中。并且，这三个方面与本雅明思想休戚相关，如果将它们割裂开来必将有损本雅明思想本身所具有的独到之处。

实际上，本雅明早在1913年间发表的文章之一就以“浪漫主义时代”为题，文章倡导一种新浪漫主义的诞生，宣称“浪漫主义朝向美好，浪漫主义朝向真实”以及“浪漫主义朝向行动”都成了现代文化“无法超越”的成就。这篇本质上首次亮相的文章既表明了本雅明与被视为艺术、知识和实践的浪漫主义传统的深厚联结，也表明了他对革新的愿景。同期的《关于当前宗教信仰的对话》一文也揭示了早期的本雅明对浪漫主义文化的着迷：“我们已经拥有了浪漫主义，并且将之归功于对人性阴暗面的强有力的洞察，然而我们现在的生活就仿佛浪漫主义从未存在一般。”此文同样触及新浪漫主义思想，它渴求一种新的宗教和新的社会主义，如托尔斯泰、尼采和斯特林堡等人提倡的那样。这种“社会宗教”被认为与社会领域的当下观念相背离，并将之视为“文明范畴的问题，就像电灯一样”。这篇对话从如下几方面对现代的浪漫主义批评进行探讨：人类沦为“工作机器”的异变、人类工作仅仅由机器来完成的倒退、人类对社会机制的期望削减的臣服，像螃蟹般可悲的演绎进程取代了过去“一往无前－革命剧变－取得胜利”的传统模式。

（二）弥赛亚与乌托邦，反对无形式的进步主义倾向。上面的评论已向我们展示了本雅明思想中浪漫主义传统的转折：对进步意识形态的攻击并非由向后看的保守主义所造就，而是革新论思想。在他1914年发表的“学生生涯”演说中，我们再一次发现了这种颠覆性的曲折变化。这一演说似乎是将本雅明一生的所有思想精华凝聚起来的一束光。

用乌托邦（弥赛亚或革新论）的图景反对“无形式的进步主义倾向”，这是本雅明进行思想辩论的条件。在本雅明看来，弥赛亚主义是浪漫主义关于时间和历史观念的核心。在其博士论文的导论“德国浪漫主义批评观”中，他强调浪漫主义的历史本质要到“浪漫的弥赛亚主义当中去找寻”。本雅明发现在施莱格尔和诺瓦利斯的作品中这种思想尤为突出，他引用了年轻的施莱格尔所写的精彩段落：实现上帝主导的国度的革命愿景实质上就是现代历史的开端。我们回到了这个历史时间性的“形而上学”问题上：本雅明将定性概念引用至“源于浪漫的弥赛亚主义的”无限时间中，人类的生活为此是作为完成式的进程而存在，而不仅仅是生成。我们无法不注意到这段看起来似乎已经被评论家们所忽视的段落与1940年本雅明所写的“历史概念论纲”有着惊人的相似性。

这两种“乌托邦图景”，即弥赛亚式的王国和革命愿景之间的关系是怎样的呢？本雅明没有直接回答这个问题，而是在其生前未发表的、大概在1921—1922年撰写的文章中提到所谓的“神学政治断片”。最初，他似乎从根本上区分了历史变迁与弥赛亚的不同：从它自身的角度来说，历史性与弥赛亚并无相互关联之处。然而，在这之后，本雅明很快试图在这个显然无法跨越的深渊中架起一座辩证的桥梁，这架脆弱的旋梯似乎是直接受到弗朗茨·罗森茨维格《救赎之星》（1921年）中某些段落的启发，这本书得到本雅明最高的赞誉。他将世俗秩序的动态定义为“寻求幸福的自由人性”——与罗森茨维格的《伟大的解放作品》相比较——可能会推动“弥赛亚王国的到来”。对罗森茨维格来说，解放行为乃是“通往上帝王国的必要条件”，如果本雅明的提法不像罗森茨维格那样明确，那么二者的过程都是一样的，寻求一种能够在人类的解放，历史和“世俗”斗争以及履行弥赛亚诺言之间的平衡机制。

（三）马克思主义是一种忧郁的唯物史观。本雅明从皮埃尔·纳维尔那里借用了“悲观主义团体”一词。在本雅明的作品中，悲观的历史哲学在他对欧洲未来的展望中显得异常敏锐。本雅明曾预料到一场来势汹汹的工业-资产阶级文明所带来的巨大灾难。

这种悲观主义体现在本雅明身上，就像在布兰奇或佩奇身上所展现出的那样，在一场“革命性的忧郁症”中，表现出一种灾难复发的感觉，恐惧永远的战败的回归。它如何与本雅明所致力于探讨的受压迫者问题之间达成和解？本雅明的“无产阶级”选择绝对没有受到任何有关“大众”行为或对社会主义辉煌前景的信心的乐观启发。它基本上是一种赌注，在帕斯卡的意义上，是一种为解放而斗争的可能性。

1936年以后，这种“渐进式的插曲”再次停止，本雅明越来越多地将浪漫时刻重新融入对资本主义异化形式的特殊的马克思主义批评中。例如，在他1936年至1938年所写的关于波德莱尔的著作中，他再一次提出了一种典型的浪漫观念——在1930年的一篇关于霍夫曼的文章中提出——基于主流马克思主义思想的理论分析背景，提出无产阶级向自动化转变、人类生活与机械自动化之间的彻底对立的问题。工作人员在与机器搏斗中对机器动作的重复和无意义的机械手势——本雅明在这里指的是马克思的《资本论》的某些段落——类似于波尔和霍夫曼所描述的人群中路人的机械化手势。作为城市工业文明的受害者，这两个群体不再了解主体经验——基于历史文化传统的记忆——而只是活在此刻，类似于完全清除了他们记忆的自动机器。

反对资本主义现代性的浪漫抗议总是以一个理想化的过去、真实或神话的名义来制造的。作为马克思主义者的瓦尔特·本雅明，在对资产阶级文明和进步主义的幻觉进行批判时所参照的过去的时代是什么样的呢？在他年轻时所写的神学著作中，经常提到一个失乐园，但在20世纪30年代，原始的共产主义开始扮演这一角色——实际上，对于马克思、恩格斯来说也是如此，他们是莫里尔和巴霍芬的浪漫人类学以及摩根作品的细心读者。

三　苦难与救赎：摆脱进步幻想的新历史哲学

罗伊指出，在马克思主义和浪漫主义的基础上，本雅明构建了新的历史哲学。其中可印证的最为典型的文本是1935年的巴霍芬作品评论。巴霍芬的作品借鉴了“浪漫的来源”，痴迷马克思主义者和无政府主义者，因为它“在历史的曙光中唤起了一个共产主义的社会”。罗伊认为，本雅明强调，巴霍芬对这些根源的探索达到了从未有过的深度，那便是这些年，它反过来支持了勒克吕所拥护的自由主义者理想。对恩格斯和保罗·拉法格而言，他们的兴趣也被巴霍芬关于母系社会的作品所吸引，其中显然是高度的民主和平等的，并且是彻底“推翻权威观念”的原始共产主义形式。

最重要的是，罗伊敏锐地洞察到在1936—1940年的各种文本中，本雅明发展了自己的历史观，使自己从德国和欧洲左派一直处于主导地位的“进步的幻想”中脱离出来。本雅明1937年在法兰克福学派（已经流亡到美国）的杂志发表的一篇长散文中，书写了关于历史学家和收藏家爱德华·福克斯的作品，其中包含了预言的整个段落，不消说这是本雅明将对社会民主马克思主义、实证主义、达尔文进化论与进步崇拜的批判的产物。

通过对《历史哲学论纲》的文本细读，罗伊在《火警警报——读本雅明〈历史哲学论纲〉》中道出了本雅明自身的历史哲学体系，突出本氏救赎和革命的思想主题，并做出了对正统马克思主义话语的重要批评。

（赵烁，北京第二外国语学院2015级比较文学与世界文学硕士研究生）

本雅明与广播电台

（*Radio Benjamin*，ed. LeciaRosenthal，
London：Verso，2014）

莱西娅·罗森塔尔（Lecia Rosenthal）的《本雅明电台》（*Radio Benjamin*）一书显然能够为我们唤醒这段尘封的往事。此书较为翔实地呈现了本雅明在广播电台工作时的讲稿，并对这些繁杂的文本进行了系统、有益的分类，丰富了我们对播音员本雅明的塑造与想象。此书按照文本的内容、对象、性质将其统归为四类。第一类是本雅明在青年时间（Youth Hour）这一节目中讲给孩子们的电台故事，由29个内容迥异、精彩纷呈的短文组成，涉及方言、柏林集市、木偶剧场等内容，从游手好闲的小偷小贩到如霍夫曼一般的大文豪，通通囊括在内。第二类是本雅明为孩子们写的两部广播剧，一是《卡斯帕尔周围的喧嚣声》（*Much Ado About Kasper*），一是与恩斯特·肖恩（Ernst Schoen）合作，改编自《豪夫童话》的《冷酷的心》（*Cold Heart*）。第三类是广播剧、广播对话、无线电谈话以及听觉模型，两篇为大人写的广播剧亦在其中。第四类是本雅明未被播出的关于电台的观点及论述，涉及对电台的反思、广播的现状、广播剧模板以及广播剧的两种普及性等议题。

一 来自“驼背侏儒”的致意

从1927年至1933年，本雅明辗转于柏林电台和法兰克福电台两个频道，通过德国新兴的广播媒介，为听众撰写并播出了80余档节目。这些节目的音频文件和文本多已散佚，这不仅因为在电台技术发展的摇篮期，本雅明无法录制可供回放的音频，也因其纯粹的谋生态度和19世纪初德国纳粹制造的严肃氛围，档案的整理与保存未被重视。1940年本雅明逃离至巴黎时，这些广播文稿便被他遗留在家中，为盖世太保没收，又阴差阳错地混入《巴黎每日新闻》（*Paris Daily News*）档案中，才躲过了1945年声势浩大的破坏活动。后来文稿被运往苏联，并于1960年被转往东德，直到1983年，德国《丛谈》（*Gesammelte Schriften*）杂志的编辑才向大众公开了这些资料。

本雅明为孩子们写的广播故事手稿，1985年以《孩童的启蒙》（*Enlightenment for Children*）为名被整理并结集出版；随后，这些内容被收录在《丛谈》的末卷，题名为《给孩子们的广播故事》（*Radio Stories for Children*），其他与广播相关的文本材料则散布在书中，但广播剧、广播对话、模型（listening model）这些重要的材料及概念都未呈现出来。在德语世界中，希勒·雷格（Schiller - Lerg）的《本雅明与广播》是目前为止最为重要与详尽的研究成果，而在英语世界中，杰弗里·梅尔曼（Jeffrey Mehlman）的《孩子们的本雅明：论本雅明的电台岁月》（*Walter Benjamin for Children: An Essay on His Radio Years*）一书也囊括了本雅明的儿童广播作品。除此以外，研究本雅明与广播的专著、论文屈指可数。虽然本雅明在关于经验、消费和艺术作品的技术复制方面做了深远且极富前瞻性的工作，但作为他思想遗产一部分的电台理论与实践，始终未得到合理的关注，即便在20世纪关于新媒体剧增的辩论、探讨中，电台仅占据无足轻重的讨论空间。

这种无法倾听与未被倾听的状态在2014年得到了改善，在前两部专著的基础上，学者莱西娅·罗森塔尔（Lecia Rosenthal）编选并出版了《本雅明电台》（*Radio Benjamin*），书中涵盖的广播稿、广播剧以及广播论述等都是首次以如此完整、系统的模式出现在英语世界，这为海内外学者拓宽研究视角和深度提供了极大的帮助。

二　讲故事的人：本雅明的“交互性”教育

本雅明节目的主要对象是孩子，他负责而认真，并擅长用一种生动、引人入胜的散文笔法把他广博的热爱注入现代城市中。他为电台讲稿设计了一系列趣味盎然且颇有启发的话题：迅疾变化下的柏林类型学及考古学、童年的场景变化及其构成、游走在真实与错谬之间的骗子行径、维苏威的火山爆发和密西西比河的洪水泛滥等大灾难。他还格外关注女巫、老派强盗团伙、吉卜赛人和盗贼这些边缘化的作恶之徒，并以其强烈的包容心向孩子们做了一个清醒而有益的暗示，即这些可怜的男男女女也是常人，只不过受残忍偏见的影响而至此境地。除此之外，本雅明还为成人提供了一些针对现实情况的实用建议，在《加薪？亏你想得出!》中，他告诉人们如何与老板周旋，教授有利于自助及自我宣传的修辞技巧；在《当德国作家在写作时，德国民众在读什么》中，他展开了启蒙运动中关于文学品味和阅读普及性的辩论；而在广播剧《利希滕贝格》(*Lichtenberg*：*A Cross - Section*) 中，他虚构了一种域外的“月球人”(Moon Beings)，它们使用种类繁多的监听设备来监听地球，并站在评判的角度审视人类世界的悲欢离合。

本雅明的真知灼见隐现在这些失而复得的篇章中，在广播这一新兴媒介方兴未艾的景况下，他受好友相邀，身体力行地探索广播的功能和影响力，在大众文化的发展中留下了一种更为“朴素”的思想痕迹。在《冷酷的心》中，有一个叫彼得·蒙克的烧炭工（Coal Peter）想要去“音域”(Voice Land) 观光，面对播音员的困惑，他回答道：在霍夫曼的故事里，他一次只能对一个孩子说话，但当他走出书本去往“音域”后，他一次可以对成千上万个孩子说话。本雅明提出的“音域”是对广播离域化（delocalized）特性的一个空间化比喻，它突出了广播这一媒介缺乏明确界限及特定空间的特质。在“音域”中，除去声音之外，一切都不复存在。本雅明认为，经由广播放大并传播的声音有着惊人的影响力，它传播辐散得如此广阔，以至于超出了人类声音自身所能达到的极限。但与此同时，声音在通过此媒介传播时，必须要面对一个严峻的事实，即脱离肉身束缚的必要性。我们要放弃美裳华服和一切外在的美，这也意味着，我们会丧失声音的原点（point of origin)，丧失寻找听觉行为的发出者的可能性。声音自身的不可把握性使它在媒介的作用下极富弹性，一方面，它可被无限放大，无限传播，突围出地域和受众的拘囿。与之相系的，是本雅明对这一情况的隐忧，在《卡斯帕尔周围的喧嚣声》和《冷酷的心》中，他强调了媒介的盲视（blindness)。大雾给人物的视域造成了极大的干扰，这迫使他们加深了对广播电台的依赖，并在这种相对盲视的情况下去寻找声音和认知协调。这种寻找缺乏自主性和判断力，人们只能听广播所说的话，接受广播所呈现的内容，除此之外毫无所见。另一方面，它又无迹可寻，我们难以确认它的起讫，无法定位声音本身，它是一个消失点（vanishing point)，同巴黎拱廊街消逝的城市风情和时代印记一般，注定会消失。阿多诺把灵晕(aura) 和本真性的概念用于音乐，指出了现场表演同大众文化复制品之间的巨大差异，而本雅明在考虑声音时，也在思考声音再现性的问题（sound reproducibity)，电台本身是否拥有灵晕？这种“在一定距离之外但感觉上如此贴近之物的独一无二的显现”[1] 又是否会凋零？

受布莱希特影响，本雅明认为广播并非是单向传输（unidirectional transmission）的工具，而是一种包含了双向交流的传媒设备。他的基础理念是拓展大众对于公共生活的理解力，使被动的听众转换为主动的制作者、参与者。旧有的知识普及模式习惯使大众与学者划清界限，并由知识分子等精专人士实现一种自上而下的传授或者说传输。学术思想和成果经由书本散播到个人手中，以其权威性、专业性暗自剥夺了大众发声的可能性。在本雅明看来，这一习定的方式对于整个社会进一步的发展毫无助益。广播的意义就在于打破并重塑一种“交互性”的信息交流，让群众相信自己对于材料的判断、评价有其客观价值所在。他试图通过广播剧中的“文学对话”（literary conversation）来实现一种更为包容、更为有效的知识普及。广播剧的教育作用并非通过对经典作品的生搬硬套来完成，它更倾向于立足于当代，通过鲜活的议题、蓬勃的市景来激活社会的思考。从“观众社会学”（audience sociology）的角度出发，他认为一系列针对书价、讽刺文章及各类出版物的讨论，并不比学术研究更流于表面。相反，这种活跃在当下的广播模式，有查缺补漏之功：被学者们遗漏的思考可能正在外行人的头脑中运转。这种模式的优点在于，它不仅强调知识回归大众，还强调大众对知识的求索，并由此形成了饱含生命力的求索路径，产生了深远的影响。

而在献给孩子们的教育广播剧里，本雅明提供了一种讲故事（storytelling）的模式，并设置了一系列教育场景和主题，借以激发孩子们的思考。在《广播剧模板》（*Listening Model*）一文中，本雅明提供了教育性电台的实现路径，他认为最恰当的结构就是正例与反例并呈。在一部剧中，播音员共出现三次：开头时告诉听众接下来将涉及的话题，并介绍在此部分出现的两个人物，这一部分提供的是反例。结束后，播音员再次出现，点明错误，然后又介绍一个新角色，并在此部分展示正确的做法。最后一部分时，播音员会将正例和反例进行比较，并说明本剧寓意。这一模式简单而清楚地为孩子们划出一个思考的场域，正反两例的组合提供了多条思考路径。相较于单一的说教，它无疑更尊重听众的主体性，并通过训练致力于他们判断力的养成，这是本雅明作为广播员所自觉承担的社会责任。

---

① 〔德〕瓦尔特·本雅明：《机械复制时代的艺术作品》，王才勇译，中国城市出版社，2002，第13页。

本雅明是喜欢讲故事的，不仅因为讲故事的人是“一个让其生命之灯芯由他的故事的柔和烛光徐徐燃尽的人”[①]（《讲故事的人》），还因其拥有教诲属性而属于导师和智者的行列。这一倾向在他的广播文稿中展现得淋漓尽致：第一，他选取的话题无论是高雅低俗还是浅白隐晦，都一并呈现出来，这一特点上文已详述；第二，具体到遣词造句方面，本雅明深深地着迷于布莱希特“当务之急是要学会朴素的思维，朴素的思维乃是卓越思想者的思维”的说法，他认为“谚语是朴素思维的学院”[②]，并在写作中大量使用日常用语；第三，他极其重视自己作为广播员的导师意义。在本雅明眼中，广播剧扮演了一个教育性的角色，相较于单一的、单向度的，只能在小范围的学者内部讨论的传统教育方式，它无疑是交互的、广阔的、有益的，能提升大众的批评能力的最佳途径。将播音员与听众区别开是极大的错误，电台广播剧应该通过声音、氛围、场景来塑造情境和故事，并要求听众反思和判断自己对故事的解答。这再次体现了本雅明重视“经验”的共鸣多于“信息”的输入，重视听众对叙事的参与，换言之，重视广播的教育功能。

三　判断力的迷思：思考训练与政治重塑

1933年，《柏林童年》在法兰克福电台播出，这也是本雅明电台生涯的尾声。第二天，希特勒上台，电台的掌控权完全为纳粹所有。本雅明早就认识到了广播技术和装置发展的两面性及其潜在的政治隐喻。在1932年播出的广播剧《卡斯帕尔周围的喧嚣声》中，一位叫马尔施密特（Maulschmidt）的播音员邀请“孩子们的老朋友”卡斯帕尔去电台做节目，卡斯帕尔天真地回绝了。接下来他俩展开了一场追捕游戏，卡斯帕尔一路穿过广播站、火车站、游乐园、动物园等地来避开马尔施密特的追踪。当他回到家，却惊愕地发现马尔施密特正拿着一沓钞票等着他，此时他才明了自己的房间被偷安了监听器，他的言行举动早已作为节目被公之于众了。

广播的政治意义在于其通过录音、监督机制进而渗入私人领域，闯入

① 〔德〕汉娜·阿伦特：《启迪：本雅明文选》，张旭东、王斑译，生活·读书·新知三联书店，2012，第118页。

② 〔德〕汉娜·阿伦特：《启迪：本雅明文选》，张旭东、王斑译，生活·读书·新知三联书店，2012，第35页。

原本毫无可能进入的疆界中，隐藏的麦克风成了全知全能的叙述者。在此层面，广播使得节目创作者和听众隔离，它同图像一般有可拆离性（detachability）和可移植性（transportability）。听众无从了解节目的制作背景与由来，处于一种盲目的状况中，而听众也会在未授权的情况下被“偷偷地”录制做广播内容。由于有这样清晰的认知，本雅明在1930年至1932年期间写的《广播的现况》（*The Situations in Broadcasting*）一文中，便尖锐地指出诸多广播站点的设立并非致力于解决波段的干扰问题，而是为实现政治意图所做的铺垫——长波段的设备在战争中将大有用途。而在1936年《机械复制时代的艺术作品》里，颠沛流离中的本雅明更明确地认识到：“广播和电影不仅改变了职业演员的功能，而且也完全改变了那些同样在广播和电影面前进行自我表演的人所具有的功能……由此出发，冠军得主、明星和独裁者就以获胜者的姿态出现了。”①

四　广播之思

克拉考尔说，本雅明渴望从梦中唤醒世界。他为期七年之久的电台工作，不仅仅是在穷困潦倒的时运下谋生的途径，也是他探讨广播技术发展的可能与深化大众教育的实践。在《本雅明电台》一书中，莱西娅·罗森塔尔（Lecia Rosenthal）并未深入探察本雅明在广播史上的贡献和具体意义，其梳理工作也才刚刚起步。但她将散佚各处的文本集合起来，并打破学界先前的做法，将其分为四类来展现，不仅提供了与本雅明电台工作相关的翔实文献，填补了本雅明研究的一个侧影，还将学人的视角聚焦于广播这一具有深远影响的新兴媒介，从这方面来看，这项工作是极有意义的。

但是，尚有许多遗落的线索亟待解答：广播要如何追踪声音的痕迹？它如何应对作为视觉再现之文字表征的古老字画？而电台如何翻译和表达所谓的辩证意象（dialectical image）？随着摄像技术的提升，人们发现了视觉无意识（optical unconscious），那么，听觉无意识（auditory unconscious）这一概念是否可在对声音的强化中被提出呢？机械复制技术的发展对于依托于听觉的灵韵是否有所削减？如何区分都依靠残存的文本行于世，并可大量复制的电台作品和出版作品？广播的未来会呈现怎样的面貌？它与文

① 〔德〕汉娜·阿伦特：《启迪：本雅明文选》，张旭东、王斑译，生活·读书·新知三联书店，2012，第42页。

学、戏剧、电影的差异何在？凡此种种，我们还需结合他的其他文本，逐一寻找答案。虽然这些历经劫难的广播文稿无法被归类在习定的“废墟”“碎片”“灾祸”等概念中，无法接受本雅明诗意而哀伤的凝视，但在我们评估本雅明为欧洲20世纪的思想文化做出的巨大贡献时，却作为一种填补材料极大地丰富了我们对其审视传播媒介的认知，得以还原一个涉猎更广、更多面的本雅明。

（贺宥姗，北京第二外国语学院2015级比较文学与世界文学研究生）

试论本雅明媒介批判理论

(*Walter Benjamin and the media*: *The Spectacle of Modernity*, by Jaeho Kang, Cambridge: Polity Press, 2014)

姜再镐（Jaeho Kang）是伦敦大学亚非学院媒介与电影研究中心的高级讲师，主要研究领域为媒介批判与文化研究。近年来，他将目光聚焦于东亚的媒介文化，尤其是媒介奇观、城市空间和银幕文化。在姜再镐还是研究生的时候，他就被本雅明有关媒介的著作深深吸引，其研究成果包括专著《现代性的奇观：本雅明与文化批判》(*The Spectacle of Modernity*: *Walter Benjamin and Cultural Criticism*)(2011）以及《数字星座：社会媒体与韩国（旧）民主危机》[*Digital Constellations*: *Social Media and the Crisis of* (*old*) *Democracy in South Korea*]（2012）等期刊论文。与之相比，《瓦尔特·本雅明与媒介：现代性奇观》(*Walter Benjamin and the media*: *The Spectacle of Modernity*）一书是姜再镐对瓦尔特·本雅明（Walter Benjamin）媒介批判理论进行精心研究的一本著作，主要从文化产业、公共领域和技术性再现三方面，探讨了本雅明媒介批判理论的发展及其深远影响。

2014年由政体出版社（Polity Press）出版的《本雅明与媒介：现代性奇观》，采集了本雅明一生的学术研究精粹，围绕“媒介”展开分析与论证，审慎考察了本雅明、法兰克福学派、麦克卢汉和阿多诺等人的精辟论述，并探讨了本雅明《机械复制时代的艺术作品》(*The Work of Art in the Age of Its Technological Reproducibility*)、《拱廊街计划》(*The Arcades Project*)

和《单行道》(*One Way Street*)等作品里暗含的启发，广泛涉猎了各个时期的媒介载体，在媒介批判和文化研究等范畴下试图进一步思考媒介与现代性之间的联系，文章也别致生动、系统而严密。作者对本雅明的媒介批判进行了详细的再现分析，并且展示了本雅明如何批判性地分析各种通信方式对资本主义现代性的深刻影响，特别是媒介如何塑造人类经验、商品文化、城市空间和政治的。总体看来，《瓦尔特·本雅明与媒介：现代性奇观》通过六章内容，主要阐释了三个问题，分别是批判理论与文化产业、媒介批判理论与公共领域和媒体星系的技术性再现。

一　批判理论与文化产业：大众传媒的危机与斡旋

本雅明对于文化产业的相关思考为文化产业理论体系的构建奠定了基础，成为其主要理论来源之一。

对霍克海默（Horkheimer）和阿多诺（Adorno）等法兰克福学派的主要成员来说，大众文化（mass culture）也被称为“文化产业”（the culture industry），在资本主义制度的新格局中起着核心作用，最终通过大众传媒和商品文化促使人们遵守主导的社会关系。与本雅明的媒介批判理论相比，霍克海默和阿多诺的文化产业理论太抽象以至于不适用于媒体文化的具体分析。

首先，本雅明透过传播危机和信息产业，看到了大众的主体性和创造性。20世纪初，伦敦、巴黎和柏林等欧洲大都会，见证了大众传媒的迅速发展。出版业和日报的兴起伴随着文学和智力活动的危机，这些都被文人所捕捉。文学的危机并不是一个全新的现象，而是植根于更深层次的转型过程。作者从资产阶级文学文化和公共领域的消亡这一角度来审视传播危机，并探讨了本雅明如何将媒体叙事与19世纪欧洲信息产业的发展联系起来。作者考察了本雅明对资产阶级传播方式转变的独特思考路径，聚焦于“可传达性体验”（die Mitteilbarkeit der Erfahrung），这是支撑本雅明危机体验思想的关键概念。本雅明是如何比较和分析口头和视觉文化，并解释现代社会兴起的动态的？信息产业对19世纪文学实践的影响是什么？通过分析本雅明的新闻工作与激进知识分子的文学实践，如何评估与大众传媒息息相关的智力活动的科技属性？这些问题引人深思，吸引读者一步步去探索。

通过分析信息产业，本雅明真正想揭示的事实是：大众不再是信息市场的被动消费者或娱乐业的惰性观众；相反，大众成为积极的信息生产者和新媒介艺术的审美创造者。作者生活在一个媒体空间，配备了更先进的通信技术，通过社交媒介成为自己生活的消费者。他们是新的知识分子或像霍华德·莱茵戈德（Howard Rheingold）一样的“聪明的民众”（smart mobs），为了自己的目标而重建传播技术。

本雅明将马克思物质生产理论应用于艺术领域的独特创造，他认为艺术生产也包括生产者、商品、消费者等要素。对于技术，他注意到了技术的两面性，为了他的艺术政治化的理想，他将希望寄托于技术。对于大众，他也看到了他们的斗争力量，认为他们应该民主平等地享受一切文化艺术产品，进而与文化精英主义形成对抗。本雅明强调文化的生产者应该具有自己的创作个性，在整个生产过程中，他们是唯一具有能动性的个体，应该起到统筹全局的作用，在不同的时期采取不同的策略，协调好技术与艺术、消费者与生产者的诸多矛盾。

其次，本雅明透过无线电广播的回弹，看到了口头叙事的强大力量。从本雅明参与无线电广播的角度来探讨本雅明的媒体实践，可以看到他在自己专门为儿童设计的节目和其他节目中，对当代的理论问题（例如教育、娱乐和一种通过电子大众媒体叙事的新形式）进行了实验。本雅明积极参与无线电广播，他众多的广播脚本和他自己形式化的无线电模型，表明他渴望实践这些理论的核心部分。无线电作为一种媒介叙事，本雅明也热衷于探索它的潜力。然而，本雅明的做法并不旨在构建一个怀旧的、面对面沟通的叙事，他对传播叙述形式的兴趣不仅仅是在口头（或语言拟声元素）公共传播，也在于人类感知的并发变化。本雅明设想的叙事作为传播的原型，它与城市景观交织在一起的视觉传达是否会不可避免地削弱传播，在作者看来，这还尚不明确。

二　媒介批判理论与公共领域：万花筒般的媒介奇观

本雅明对媒介的研究，给今天的城市化提供了某些启发性的思考，以及其在文学批评、都市空间和视觉文化研究方面所做出的历史贡献。

本雅明对于城市的描绘大多是即景式的、碎片化的空间显现。本雅明对于空间具有一种特质的敏感性，他善于体察城市空间中人群的生存状况。

他通过“文学蒙太奇”（literary montage），或者叫“辩证意象”（dialectical image）的方法完成了对19世纪资本主义社会“商品拜物教”（commodity fetishism）实质的隐喻或剖析。在这方面，本雅明早期的《德国悲剧的诞生》（*Ursprung des deutschen Trauerspiels*）与《拱廊街计划》有着非常密切的关系。两者都是围绕着一个一般性的概念来展开的。只是前者针对是悲剧概念，而后者所张扬的是对“商品拜物教”的批判。

在《拱廊街计划》中，本雅明对时代和社会进行视觉呈现，而并不加以评述，让事物在空间里获取它应有的位置。《拱廊街计划》是对19世纪巴黎商业拱廊街这一都市景观的研究。作者试图通过本雅明对都市空间的视觉呈现，从视觉文化的维度来把握他的学术思想。在这个技术将原先不可见的东西都转化为可视画面的时代，本雅明的视觉思想具有理论借鉴意义。本雅明在《拱廊街计划》中发展出双重的视觉观看模式，即闲逛者醉眼蒙眬的观看和追寻真理的注视。闲逛者和人群作为都市中最引人注目的景象，在本雅明看来，他们的眼睛已经不能捕捉，正逐渐丧失注视的能力。

除此之外，作者还围绕梦幻和觉醒的关系展开论述。作者从对外部空间的观看入手，认为本雅明通过呈现资本主义社会万花筒般的幻境，试图促使集体意识从梦幻状态中觉醒。本雅明通过深入资本主义历史进程的内部，发掘在线性历史观中被遮蔽的历史记忆。这种发掘不仅是对资本主义现代性的批判，更体现了历史救赎的诉求。

三　技术性再现：机械复制技术对人类体验的再塑造

本雅明在《机械复制时代的艺术作品》中分析了复制技术、传播技术的发展对文艺乃至文化的影响（本雅明讨论的是机械复制时代的艺术作品，而他思考的范围已经超越了文艺），阐述了关于摄影和电影作为机械复制生产影像形式的划时代的重要意义。他是阐述此观点的第一人。对于摄影，本雅明提供了一个不同于以往的视角，即把它从传统艺术观念中解放出来，考察它的历史的、文化的价值和意义，不再为摄影在艺术家族中的合法地位辩护，而是考虑到摄影术作为新的影像生产方式为我们提供了新型文化载体，以及不同以往的观看世界的方式。电影可以使熟知的事物陌生化，使细节扩大化、具体化。更重要的是，电影在观众中唤起了新的参与形式。这里面夹杂着政治的见解，他认为机械复制艺术，如电影，有助于无产阶级的形成。

戴维·哈维（David Harvey）在《现代性与现代主义》（*Modernity and Modernism*）中阐释道："正如本雅明在其论文《机械复制时代的艺术作品》中指出的，不断变化的复制、传播和把书籍与形象销售给广大受众的技术能力，加上先发明的摄影技术和接着发明的电影（现在还可以加上无线电和电视），彻底改变了艺术家存在的各种物质条件，因而也彻底改变了他们的社会作用和政治作用。"① 在机械复制技术的推动下，文化的工业化生产更为普遍化，而在文化生产过程中，艺术的灵韵已然消逝。因空间、时间、心理上的距离和唯一性而产生的灵韵，是艺术存在的灵魂。本雅明在当时已经认识到灵韵消失的历史必然性，对此也有着无限的惋惜，他也看到机械复制确实给予了大众在文化上民主平等的权利，可以成为他与法西斯进行斗争的有力武器。在他看来，这些武器可以被用来武装大众的思想，以激起大众的反抗欲望。

通过与近来的媒体和社会理论家并置，作者试图对本雅明的媒介批判加以评述，揭示本雅明媒介批判更深层次的理论意义。本雅明的媒介批判与大众传媒的革命潜能、传统美学和法西斯宣传之间的紧张与冲突，引发了新的政治问题。本雅明的媒介批判不仅仅是一种理论，更是一种实践。作者试图为本雅明对当代媒体研究的独特贡献而正名，并帮助读者进一步发展自己的批判性探究。本雅明对媒介的独特叙述，为当今媒介文化研究提供了诸多有价值的观点，但是，在某些方面，不能全盘吸收，应去伪存真。就其历史背景而言，他对传媒技术早期阶段原始形式的简介，是否适用于当今更复杂的媒体还是有待商榷的。同时，作者也重申了本雅明所顾虑的新媒体技术的威胁和可能性。

本雅明的媒介批判理论之所以重要，是因为它对新媒体技术的彻底变革和发展提供了理论上的讨论。他认为这些技术革新是理解现代人类交流的基础。这本书在学生与研究人员中广受欢迎，不仅在媒体和媒介研究邻域，而且也在文化研究、电影研究和社会理论等领域具有广泛影响。针对本雅明丰富而复杂的著作，他们一直在寻找一个可读性概述，这部作品正是他们一直梦寐以求的评论性概述。作者将本雅明关于无线电、叙事、媒体产业和城市文化的著作高度概括，有助于当前我们对曾经熟悉的媒体景

---

① 〔美〕戴维·哈维：《现代性与现代主义》，阎嘉译，中国人民大学出版社，2006，第215页。

观的重构。

（李静静，北京第二外国语学院2015级比较文学与世界文学研究生）

从本雅明到阿甘本：走向暴力批判

***Towards the Critique of Violence*: Walter Benjamin and Giorgio Agamben, ed., Brendan Moran, Bloomsbury: Bloomsbury Publishing PLC, 2017.**

瓦尔特·本雅明（Walter Benjamin）的思想影响深远，被誉为欧洲真正的知识分子，他的“暴力批判”（Critique of Violence）主要围绕暴力与法律的争议关系展开，布兰登·莫兰和卡洛·萨尔扎尼将学者们对本雅明的“暴力批判”的讨论收录*Towards the Critique of Violence*一书，为后人对本雅明“暴力批判”的研究提供了一些新的思路。简言之，这本论文集主要讨论了三个话题，首先，一些学者针对本雅明的“暴力批判”这一主题展开了讨论，各有见解；其次，意大利著名思想家吉奥乔·阿甘本（Giorgio Agamben）继承发展了本雅明的暴力批判思想，他对本雅明暴力批判的解读为后人提供了新的方向，一些学者围绕阿甘本对本雅明的暴力批判思想的解读展开了讨论；最后，阿甘本对当代人类生活做出了思考，认为对暴力问题的反思越来越重要，提出了自己的见解，揭露暴力问题，寻找、确定暴力限制。

一　正与负：本雅明的暴力批判

学者们围绕暴力与法律的争议关系这一主题展开了讨论。何为“暴力批判”？学者艾莉森·罗丝（Alison Ross）在《本雅明的暴力批判含糊的歧义性》（*The Ambiguity in Benjamin's "Critique of Violence"*）一文中回答了这一问题。罗丝主要聚焦于“走向暴力批判”和在主题方面类似的歌德的《选择亲和力》，也对本雅明的晚期作品做出了评述。在《歌德的选择亲和力》这篇文章中，本雅明将含混与内疚、命运与仪式的生活联系起来。体现了本雅明对仪式生活的批判，他认为空的仪式不能够为人类提供方向，以暧昧的形式谴责人类宿命的存在。本雅明在这篇文章中对比了神话生活和神学意识。神话生活处于模糊的神话和清晰的神学意识之间。当过去被认为是一种结束，那我们便进入了过去的圈套。当法律成为暴力的总裁者时，唯一的选择就是服从。在后期的工作中，正如早期一样，本雅明主张真理存在于感性形式的含糊中。这种知觉就是力量的裂缝。总的来说，这种力量是虚假的，但勇气高涨，争夺他们的统治。他对这些力量的反对是坚定不移的，他早期的工作呼吁战斗精神，因为它们彻底毁灭了，他后来的工作使这种早期呼吁的战斗精神更加细微和尖锐。紧接着是阿米尔·艾哈迈迪（Amir Ahmadi）的论文《本雅明的尼俄伯》（*Benjamin's Niobe*），这篇文章将主要观点集中于审查在尼俄伯故事语境中的“走向暴力批判”。在“暴力批判”一文中，本雅明利用尼俄伯这一故事来证明他所说的“神话暴力”。这篇文章的主要关注点是正义革命暴力的可能性和条件，以及法律之外暴力存在的可能性。神话和神圣暴力之间的概念对立是根本的。神圣的暴力，无论它在特殊情况下是什么，无论它是如何表现的，都有最低限度，不是神话的暴力。如同运用本雅明对于神圣暴力和神话暴力的观点分析古希腊神话一样，艾哈迈迪运用比较的方法分析本雅明文章里《圣经》故事中的可拉的陪伴，支持再议本雅明的神圣暴力和神话暴力的细微差别。对于本雅明来说，“神话生活”是一种充满罪恶的生活，就像生活在自然力量和恶魔力量的压迫之下。

布兰登·莫兰（Brendan Moran）在《本性、决定和无言》（*Nature, Decision and Muteness*）一文中分析了大量的文章，在对本雅明对人性、人类和决定的讨论中，运用歌德的《选择亲和力》中广泛的材料做了增补。本雅明为我们展示了两种神话本性的区别，一种本性是用消极的态度放弃命运，另一种则是释放自由天性做出自己的决定。在《走向暴力批判》一书中，本雅明概述了其中的一个问题，法律保护的作用，然而，他随后强调的“新法律”本身是走向最终的“衰退”。本雅明提出的对暴力的批判至少在一定程度上是对从衰退的力量中终结历史的批判。而学者安东尼娅·比恩鲍姆（Antonia Birnbaum）的《命运的变化》（*Variations of Fate*），这篇论文主要审查“走向暴力批判”这本书和悲悼剧，比恩鲍姆认为命运是与中断包括挣扎和差异的力量相伴而生的。这些力量暗示如果只关注到正义或只关注破坏性的一面，这些都是不完全的解释。比恩鲍姆依照不同破坏性力量的含义，探讨这些力量在阶级斗争和实现用语言对抗异化的可能性中起的重要作用。

学者贝蒂娜·门克（Bettine Menke）则反其道而行之，关注本雅明对政治上、政府的和一些合法事件上的非暴力实践（non - violent practices）的支持。在《赞成、交际、撒谎的技巧》（*Techniques of Agreement*, *Diplomacy*, *Lying*）一文中，她将本雅明的观点和20世纪著名哲学家、社会学家赫尔穆特·普莱斯纳（Helmuth · Plessner）的观点做了比较，总结了其相同之处和不同之处。在赫尔穆特·普莱斯纳的作品中，尤其是非德国世界这一方面是被世人忽视的。在过去的十几年里，本雅明的文章“暴力批判”可谓是深入人心，对于讨论本雅明的政治概念、权力和正义的关系起着决定性的作用。门克运用自己的语言技巧、外交技巧、撒谎技巧分析本雅明的文章中被忽视的地方。

二　继承与背离：阿甘本对本雅明的解读

萨尔扎尼追溯了“赤裸生命”概念中的系谱学。他讨论了本雅明在“赤裸生命”的言辞中的不同的文化和哲学语境，展示了在阿甘本的作品中的“赤裸生命”是怎样呈现出不同的排列。萨尔扎尼认为阿甘本将“赤裸生命”发展为一种施密特例外的关联。他也概述了大量重要的“赤裸生命”是怎样将阿甘本的计划作为一个整体。紧接着保罗·巴尔托洛尼（Paolo Bartoloni）的论文《财产和暴力之间的本性和极限》（*Suchness and the Treshold between Possession and Violence*）集中讨论阿甘本的本性概念。巴尔托洛尼探究本性在美学上、伦理上和政治上的含义，并将它和本雅明的非暴力称为纯粹的方法。阿甘本和本雅明将重点放在非占有、非暴力两方面，巴尔托洛尼也讨论了这些，将其作为一种美学的浮现和伦理的生态学的象征。接着是塔诺斯（Tanos Zartaloudis）的论文《没有法律约束的暴力》（*Violence Without Law? On Pure Violence as a Destituent Power*），纯粹暴力作为一种权利回答没有法律的暴力和没有暴力的法律是否存在这个问题。詹姆斯·马特尔（James R. Martel）的论文《我们过着一种无政府主义的生活：本雅明和阿甘本论赤裸生命和主权对抗》（*The Anarchist Life we are Already Living*: *Benjamin and Agamben on Bare Life and the Resistance to Sovereignty*）。马特尔认为阿甘本的赤裸生命在一些方面来看，丰富了本雅明的政治学。最后，学者亚历克斯·默里的（Alex Murray）《剥夺体验：阿甘本解读本雅明，解读康德》（*Expropriated Experience*：*Agamben Reading Benjamin*，*Reading Kant*）做出进一步思考，他认为本雅明的批评思想为阿甘本的批判康德计划提供了基础。最后作者总结，现代性经验的毁灭是语言日益增多的结果。从某种意义上说，语言的清空和经验的清空是同一件事。然而，再次体验并不意味着必须要恢复一些纯粹的巴别塔语言。相反，它意味着掌握语言和语言之间的本质区别，这是人类的特征。人类虽然在不断进步，但在本质上是缺失的，是不连续的。那么，我们将重新体验语言的基础：它的位置和本质。人类的断裂、脱节将被移除，还有那些即将获得的经验是从语言的消极概念方面显现出来的。

学者威廉·沃特金（William Watkin）的论文《阿甘本、本雅明暴力批判的差异》（*Agamben*，*Benjamin and the Indifference of Violence*），聚焦于阿甘本对本雅明的神圣暴力概念的解读，分析二人的差异。沃特金认为阿甘本的文章中的神圣暴力如何改变一些概念，如主权国家、神圣人这些概念。神圣暴力成为一种表现差异的模式。在阿甘本对本雅明解读的基础上，沃特金批判了其他人对本雅明的解读，推断出神圣暴力是国家暴力不起作用的表现。

三　语言的力量：暴力限度

阿甘本认为，如今，人类生活在其自身瞬间毁灭的不断威胁下，反思暴力的问题变得越来越重要。本雅明的暴力批判论述了法律和正义的关系，而不是去寻求它与政治的关系，揭露暴力本身的问题。换句话说，我们的目标是确定限制，如果存在这样的限制，从人类文化领域中分离出的暴力，这些限制将使我们能够解决这个问题。人类规模上仍然存在的唯一暴力：革命暴力。乍看之下，暴力与政治的关系出现了矛盾，因为欧洲历史本身就是基于暴力和政治的概念相互排斥的。今天的政治，是按照接受一切由语言和说服决定的原则，而不是武力或者暴力。政治生活的进行，主要是依靠信念的力量，这种权力是受人尊敬的，即使是那些被判死刑的公民也会被说服。阿甘本认为，语言本质上是非暴力的，语言可以充实我们的生活。阿甘本还认为，革命暴力必须理解为它与死亡的关系，这使我们能够扩展我们对革命暴力与文化关系的探讨。正如每一种文化都渴望战胜死亡。

人类所想的一切，已知、书写或创造，都是以与死亡讲和为目的。语言使我们掌握力量，反对死亡，为与之和解提供了可能性。革命暴力却可以使生命和死亡实现牢不可破的团结、创造和否定。这种实现只能发生在语言之外的一个领域，从根本上扰乱人类的生活，剥夺人类权力。暴力，当它成为自我否定，便既不属于其代理人也不属于其受害者。作为自我否定的一种体验，暴力革命是卓越的、不可说的，语言的可能性也不复存在。正是通过超越语言，通过否定自我和语言的力量，人类得以进入原来的领域，允许言行产生新的开始。这是暴力的限制，也是暴力革命的求索真理。通过跨越文化这一媒介，占领语言不通的领域，革命暴力变得更富有绝对性，“酒神的狂欢中，没有人会不醉酒”，这一比喻就生动形象地为我们展示了暴力的绝对性形象。

本书在研究本雅明和阿甘本的暴力批判思想方面有学术价值，例如贝蒂娜·门克运用比较的方法，详细总结了本雅明的观点和赫尔穆特·普莱斯纳的观点的相同之处和不同之处。再如科林·麦奎兰的论文围绕阿甘本笔下经常出现的牺牲主题进行了讨论，不仅概述了阿甘本的牺牲批判，还涉及其他方面的内容，如政府、亵渎等，为后世对本雅明及阿甘本的暴力问题研究提供了新的思路。维维安·利斯卡的观点很有创造性，将本雅明和阿甘本对于卡夫卡作品里的法律问题做了比较，利斯卡通过比较本雅明和阿甘本的观点，总结了其相似与不同之处。

（张学文，北京第二外国语学院2015级比较文学与世界文学硕士研究生）

《跨文化研究》稿约

《跨文化研究》（*Transcultural Studies*）系北京第二外国语学院文学院（跨文化研究院）主办的综合性学术集刊。其主旨是瞩望人文，学宗博雅，故拆解古今中西樊篱，汇通人文，“六艺”兼容；立足语言文学，却无学科本位，尝试将文学、历史、宗教、哲学、语言融于一体。顾名思义，本刊广邀善士，拜约各方，祈求文化间性研究、文化交往性研究、文化超越性研究的前沿学术成果，期待并培壅既有古典根荄又富当代意识的学术情怀。

《跨文化研究》力求每辑聚焦一个领域，烘托一个主题，突出中国问题意识、中国解决方法和中国学理构建。在“学无中西”的全球化视野下，本刊以“中国学子”作“世界学问”为仰望的境界。在“学科通串”的现代人文转向趋势中，本刊以“综观全局”且“细察幽微”为治学的状态。本刊常设“经典论绎”、“经典导读”、“异邦视野”、“文论前沿”和“新著揽英”等栏目，且不对作者的文字篇幅、研究领域、治学方法做刻意的限制。本刊每年出版 2 辑，春季四月和秋季十一月为发稿时间。

如蒙慷慨赐稿，敬请了解并遵循如下约定：

1. 所投稿件须是没有公开发表过的新作；

2. 在大作的最后一页上注明您的供职单位、研究方向，且留下电邮地址；

3. 文稿用 Word 文档常规格式，标题用宋体 3 号字加粗、居中，作者署名用 4 号楷体、居中，正文一级标题用 4 号宋体、加粗，独立引文用楷体、上下空 1 行，正文用 5 号宋体，全文 1.5 倍行距。

4. 注释用页下注，每页重新编号；其要件和顺序例示如下：

（1）陈恒：《希腊化研究》，商务印书馆，2006，第 26 页。

（2）包向飞：《宽广的反讽》，载《文化与诗学》，北京大学出版社，2013，第 160 - 172 页。

（3）Erich Auerbach, *Dante: Poet of the Secular World*, trans. with an introduction by Michael Dirda, New York: New York Books, 2001, p. 42 (or p. 42 - 46).

(4) William Franke, "Metaphor and the Making of Sense", in *Philosophy & Rhetoric*, Vol. 33, No. 2 (2000), pp. 137 - 153.

5. 参考文献要件和顺序例示如下：

包向飞：《宽广的反讽》，载《文化与诗学》，北京大学出版社，2013。

陈恒：《希腊化研究》，商务印书馆，2006。

〔美〕让 - 皮埃尔·韦尔南：《古希腊神话与悲剧》，张苗等译，华东师范大学出版社，2016。

Blumenberg, Hans, *Höhlenausgänge*, Frankfurt am Main: Suhrkamp, 1989.

Pavesich, Vida, "Hans Blumenberg's Philosophical Anthropology: After Heidegger and Cassirer", in *Journal of the History of Philosophy*, vol. 46, No. 3 (2008), pp. 421 - 448.

6. 如蒙赐稿，请将大作发至 kuawenhuayjy@ bisu. edu. cn

7. 如果有必要寄送纸质版，请寄：100024 北京朝阳区定福庄南里 1 号北京第二外国语学院文学院（跨文化研究院）；联系人：杨老师，胡老师。

8. 本刊采用匿名评审制。大作一经发表，即奉微薄稿酬。由于编辑部人手有限，来稿一般不退还，也不奉告评审意见。

《跨文化研究》编辑部

Abstract

· Special Issue: Walter Benjamin and Modern Landscapes ·

Gender myth and the mind-city composite: from Plato's Atlantis to Walter Benjamin's philosophical urbanism *By Abraham Akkerman* / 1

Abstract: In the early twentieth century Walter Benjamin introduced the idea of epochal and ongoing progression in interaction between mind and the built environment. Since early antiquity, the present study suggests, Benjamin's notion has been manifest in metaphors of gender in city-form, whereby edifices and urban voids have represented masculinity and femininity, respectively. At the onset of interaction between mind and the built environment are prehistoric myths related to the human body and to the sky. During antiquity gender projection can be detected in western perceptions linking natural and built environments, commencing with Plato's Atlantis and his Myth of Er, and later as a likely import of the Chinese yin-yang mythology. Culminating with the Age of Discovery, alongside advances in experiential awareness of the Earth's sphericity, respective feminine and masculine earmarks can be detected in early modern perspicacity of the Earth's southern and northern hemispheres. Our conceptions of natural and built environments inherently continue to contain gender traits. Yet urban voids, as the feminine face of city-form, have been severely understated in the built environment. Through design and configuration of urban voids, allegories of femininity in city-form ought to be celebrated, not discarded.

Keywords: phenomenology of the city; geography of memory; the geomancy of *feng shui*; gender myth; unconscious of the collective

Berlin Chthonic, Photos and Trains and Films and Cars *By Esther Leslie* / 26

Abstract: The paper focuses on 'optics' theory which Benjamin hasconsidered for a long time. "Stereoscope" is an image of a town of images. Specially, the writer firstly depicts that these avant-garde city-films make the city itself the subject of their films. Film appears perfectly capable of re-presenting the city, of producing films that are set in cities and providing accurate portraits of lives in those cities. Benjamin establishes a paralleled past of individual childhood and social childhood. He recalls the infancy of an entire generation of the bourgeois class, cross-referenced with the epoch of socio economic formation in which it lives. And then, Benjamin discloses disastrous empirical record of modernity through the description of Technik. In order to explain the way and reason that technology endangered human, Benjamin predicts the technological potential rather than its catastrophe. He uses memory to open up the past and then inspects the reciprocation of technology critically in modern era. Memory and photography have analogies. The latter can optimize the former, especially in exploring time, which Benjamin could perceive the unrealized possibility. Finally, *Berliner Chronik* presents the theory of memory and speculates the experience of technological exigencies. New forms of technology exert great forces on contemporary experience. The whole individual and their perception have come, and the new generation's "spiritual desire" has appeared in cinema. We should recognize the impoverishment of experience and the technological re-creation can offer the capacity of experience to "the eliminated person" . The reconstruction is a broadening of experience and proposition of new worlds and different natures.

Keywords: images; technology; experience; photography

The Trash of History

By Max Pensky / 53

Abstract: The dialectical image is the central methodological and theoretical undertaking of Benjamin's mature criticism. Benjamin indicated that we must distinguish clearly between allegorical image, which is melancholic, and dialectical image, which cannot be. The author analysed the dialectical image by the notes for the Passagenwerk. In addition, Buck-Morss analysed Benjamin's work. she said the dialectical image is "over determined" in Benjamin's work, the question of the nonarbitrariness of the dialectical image is of principal interest. This "time of truth" marks a momentary rupture in the continuum of "profane" time. The sudden appearance of the commodity, no longer as archaic wish image, but as startling dialectical image. For the critic, the world must transform itself into fragments as the provision of material. For the melancholic, the world deserves to be devalued. The transformation of a devalued world into a world of fragments. For Benjamin's dialectical image as well, destruction is a necessary condition. Destruction not only removes the object from its embeddedness in the historical continuum, but also it demolishes this continuum. The wealth of fragments is the material for historical reconstruction. The dialectical image does mot simply appear, fully formed, as the result of destruction. The history "reconstructed" by destruction, the world must transform itself into fragments as the provision of material.

Keywords: Benjamin; dialectical image; fragments; construction of history

The Flaneur, the Sandwichman and the Whore: The Politics of Loitering

By Susan Buck-Morss / 78

Abstract: Benjamin singled outsome kinds of historical figures such as flaneur, prostitute, collector, chose the formal principle of montage, and constructed a kind of picture which had the power to awaken political consciousness among present-day readers. The *Passagen-Werk* was to be a commentary on both "texts" and "reality", valued textual exactness and to reflect the concerns of that era. The flaneur is the prototype of a new form of salaried employee, who profits by following the ideological fashion. In place of the collective, the flaneur alone takes possession of the streets. Flaneur was an ideological attempt to reprivatize social space, and showed the individual's passive position. Prostitution was the female versionof flanerie, and Women in capitalist society are impersonate commodities. As for sandwichman, it points to a class marker. it is the last, degraded incarnation of the flaneur. Benjamin was counting on the explosive force of the dialectical images to jolt people out of their dreaming state. Only the proletarian class had potential power as a revolutionary subject, and yet only by awakening the not -yet-conscious collective could that class be addressed. The modern city was ultimately illusion according to Benjamin. The allegory portrayed is a system of capital itself. But regarding the dialectic of cultural history, it is very easy with every epoch to bifurcate its various areas according to specific perspectives. Negative part is a new division. And so on infinitum, until the entire past is brought into the present in a historical apokatastasis. As a dream-image, loitering allows a subversive reading.

Keywords: flaneur, sandwichman, prostitute, montage, dialectical

Reading/ Writing the Feminine City: Calvino, Hessel, Benjamin

By Sigrid Weigel / 113

Abstract: Calvino, Hessel and Benjamin have a common style that is they practice a deconstructive form of writing in regard to the reading and writing of the feminine city。 This paper contains three sections: the disappearance of the woman in the feminine city, flanerie and the city as scene of writing and the path to the mothers. Men and women, realities and visions. Calvino no longer claims to refer to the real when his 'invisible cities' move in the realm of the imaginary. The city is a memory that was constructed in flanerie which is always a literary concept or a writing concept, but the city is always the scene of the writing which is to be deciphered. The importance of femininity is presented in symbols and visions, foundation of city and writing of memory and to the mothers. Benjamin, in his own city writings, describes the place of the feminine in the writing of the city and finds those places in the cityscape which are connected with feminine forms. In brief, from Calvino, Hessel to Benjamin, the females have disappeared and appeared.

Keywords: Feminine; City; Flanerie; Mothers

· Interpretations of Classic Work ·

On the Tragic Significance of Hamlet's Doubt and Inquiry *By Yuan Xianjun* / 126

Abstract: The article attempts to extend a philosophical and textual analysis to the implicit meanings of Hamlet's "To be, or not to be," thus laying open the tragic significance of Hamlet in his doubt of and inquiry into things. The author argues that a psychology of doubt of things and an endeavor to know the essence and truth of things determines in part Hamlet as a tragic hero throughout the play, and his "To be, or not to be" concerns not merely the choice of life and death but also the metaphysical thinking of Being in light of the Greek tradition. That Hamlet shows courage and endurance in face of suffering reflects the basic moral sense of human beings and the spirit of the tragedy.

Keywords: Hamlet; "To be, or not to be"; doubt; inquiry; tragic significance

The Theodicy of Plato

—Analysis on the Critics of Socrates towards Homer in *Republic* (376d5 −383c7)

By Cui Wei / 136

Abstract: Plato narrates Socrates' critics on Homer in his Republic and it is worthy to consider the reasons why Plato's poetic way of defending the justice of gods is completely different from the way of Leibniz who attempt to prove theodicy through Logos; however, the failure of Leibniz is obvious and it also suffers a lot of critics. The narration of Socrates' critics on Homer in Plato's writing make the audiences realize that the true assailant of theodicy is the desire of inquiring nature (philosophy); meanwhile, the guidance of Socrates among interlocutors lead the readers step deeply into the recognition of relationships between the just of gods and the soul of human beings. Finally, we realize that the narrative poem-the critics of Socrates on Homer-towards the justice of gods is better for defending the justice of gods than Leibniz's way.

Keywords: Plato; Critics on Homer; Leibniz; theodicy

· The Frontal Border of Literary Theory ·

Re-enchantment of Things in the Horizon of Postmodern Science

By Zhang jin and Wang Xiaoting / 151

Abstract: The idea of all things with its enchantment has been dispersed in the process of the scientific development and disenchantment of religion, physis, and cosmos under the dominance of the instrumental reason. With the dualism and its mechanical tendencies in the modern science the thing has been analysized in the laboratory, so it becomes something without content in the "distinct-isolation-paradigm", even the relation between mankind and thing has been separated and reified in this state. Since 1960s the breaking-through in the development of science and the rising-up of artificial intelligence, bioengineering, and virtual technology, Cyberg produces the intrusion of thing into human beings which leads to the intimate interweaving between man and thing and to the rethought on the man-thing-relationship. Therefore, the postmodern science attempts to rid itself of the dualism and mechanism through emphasizing on the man-thing-relationship while proposing the "connection-link-paradigm" in order to open up the reenchantment of thing. This tendency of reenchantment of thing and its stress on the entire connections of man and thing will be more and more important to the present material culture studies and the poetics about thing.

Keywords: Postmodern science; "reenchantment" ; man-thing-relationship; poetics about thing

The tension of rhetoric and logical
—On Allegory Reading theory of Paul de Man　　*By Wu Shuran* / 167

Abstract: Paul de Man, with the rhetorical nature of language as a foothold, shows the scene that logic tries to control rhetoric and rhetoric wants to break the logic, exposing the fact that the truth always implements the authority and the words try to subvert the truth. Based on this understanding, he developed Allegory Reading theory, showing the edge of rhetoric criticism. The goal of this theory is to subvert the divine meaning and break the myth of the logic, which is against the depth reading. By this way, he intends to highlight the idea that rhetoric is supreme. It is worth noting that the Allegory Reading theory reveals the violence of language, containing some hidden political demands. He tried to expose the hegemonic strategy and its internal operation mechanism in the political text, in order to destroy the logic which supports the social ideology, so as to achieve the intention of deconstructing the ideology and restoring the real reality.

Keywords: rhetoric; logic; Allegory Reading theory; deconstruction; political

The Media Metaphor for *Finnegans Wake*　　*By Wang Qi* / 184

Abstract: Under the perspective of media culture theory, *Finnegans Wake* could be considered as a metaphor for the media transformation. On the one hand, the novel emerges the metaphor relationship between media technology transformation and human historical evolution from tribulation to de-tribulation, re-tribulation, and return. On the other hand, it reveals the anti-environment function of literature, points out the significance of creating imagination, remediation function of media, and aesthetic self-disciplinary limit of literary innovation. Meanwhile, the novel reveals the inter-transformation between architype and cliché, develops the way of literary innovation. The media metaphor implicates the change of human perception and comprehension about art, which provides us a typical text to rethink literary termination theory.

Keywords: *Finnegans Wake*; metaphor; media; anti-environment; architype; theory of "the End of Literature"

A Journey to European Literature: From Homer to Dante: A Note on the Chinese Translation of *European Literature and Latin Middle Ages* *By Huang He* / 203

Abstract: In his famous work European Literature and Latin Middle Ages Ernst Robert Curtius shows that European literature from Homer to Dante and Goethe endures the test in the middle ages and spreads over all over the world, forming the traditional continuity through convergence of different branches, finally building up an organic entirety. And He called for the cause of literary autonomy and the timeless present which must be handed down from generation to generation by the greatest writers, and in doing so, he lifted the literature to the summit of civilization co-existing with philosophy and religion.

Keywords: *European Literature and Latin Middle Ages*; literary autonomy; traditional continuity

· The Transcultural Views ·

The Relationship of His-yu chi and Feng-shen Yen-i: An Analysis of Poems found in both Novels *By Nicholas Koss* / 211

Abstract: The examination of variants relating to poem length, rhyme, the tone pattern, diction, style and content in the twenty-three poems that occur in both HYC and FSYI in the late Ming editions of these novels leads to two specific conclusions regarding chronology of composition, influence. First, the variants in the poems establish that the one -hundred chapter version of HYC (1592) preceded the complete, one-hundred chapter edition of FSYI. Secondly, since HYC is the source for the twenty-three poems in FSYI, this demonstrates one concrete influence of HYC on FSYI.

Keywords: HYC; FSYI; poems found in both novels; variants

A Transcultural Observation on Writing and Letter *By Ma Qingzhu* / 223

Abstract: The Chinese character has the features of transcultural fusion while both the Latin and Slavic letter belong to the field of translinguistic generations. The Letter is able to increase the vitality of language and even to make the dead language rebirth. Furthermore, the transcultural letter can help language transmitting internationally. Thus, to internationalize Chinese character is to improve the phonetic system of Chinese language so efficiently that we can promote the international communication through "one language two writings".

Keywords: Chinese character; letter; transcultural communication; international transmission

· Book Reviews ·

A New Horizon: Walter Benjamin Modernity, and Historical Materialism

Hu Kangjia et al / 233

Abstract: A new horizon of historical materialism Walter Benjamin has opened up provides our critique of modernity with a key point of view from which we are able to do legitimately with Nietzsche's nihilism, media culture, philosophy of life, and dialectic image of modernism. At the same time the contemporary debates about modernity are promoted towards the broader context of philosophy of history.

Keywords: Walter Benjamin; historical materialism; modernity; media culture

图书在版编目(CIP)数据

跨文化研究. 总第3辑, 2017年. 第2辑 / 王柯平, 胡继华主编. -- 北京 : 社会科学文献出版社, 2018.3

ISBN 978-7-5201-2081-4

Ⅰ.①跨… Ⅱ.①王… ②胡… Ⅲ.①文化交流-文集 Ⅳ.①G115-53

中国版本图书馆CIP数据核字(2017)第317885号

跨文化研究 总第3辑 (2017年第2辑)

主 编 / 王柯平 胡继华

出 版 人 / 谢寿光
项目统筹 / 祝得彬
责任编辑 / 刘 娟 王小倩

出 版 / 社会科学文献出版社 · 当代世界出版分社 (010) 59367004
地址: 北京市北三环中路甲29号院华龙大厦 邮编: 100029
网址: www.ssap.com.cn
发 行 / 市场营销中心 (010) 59367081 59367018
印 装 / 北京季蜂印刷有限公司

规 格 / 开 本: 787mm × 1092mm 1/16
印 张: 17.5 字 数: 294千字
版 次 / 2018年3月第1版 2018年3月第1次印刷
书 号 / ISBN 978-7-5201-2081-4
定 价 / 79.00元